中国人民大学研究报告系列

中国网络社会研究报告

2019

STUDY REPORT OF
INTERNET SOCIETY IN CHINA

主　编　刘少杰
副主编　王建民

中国人民大学出版社
· 北京 ·

目录

年度主题报告

年度专题报告

年度主题报告

第一章　互联网金融风险及其社会影响：以 P2P“爆雷”事件为例

引　言

在“互联网+”的浪潮下，互联网金融异军突起。所谓互联网金融，就是传统金融行业与互联网精神相结合的新兴领域，是现代信息技术、网络技术和各种金融业务的有机结合，是在互联网和移动互联网空间进行金融活动的一种新型金融形式[①]。互联网金融发展了五种业态：第一，第三方支付，主要有拉卡拉、支付宝、财付通等；第二，P2P 网络借贷平台，主要有拍拍贷、陆金所、翼龙贷等；第三，大数据金融，主要有京东金融、蚂蚁金服的阿里贷等；第四，互联网金融门户，主要有融 360、大童网、安贷客等；第五，互联网众筹融资平台，主要有京东众筹平台、点名时间、众筹网等[②]。

中国的互联网金融发展势头十分迅猛，阿里巴巴、腾讯、百度在金融服务领域的发展，远超西方同行亚马逊、苹果、Facebook、谷歌。数据显示：阿里巴巴和腾讯在中国第三方支付领域的市场份额分别是 33%和 10%，而亚马逊、苹果、Facebook、谷歌的市场份额，在美国总共也不过 2%。在全世界，最大的两家金融科技公司都来自中国，分别是蚂蚁金服和陆金所。在所有的这些业态中，最引人注目的就是 P2P 网络借贷平台。所谓 P2P 网络借贷平台，就是依托互联网络，为投资人

---

① 王曙光，张春霞．互联网金融发展的中国模式与金融创新．长白学刊，2014（1）．

② 郑志来．互联网金融对我国商业银行的影响路径：基于“互联网+”对零售业的影响视角．财经科学，2015（5）．

和融资人提供资金借贷的信息，撮合和促成投资人和融资人完成资金借贷的互联网平台①。早在2016年时，中国就是全球拥有P2P借贷平台最多的国家，中国当时的P2P平台规模约为669亿美元，是美国的4倍②。而截至2017年末，中国P2P网贷行业累计交易规模约为6.07万亿元，其中2017年一年累计交易额为2.71万亿元，2017年末待还余额总计1.205万亿元。从借款笔数来看，2017年约为1.907 7亿笔，是2016年的4.1倍左右③。在蓬勃的发展中，互联网金融也蕴含着巨大的风险，P2P平台跑路等负面消息时有见诸报端。但在经济形势向好的大背景下，P2P网贷行业一直在野蛮生长，这里隐藏的“定时炸弹”终于在2018年6月开始集中“爆雷”。

2018年6月前后，P2P网贷机构集中“爆雷”，数百个P2P平台裹挟着以亿元为单位的巨额资金，一夜之间消失得无影无踪，打碎了无数人的财富梦想乃至使不少人失去了生活保障。P2P网络借贷平台风险频发，严重侵害广大人民群众合法权益，扰乱市场经济秩序。截至2019年2月，公安机关已依法对380余个涉嫌非法集资犯罪的网贷平台立案侦查。据介绍，P2P网贷平台非法集资犯罪案件呈现以下主要特点：多发高发，2018年6月以来，一些地方的P2P网络借贷平台的投资群众集中报案，案件高发态势凸显；欺骗性强，犯罪嫌疑人打着金融创新的幌子，以高额利息为诱饵，触犯“非法自融”“归集出借人资金形成资金池”等禁止性规定，进行虚假宣传，虚构投资标的，肆意占有挥霍，实施非法集资犯罪活动；逃匿现象突出，调查发现，平台实际控制人、高管人员在案发前失联、逃匿的就超过百人④。

2019年3月15日，中央电视台“3·15”晚会再次重点报道了互联网金融行业中的黑幕，又一次将互联网金融推到了风口浪尖。央视“3·15”晚会曝光了“714高炮”，互联网金融平台融360被点名。所谓“714高炮”，指的是贷款期限7～14天，利息超高的现金贷，主要针对包括在读学生在内的年轻人。如果借款人借1 500元，实际到手只有1 000元，7天后要还款1 500元。高利贷放款机构为了规避监管，将高额利息换成“服务费”，并在下款前提前收取，民间称之为“砍头息”⑤。P2P网络借贷行业频繁发生的风险事件，不仅致使P2P网络借贷的投资人蒙受经济

① 刘红忠，毛杰. P2P网络借贷平台爆发风险事件问题的研究：基于实物期权理论的视角. 金融研究，2018(11).

② 丁华艳，陈雪琪. 中国P2P平台规模是美国4倍 2018年电商规模将占全球1/2.（2016-04-11）. http://www.chinanews.com/cj/2016/04-11/7829501.shtml.

③ 零壹财经·零壹智库. 中国P2P借贷服务行业发展报告：2018. 北京：中国经济出版社，2019：39-40.

④ 380余个涉嫌非法集资P2P网贷平台被查 涉案约百亿元.（2019-02-18）. https://baijiahao.baidu.com/s?id=1625822538645038131&wfr=spider&for=pc.

⑤ 程维妙. 被曝“714高炮”黑幕，融360称无七天和十四天产品. 新京报，2019-03-16.

损失，而且还扰乱了金融业的运行秩序与社会的和谐稳定。早在 2016 年，十五个中央部委办就联合成立了 P2P 网络借贷风险专项整治工作领导小组，出台了 P2P 网络借贷风险专项整治工作若干规定，开展了对 P2P 网络借贷行业违规经营乱象的整治工作，借以遏制 P2P 网络借贷行业风险事件频发的态势，从而促进 P2P 网络借贷行业的规范有序发展[①]。

从 2007 年中国第一家 P2P 网贷机构拍拍贷成立至今，中国的 P2P 网络借贷行业被人们寄予“金融创新”“普惠金融”等厚望，也带动了“全民投资理财”的金融化浪潮。但在经历了起步探索、野蛮生长、风险爆发、规范调整几个阶段后，留给社会的究竟是怎样一份教训？据网贷之家统计，截至 2018 年 12 月底，中国正常运营的 P2P 机构数是 1 021 家，而累计问题机构数则高达 5 409 家，问题机构占总机构的比重超过 84%，其涉及投资人数 215.4 万人，涉及待还贷款余额 1 766.5 亿元[②]。在一个个冰冷的数字背后，是数百万人投资梦想的破碎，也是数百万个家庭的噩梦，还是整个行业所有创业者与从业者的职业悲剧。这里值得我们思考的是，在网络社会中，金融风险的泡沫为什么越吹越大？泡沫的破裂或挤出会产生怎样的社会影响？

一、共享经济与“互联网+”背景下的 P2P 热潮

作为互联网金融的一部分，P2P 网贷行业的发展与整个互联网经济与技术革新的大趋势是分不开的。可以说 P2P 网贷行业的蓬勃发展，是与移动互联网时代的共享经济和“互联网+”的大背景分不开的。正是借着这股“东风”，一个个 P2P 理财 APP 进入普通百姓的智能手机，通过移动互联网，将来自千家万户的资金汇入互联网金融这条大河里。

P2P 平台在全社会的扩散，离不开移动互联网技术的支撑。移动互联网是一个移动通信概念，更是一个实时在线的社会网络概念。智能终端的普及以及移动业务应用的蓬勃发展，促使移动互联网呈现爆炸式发展趋势[③]。截至 2018 年 12 月，我国网民规模达 8.29 亿，其中手机网民规模达 8.17 亿，网民通过手机接入互联网的比例高达 98.6%。移动互联网与线下经济联系日益紧密，网络支付用户规模达到

---

① 刘红忠，毛杰．P2P 网络借贷平台爆发风险事件问题的研究：基于实物期权理论的视角．金融研究，2018（11）．

② 赖丹妮，张亦辰．P2P 网贷机构的问题、诱因与可持续发展对策．中国经贸导刊，2019（3）．

③ 马化腾，等．互联网+：国家战略行动路线图．北京：中信出版社，2015：64-68．

6.00亿，其中手机网上支付用户规模达到5.83亿。购买互联网理财产品的用户规模也达到1.51亿①。

基于移动互联网、第三方支付、大数据、云计算等技术，资源闲置过剩、经济进入新常态导致了共享经济的产生与发展。共享经济作为互联网下的“新经济”“新商业”形态，借助网络等第三方平台，将供给方闲置资源使用权暂时性转移，通过提高存量资产的使用效率为需求方创造价值，促进社会经济的可持续发展②。有学者从共享经济的含义和当前互联网金融发展的现象相结合中引申出共享金融的学术概念，将之定义为：“共享金融就是通过大数据支持下的技术手段和金融产品及服务创新，构建以资源共享、要素共享、利益共享为特征的金融模式，实现金融资源更为有效、更加公平的配置，从而更能够突出发挥消费者自主权和促进现代金融均衡发展，更好地服务于共享经济模式壮大以及经济社会可持续发展”。以P2P网贷为代表的互联网金融就是共享金融的典型形式③。

理想状态的P2P网贷平台借助互联网核心技术，在普惠金融理念的驱动下，打破了金融资源流动的地域和时间限制，能够在较大范围内实现金融资源的合理配置。一方面，P2P网贷平台有助于盘活闲置的金融资源，扩大社会整体融资空间。借助于更便捷的渠道、更高的配置效率，P2P网贷平台能够让参与者随时随地通过互联网平台发布资金供给和需求信息；借助于更具吸引力的资金回报率、更低的资金价格，P2P网贷平台能够吸纳更多社会闲散资金和资金需求者进入平台交易，增加可贷资金规模，扩大社会融资空间。另一方面，P2P网贷平台在一定程度上能够根据金融供求双方的实际情况，对金融资源进行合理调配④。

中国P2P网贷平台之所以能够迅猛发展，除了上述原因之外，得到政府政策的大力支持也是重要因素之一。众所周知，自2015年以来，中国政府大力创导“互联网+”的商业模式，同时也推动“大众创业、万众创新”的激励机制，各地政府也相应出台了地方性扶持政策，分别在P2P、众筹、第三方支付、网络理财等方面给予有针对性的激励政策，小额贷款公司也向互联网小贷方向拓展，因此，互联网金融在中国具有强劲的政策支撑和环境基础⑤。

“互联网+”战略本质上是以互联网为主的新一代信息技术（包括移动互联网、

① 中国互联网络信息中心．第43次中国互联网络发展状况统计报告．（2019-02-28）．http://www.cnnic.net.cn/hlwfzyj/hlwxzbg/hlwtjbg/201902/P020190318523029756345.pdf.

② 郑志来．共享经济的成因、内涵和商业模式研究．现代经济探讨，2016（3）．

③ 丁俊峰．基于共享金融视角的互联网金融发展及理论分析：以P2P行业为例．农村金融研究，2016（5）．

④ 赵大伟．共享金融视角下的P2P网络借贷．南方金融，2015（12）．

⑤ 同③．

云计算、物联网、大数据等）在经济、社会生活各部门扩散、应用与深度融合的过程，这将对人类经济社会产生巨大、深远而广泛的影响。它是传统产业的在线化、数据化。这种业务模式改变了以往信息仅仅封闭在某个部门或企业内部的传统模式，使其可以随时在产业上下游、协作主体之间以最低的成本流动和交换①。在更高的层面上，可以形成“更广泛的以互联网为基础设施和创新要素的经济社会发展新形态”②。

互联网金融是近年来网络经济发展的一个新亮点，也是可以充分体现“互联网＋”精髓的一个领域。互联网凭借其“开放、平等、协作、分享”的精神，逐渐渗透到传统金融行业中，再以大数据和云计算作为技术支持，实现对金融业的变革；金融活动依托互联网展开、进行和完成，有效突破传统金融在时间、地域上的限制，解决信息不对称问题，使资源配置更加优化。金融服务的边界从一个私有域扩展到无限的互联空间，开启了信息技术在金融领域新的革命③。

为了充分发挥互联网金融的优势，《国务院关于积极推进“互联网＋”行动的指导意见》强调了要实行“互联网＋”普惠金融行动，指出：“促进互联网金融健康发展，全面提升互联网金融服务能力和普惠水平，鼓励互联网与银行、证券、保险、基金的融合创新，为大众提供丰富、安全、便捷的金融产品和服务，更好满足不同层次实体经济的投融资需求，培育一批具有行业影响力的互联网金融创新型企业。”“积极拓展互联网金融服务创新的深度和广度。鼓励互联网企业依法合规提供创新金融产品和服务，更好满足中小微企业、创新型企业和个人的投融资需求。规范发展网络借贷和互联网消费信贷业务，探索互联网金融服务创新。积极引导风险投资基金、私募股权投资基金和产业投资基金投资于互联网金融企业。”④

正是在这样的大背景下，P2P网络借贷获得了一个大的“风口”。移动互联网和智能手机的普及大大提升了整个社会的网络化程度，互联网金融又借助互联网的力量将亿万人与金融连接起来，迅速提高了整个社会的金融化程度。P2P网络借贷平台抓住了“金融长尾”，打破了“二八定律”。“二八定律”即很少量的畅销品带来绝大部分的销量，而大部分商品鲜有人问津。传统金融机构比较偏好高大上的企业，因为这些企业的业务量大、偿还能力强，属于优质客户。而在企业总数中占到99％比例的中小微企业，或者因为服务成本高，或者因为担心风险，而被传统金融机构所排斥。但是在互联网金融模式下，互联网扩宽了金融机构与客户发生联系的

① 宁家骏．“互联网＋”行动计划的实施背景、内涵及主要内容．电子政务，2015（6）．

② 国务院关于积极推进“互联网＋”行动的指导意见．（2015－07－04）．http://news.xinhuanet.com/politics/2015-07/04/c_1115815944.htm.

③ 陈勇．中国互联网金融研究报告：2015．北京：中国经济出版社，2015：28.

④ 同②．

频度和宽度，以P2P平台为代表的互联网金融就能把数量庞大的中小微企业和个人聚集起来，也就是抓住了“金融长尾”。互联网金融机构给中小微企业提供了优质的金融服务，庞大的用户群体也让互联网金融机构的业务发展迸发出极大的能量[①]。但将大量的中小微企业与个人的借款需求和投资理财欲望汇集到P2P网贷平台上，既形成了充满机遇的“金融长尾”，也蕴含着巨大的金融风险。

二、金融风险的网络化扩张

P2P网络借贷英文全称是“peer-to-peer lending”，直译为“点对点贷款”。“点对点”是一种互联网技术用语，强调去中心化，即个体与个体之间的连接不再借助一个中心，而是直接发生联系。在传统的客户端—服务器模式中，通信通常来往于一个中央服务器，而在纯粹点对点网络中没有客户端或服务器的概念，只有平等的同级节点，任何节点都可以对网络中的其他节点充当客户端或服务器。P2P网络借贷强调的是一种不同于传统银行中介信贷的模式。在传统模式里，银行付出一定的成本吸收储户的存款，发放贷款并向借款人收取一定的贷款利息，资金的一进一出都离不开银行这个中介，这实际上是“点—中介—点”的信贷模式，资金需求方和资金出借方并不直接发生联系。对于资金出借方而言，出借人只需要关注银行的风险即可，不需要对个体项目进行甄别，这一甄别成本与风险由银行这个中介承担，但出借人也因此把部分应该由其享有的收益让渡给了银行。而在新的“点对点”模式中，银行中介消失了，出借人直接与借款人发生联系，原先被银行拿去的收益可以重新回到出借人手中[②]。

从本质上说，这种“点对点”的信贷模式在互联网平台出现之前就已经存在，那就是常见于个体与个体之间的民间借贷，它也是一种不需要银行中介的直接融资方式。民间借贷具体指自然人之间、自然人与非金融组织之间直接进行的货币借贷。民间借贷一般不经国家金融行政机关批准，是民间较为原始的、基于熟人社会的一种借贷方式，而后又发展成为个人与企业组织之间的借贷形式。民间借贷满足了人民群众日常生活调剂小额资金的需要，作为一种资源多样、操作灵活便捷的融资手段，在一定程度上也缓解了中小企业与个人难以从银行获得信贷资金的问题。近几年，中国的一大金融奇观是：一方面，流动性过剩，甚至泛滥；另一方面，金融服务的结构性问题日益突出，大量对资金价格不敏感的国企和政府平台占用了低

① 马化腾，等．互联网+：国家战略行动路线图．北京：中信出版社，2015：315.

② 陈文．P2P向死而生．北京：机械工业出版社，2016：18-19.

价资金，而急需资金的中小企业却被加速挤出银行的表内授信。由于中小企业融资金额小，有些尚不能达到银行的最低额度需求，而且银行对于中小企业发展方向和盈利能力无法估计，倾向于风险较小、有政府背景的企业，因此，多数中小企业不能通过银行贷款这个途径满足自身的融资需求①。

但是，由于民间借贷是基于熟人社会发展起来的，借贷形式、利率设定等都很不完善，再加上自然人对非金融组织的借贷模式，存在个人无法判断组织的诚信和偿债能力等风险，民间借贷市场中出现纠纷，大多数是因为过期仍未偿还、口头协议后借方不承认以及欠条不规范引起的纠纷。所以，传统的民间借贷具有范围受限、需求匹配难、风险高等特点，一般只能限于熟人圈子，因此规模受到限制。随着互联网的发展，互联网的连接作用使得数量众多的借款人与投资者能够建立跨区域和跨熟人圈子的联系，使得民间借贷关系发生的范围得到扩展，也打开了规模限制。民间借贷搭上互联网快车，便形成了 P2P 网贷这一创新模式，即：由某个企业搭建一个互联网平台，由需要借钱的人发布需求，投资人参与竞标，由平台撮合双方完成交易并收取一定费用的借贷模式②。但是，P2P 网贷并没有从根本上解决借贷双方的信息不对称、道德风险等问题，而是将问题与风险以更大的规模集中到了 P2P 平台上。

2005 年 3 月，英国的 Zopa 平台成为全球第一家提供 P2P 金融服务的公司。2007 年，中国第一家 P2P 平台拍拍贷成立。拍拍贷最初严格按照 P2P 模式：平台仅作为信息中介存在，只提供中介服务，不承诺本息保障；出现贷款违约后，出借人自行承担项目的违约风险。信息中介的定位符合 P2P 的本质，也有助于分散风险。但国内的投资人偏好“刚性兑付”的平台，这导致拍拍贷发展速度慢于后来成立的几家承诺保本保息的平台。拍拍贷起步早但发展缓慢的现实让一些后起平台放弃了纯粹信息无担保模式，不得不探索本息保障的模式，即计提平台风险准备金划款垫付给出借人。平台本息保障模式在一定程度上提升了投资人对平台的信任，也正是本息保障模式在一定程度上使 P2P 成为普通居民的重要投资渠道③。2013 年是 P2P 网贷行业进入野蛮生长的一年，网贷平台数量几乎以每天 1～2 家的上线速度增长④，截至 2017 年 12 月 31 日，我国累计上线的 P2P 平台已达 6 113 家，累计交易规模约为 6.07 万亿元⑤。

① 水名岳，符拓求．中国式 P2P 网贷．上海：东方出版中心，2016：1-5，12-13.

② 同①1，12-13.

③ 陈文．P2P 向死而生．北京：机械工业出版社，2016：88-98.

④ 同①15.

⑤ 零壹财经·零壹智库．中国 P2P 借贷服务行业发展报告：2018．北京：中国经济出版社，2019：37-39.

本息保障模式无疑改变了P2P信息中介的性质，平台实际上扮演了类似银行的信用中介角色，投资者的放贷风险不再主要取决于个别信贷项目本身的违约风险，而主要取决于平台自身的兜底能力。这相当于将风险集中到了平台身上，任何个别的风险都有可能危及平台的健康并威胁所有投资人的利益。而小额信贷本身的特点就是风险较大，且在宏观经济形势下滑时坏账会密集暴露，本息保障模式下信贷风险的积聚加大了平台自身的破产风险。本息保障模式使得平台承担更多的贷后管理和催收义务，由此产生的居高不下的成本束缚了平台的盈利能力①。

在"刚性兑付"的模式中，实际上是由P2P平台在承担还本付息的责任，这就对平台的盈利能力提出了要求。但实际上，大多数P2P平台的正常业务盈利能力是很差的。2009—2013年，中国P2P平台提供给出借人的回报率均在16%以上，2011年更是高达20.79%。之后回报率开始下降，到2017年降至9.64%②。但也远高于Zopa的年化回报率（3年期债权年化利率4%，5年期债权年化利率5%）。在提供如此高的年化回报率的情况下，还提供项目违约风险兜底，这种兜底能够持续本身就违反金融规律。从收入覆盖成本的角度看，P2P平台只有收取35%以上的放贷利率才有望实现盈亏平衡，但大部分借款人实际上无力承担如此之高的利率。"刚性兑付"导致P2P发展陷入怪圈：一方面，合法经营的平台处于微利甚至亏损状态，只能苦苦支撑；另一方面，大量平台以"刚性兑付"吸引出借人，但因坏账率过高或者纯粹诈骗而跑路③。因"刚性兑付"而集中到P2P网贷平台上的风险最终还是会沿着互联网波及每个出借人。

除了"刚性兑付"外，P2P网贷平台容易带来金融风险的操作方式还有"自融"、"资金池"和"庞氏骗局"。"自融"是P2P机构以互联网平台为基础通过虚构的借贷主体或可控制的账户向社会公众募集资金，而资金的真实流向是机构或机构控制人的关联项目。这种行为会被认定为非法吸收公众存款，也存在着难以偿还本金的巨大风险。"资金池"指P2P机构通过期限错配、债权错配、虚假标的等操作，产生资金归集与沉淀。这一做法背离了P2P的"点对点"模式，将大量的资金集中于平台，如果平台对资金经营不善，甚至将资金挪用或卷款逃跑，将产生巨大的金融风险④。"庞氏骗局"是建立在"资金池"基础上的诈骗，在中国又被通俗地解释为"拆东墙补西墙"或"空手套白狼"，简言之就是利用新投资

① 陈文. P2P向死而生. 北京：机械工业出版社，2016：98-99.

② 零壹财经·零壹智库. 中国P2P借贷服务行业发展报告：2018. 北京：中国经济出版社，2019：39-40.

③ 同①99，103，107.

④ 赖丹妮，张亦辰. P2P网贷机构的问题、诱因与可持续发展对策. 中国经贸导刊，2019 (3).

人的钱来向老投资人支付利息和短期回报，以制造赚钱的假象，进而骗取更多的投资人①。当“资金池”积累到足够大的规模时就跑路，或者在“借新还旧”的链条断裂后骗局败露。依据投资规律，风险与回报一般成正比，“庞氏骗局”却反其道而行。骗子们总是力图设计出远高于市场平均回报率的投资路径，只是以较高的回报率吸引不明真相的投资者，而绝不揭示或强调投资的风险因素。由于没有实际投资渠道来取得收益或投资收益远远小于承诺的投资回报，因此对于老客户的投资回报，只能依靠新客户的加入或其他融资安排来实现。新增资金源源不断地流入，不仅使得攫取的利益更为可观，而且使资金链断裂的风险大为降低，以此达到延长骗局持续时间的目的②。尽管不能说大多数 P2P 平台都是“庞氏骗局”，但在“刚性兑付”和“庞氏骗局”推高出借人收益率的压力下，还是有相当多的 P2P 平台采用了“借新还旧”套路，当资金链断裂时，平台也只好“爆雷”。

P2P 网贷平台所具有的两个属性使得上述风险在互联网空间中被极度放大。首先，P2P 网贷平台存在着严重的信息不对称问题。互联网虽然降低了交易主体之间的交易成本，但也增加了信息不对称，主要表现为：互联网金融产品的创新性和复杂性使得信息不对称在产品市场上广泛存在，众多 P2P 产品的消费者对产品缺乏足够的专业知识和辨别能力，销售人员可以很容易地通过不实宣传和不当销售把产品卖给消费者③。比如很多 P2P 机构宣称自己有国资背景、银行存管等，但其实与国资并无实际关系，银行对其资金使用也没有实际的约束能力。另外，与传统金融相比，P2P 网贷机构的物理结构和建筑的重要性大大降低。网络金融服务方式的虚拟性使交易、支付的双方互不见面，只是通过网络发生联系，这使对交易者的身份、交易的真实性验证的难度加大，增大了交易者之间在身份确认、信用评价方面的信息不对称，从而增大了信用风险④。

其次，P2P 网贷运转于一个互联网流动空间，使得金融风险很容易跨越时空界限。P2P 网贷平台打破了传统金融的分支机构及业务网点的地域限制，只需开通网络金融业务就可能吸引相当大的客户群体⑤。这使得 P2P 网贷加剧了信贷风险的集聚。在传统线下民间借贷模式里，借贷行为具有属地性、分散性，很难存在过大

① 谢湲．解读互联网金融中的“庞氏骗局”或“跑路公司”：以“e 租宝”和“中晋系”事件为例．经济师，2016（10）．

② 王文娟，陈璜睿雯，何翠．“E 租宝”事件背后折射的“庞氏骗局”．经济师，2017（1）．

③ 冯乾，王海军．互联网金融不当行为风险及其规制政策研究：以市场诚信、公平竞争与消费者保护为核心．中央财经大学学报，2017（2）．

④ 张玉喜．网络金融的风险管理研究．管理世界，2002（10）．

⑤ 同④．

的、覆盖全国的民间借贷中介机构。而在互联网金融时代，累计成交额过百亿元的大型P2P平台并不少见，平台的出借人和借款人的分布遍及全国。在平台实际承担“刚性兑付”信用中介责任的情况下，信贷风险的集聚程度大大增加①。互联网金融跨区域的经营特点，使得互联网金融消费者分散地遍布全国各地，一旦发生风险事件，消费者常常面临维权困难，难以与组织严密的互联网金融企业相抗衡②，也难以找到有价值的公司资产来弥补自己的损失。另外，P2P网贷平台跨越边界的空间流动性也给属地管理的金融风险监管带来了难题。有的P2P平台为了规避监管，在A地注册公司，却在B地实际办公；有的地方监管机构发现某个P2P平台可能有问题后，并不立即采取强有力措施在本地刺破风险泡沫，而是将问题平台驱赶出本地，比如要求问题平台变更注册地或搬迁办公地点。

三、风险转化：市场出清的社会成本

野蛮生长的P2P网贷行业自然是参差不齐，这导致该行业有很高的淘汰率并蕴含着巨大的风险，政府的监管政策也日益趋紧。尤其是自2016年4月开始开展全国性互联网风险专项整治工作以来，更多的P2P网贷泡沫被刺破。2017年12月，P2P网络借贷风险专项整治工作领导小组办公室向各地下发通知，要求各地在2018年4月底前完成辖区内主要P2P机构的备案登记工作，6月底之前完成全部相关工作；并对债权转让、风险准备金、资金存管等关键问题做出进一步解释说明。但到了2018年6月，P2P网贷备案工作再次延期，这一方面是由于要求验收标准更严格地执行，另一方面则是需要较长的周期对网贷平台整体抗风险能力进行全面考验。在这个过程中，大量问题平台无法满足高标准与长周期的考验而纷纷“爆雷”。2018年6—8月，P2P网贷行业爆发了一系列风险事件。大量的问题平台被淘汰，我们可以把它视为市场出清的正常表现，是之前产生的大量泡沫逐渐被挤出、行业从野蛮生长走向规范发展的必经阶段③。但是，P2P网贷平台“爆雷”并不仅仅是一种金融问题，还是一个社会问题。市场出清之后，金融行业可能获得更健康的发展，但其所产生的社会成本是不容忽视的。

如前所述，截至2018年底，累计问题P2P机构数高达5 409家，问题机构占

---

① 陈文. P2P向死而生. 北京：机械工业出版社，2016：104.

② 冯乾，王海军. 互联网金融不当行为风险及其规制政策研究：以市场诚信、公平竞争与消费者保护为核心. 中央财经大学学报，2017 (2).

③ 零壹财经·零壹智库. 中国P2P借贷服务行业发展报告：2018. 北京：中国经济出版社，2019：3-6，163.

总机构的比重超过 84%[①]。P2P 网络借贷平台所爆发的所有人跑路、投资人提现困难、被公安机关立案调查等风险事件，不仅致使 P2P 网络借贷的投资人蒙受经济损失，而且还扰乱了金融业的运行秩序和社会的和谐稳定[②]。而对于这个行业的创业者、员工以及作为出借人的投资者而言，平台“爆雷”无疑是巨大的灾难。

作为平台“爆雷”的“罪魁祸首”，创业者理应受到惩罚，本不值得同情。但他们从满有一腔热血到风光无限，再到坠入深渊，也确实令人唏嘘。当今中国，有不少老板，只要能赚钱，什么事都敢干。而且在资本与人性的贪婪的驱使下，赚钱的速度越来越快，全民赚大钱、赚快钱。以 e 租宝创始人丁宁为例，他在不到两年的时间里就把 e 租宝做到 700 亿元的规模，发展到 13 万名员工。但这个“高楼大厦”转瞬间崩塌，丁宁自己也受到了法律的惩罚。对于就业者而言，他们从原来稳定的工作跳槽到问题平台，拿到了高薪，就必须完成超乎寻常的任务，骗更多的人加盟，甚至包括自己的前同事、同学、室友、同乡、亲戚、朋友，搭上自己的人脉。这里的教训是：创业者，不是什么业都可以创；就业者，不是什么钱都可以拿，什么活儿都可以干[③]。

最大的社会成本当然落到了千千万万个出借人头上，他们是 P2P 平台“爆雷”事件中最大的受害者。在这场 P2P 的“爆雷”潮中，遭殃的绝大多数都是以散户为主的普通工薪阶层，他们用来投放的钱，有孩子的奶粉钱，有退休养老钱，有辛苦攒下买房的首付钱，还有四处拆借甚至变卖家产的钱，少则几万，多则百万。2018 年夏天，P2P 平台在以狂飙的加速度增长后成批倒下。为全力保护相关案件投资人的合法权益，自当年 9 月 10 日起公安机关开始对网贷平台涉嫌非法集资案件开展集中网上登记。央视采访了几位投资者，下面两个案例展现了他们背后的辛酸故事[④]。

案例一：宋姐是一位受害的癌症患者，她投在某平台上用于治病的全部积蓄有去无回，让她成为这个庞大群体中最为特殊的一位。年初刚提出来的 5 万多元钱住房公积金原本打算用来做最后的放疗，考虑到临时放在平台还能有一些利息补贴家用，没有了收入来源的她犹豫了一下就把手里所有的钱归置起来投了进去。总共 12

---

① 赖丹妮，张亦辰. P2P 网贷机构的问题、诱因与可持续发展对策. 中国经贸导刊，2019（3）.

② 刘红忠，毛杰. P2P 网络借贷平台爆发风险事件问题的研究：基于实物期权理论的视角. 金融研究，2018（11）.

③ 景素奇. 13 万人为何跳进 e 租宝深渊?. 中外管理，2016（3）.

④ 孙晓媛. P2P 爆雷后，我没了所有的钱却不敢跟别人说.（2018－09－28）. http://news.cctv.com/2018/09/28/ARTIYWyLmK9VXoQ1EQTNv5BL180928.shtml.

万元，是她的全部身家，也是家里所有的钱。高达12.5%的利率，对于这个不曾了解过半点儿投资知识、本本分分靠工资生活的女人来说，最终演变成了一场断崖式的风险，甚至没有缓冲的余地。2018年夏天，P2P平台在以狂飙的加速度增长后成批倒下。还未等宋姐提出第一笔收益，手机页面上的“赎回”按键就已经变成了灰色。起初她以为只是暂时的无法提现，直到警方立案，平台高管被拘，她才意识到所有的钱都没了。不知所措，甚至不敢相信。这个有银行为之背书并且获得过多个行业荣誉认证的平台怎么能说垮就垮了？她不断问自己。几天之后，精神上的焦虑加剧了化疗反应，呕吐、疼痛、彻夜失眠。不敢告诉家里人，压抑让她在黑暗中喘不上气来。她不知道该用什么样的方式来面对癌症术后的又一场打击。这个年近五十，大半辈子生活未曾有过大起大落的中年女人，第一次有了轻生的念头。然而，她不敢。上有四位老人需要照顾，下有一个儿子刚上大学。爱人每个月三四千元钱的工资除去还房贷，余下的她必须精打细算①。

案例二：小谢不敢请假，不敢生病，一天24小时中有近20个小时都在拼命工作，拿出一块钱都要好好想一下怎么花，这是她目前的生活状态。今年27岁的小谢，有33万元放在网贷平台中无法取回，其中除了自己和妈妈8.5万元的存款外，有15万元是从亲戚那里借来的，剩下的9.5万元全是来自信用卡。如今所有的钱石沉大海，有去无回。面对信用卡的催账单，她不得已再走老路，继续办新卡套现还账。午夜十二点半，给孩子喂完奶后，小谢打开电脑开始处理自己从外面接的一些私活。“现在已经很绝望了，只能拼着老命找钱还钱了，逼得太紧只有贱命一条了。”实在无处发泄时，她偶尔也会飙出一两句狠话。2016年，P2P理财广告扑面而来，高于银行利息、随用随取的便捷使它成了很多并不擅长理财却又渴望资产增值的人的首选。从一千、两千开始，连续两年的陆续存放曾让小谢获得了6万多元不菲的利息收入。在“稳定”的高回报诱惑下，她铤而走险不断借钱，4张信用卡套现，亲戚朋友借了个遍。当她期待着能用这笔到期的收入努力付个首付给妈妈和孩子换一个好一点的房子时，现实给了她重重一击。理财平台“爆雷”，她的生活跌入黑暗。一家五口人，父母奶奶和孩子都需要有人照顾。对于月收入三千五的她来说，20多万的债务就像一座大山一样压得她喘不过气来。当她把家里所有的积蓄和孩子的奶粉钱都孤注一掷时，或许她并不曾意识到，这本身就是一个赌局，甚至死局②。

---

① 孙晓媛. P2P爆雷后，我没了所有的钱却不敢跟别人说.（2018-09-28）. http://news.cctv.com/2018/09/28/ARTIYWyLmK9VXoQ1EQTNv5BL180928.shtml.

② 同①.

这批陷入困境又深感绝望的受害者有很多走上了维权道路，并不惜采取越级上访、制造群体性事件等过激行为，对社会稳定产生了负面影响。在这一过程中，互联网又成为他们沟通信息与群体动员的重要工具。在对典型的 P2P“爆雷”事件进行分析后，有研究者发现，从爆料来讲，QQ 群和专业的论坛（如网贷之家等）更能占得先机。从传播的角度讲，微博、微信等社交平台具有简短快捷、便于转发、可评论的特点，因此是舆情爆发的较好传播形态。事件爆发后，全国各地投资人纷纷通过贴吧、微信、QQ 建立维权交流群，互通有无并商讨对策。发起者寻求有共同经历和共同诉求的人，通过社交类媒体而成“群”结“队”，成为不可低估的社会动员力量①。

四、过度金融化与“生活世界的殖民化”

不可否认，当前互联网金融的发展给个人和小微企业带来很大实惠，以 P2P 网贷为主要模式的互联网金融为人们拓宽了参与金融投资的渠道，增加了金融投资机会，投融资关系迅速地跨越了地域界限，参与人数急剧增加，一时间从跳广场舞的大妈，到在校大学生全面涉入互联网金融，几乎形成全民参与金融之势。然而，普惠金融就是参与金融的人数越来越多吗②？

自 20 世纪 80 年代以来，以美国为代表的主要经济体表现出明显的金融化趋势：金融资本快速增长，金融资产种类和数量急剧扩张；金融创新层出不穷，金融业在国民经济中的比重大大提升，并占据经济的主导地位。金融化过度则会出现经济活动投机性强、交易频繁、资产价格剧烈波动、金融资源离开实体经济“空转”等风险，并有可能最终导致危机。具体来说，过度金融化是指随着金融化程度的提高，金融化不能进一步促进经济增长，反而阻碍经济发展的现象。从表现形式看，过度金融化可能表现为：（1）金融发展过快，明显超越实体经济的发展；（2）金融风险随金融业的扩展而增加，金融资产价格剧烈波动；（3）金融服务过度扩张，利润水平明显居高，挤压其他行业发展空间③。

金融业增加值占 GDP 的比重可以反映出经济发展的金融化程度。与美英日等发达国家相比，我国金融业增加值占比于 2013 年超过美国，于 2015 年超过英国。

① 丁晓蔚，高淑萍. 互联网金融典型事件舆情研究：基于对 e 租宝、中晋系等事件舆情大数据的分析. 编辑之友，2016（12）.

② 丁俊峰. 基于共享金融视角的互联网金融发展及理论分析：以 P2P 行业为例. 农村金融研究，2016（5）.

③ 刘锡良，文书洋. 中国存在过度金融化吗. 社会科学研究，2018（3）.

2015年，中美日英四国的金融业增加值占比分别为8.4%、7.2%、4.4%、7.2%，中国已超过另外三国①。通过深交所和上交所对于上市公司财报的审查也可以发现，部分企业经营存在着杠杆过高、经营链条过长的问题，整体发展有着“脱实向虚”的趋势。根据国际清算银行的数据，当前我国企业部门债务率大于180%，远远高出发达国家和其他新兴经济体。企业部门大幅举债，资金利用效率低下，产出转换率较低，导致资产负债率过高。从数据来看，我国或存在一定程度上的过度金融化②。

近几年来中国经济进入新常态，增长放缓，实体经济结构性问题突出。在产业结构调整没有取得根本性进展、企业利润持续走低、国际经济环境没有改善趋势的大背景下，资本市场和大宗商品价格相继呈现大幅度波动，房地产市场短暂遇冷后继续火爆，各类资产管理平台规模快速扩张，A股市场在2015年达到近8年历史高点后发生“股灾”。与此同时，2013年以来快速发展的众筹、P2P等互联网金融模式多现“庞氏骗局”，大量涉嫌非法集资，等等。上述问题意味着我国经济的稳定性下降，金融投资脱离实体产业。总体上看，在中国实体经济疲软的同时，金融业增加值占GDP的比重却逐年上升，表现为实体投资萎缩、金融投资增加、资本市场剧烈波动、企业债务高企、以房地产为代表的资产价格泡沫膨胀。这些现象意味着中国正面临过度金融化的危险③。

上述讨论是从经济学的角度分析经济的过度金融化。在这次全民参与互联网金融再到风险爆发的事件中，我们也可以从社会学的角度分析社会的过度金融化问题。社会的过度金融化指政府、企业、家庭和个人等各行为主体都日益受到金融市场的指引和重塑。金融市场力量空前发展并无所不在，之前保护“社会”的国家力量日益受到强大金融市场的侵蚀，加剧了就业危机、贫富分化和结构性的不平等。社会的过度金融化，是金融资本对全球政治、经济、社会、文化的全面形塑及重构。金融市场改变了政府运作模式、企业治理规则和家庭理财方式，使人们形成了新的金融投资文化理念。金融资本通过全球化将金融、信贷思维和投资理念推向整个世界市场和单个个体，深刻地影响和改变着民族国家的政府政策、劳动力雇佣原则、社会关系和家庭生活。这意味着经济金融化的影响并不限于经济领域，而是一个政治、经济和社会全面扩张的过程，以经济领域的金融资本积累为核心辐射到政

---

① 贾国强. 中国金融业增加值占GDP比重，超过美、日、英等发达国家 28省份金融业已成支柱产业 防范风险、服务实体经济成为行业发展主基调. 中国经济周刊，2017（33）.

② 盘和林. 经济发展须谨防“过度金融化”.（2018-06-03）. http://baijiahao.baidu.com/s?id=1602202798677049774&wfr=spider&for=pc.

③ 刘锡良，文书洋. 中国存在过度金融化吗. 社会科学研究，2018（3）.

治、社会、文化等各个领域[①]。

从全球来看，自 20 世纪 80 年代以来，金融资本逐渐从实体经济部门的支持者转变为依靠自身交易获得高额利润的“自盈利者”，金融资本摆脱了地理界限的束缚，全球金融资产呈现爆炸式增长态势。金融衍生品种类繁多、数量巨大，还可经层层包装和复杂的金融操作合成新的金融工具，尤其是借助互联网和计算机等新技术进一步加速金融资本在全球的流动，相应地也加快了金融风险的全球扩散。20 世纪 90 年代至今，以 P2P 网贷、股权众筹、互联网理财等互联网金融直接融资模式在全球主要经济体中快速发展，互联网金融在投资、融资双方之间建立起直接的金融联系，“脱媒化”“去中介化”特征更加明显，金融市场的力量进一步增强。移动互联网的出现使得投资者可以通过手机移动端随时随地在全球各地进行金融市场投资和各种金融衍生品买卖，金融资本运作的这种便利性和灵活性，加大了金融市场的投机性、流动性和短期导向，也加剧了金融市场风险。同时，社会各部门、各行为主体都追求短期投资收益最大化，导致所有行为主体（国家、公司、家庭、个人）尽可能地冒风险、加杠杆（借贷投资），以致全社会的负债率和杠杆率大增，也使得金融市场的不确定性和风险性大大提升[②]。

过度金融化的社会本质上是一个高度经济理性、高度世俗化、高度价值通约的社会，纯粹的经济理性已导致人与人之间关系的疏离，最终使人也成为被深度开发的金融衍生品[③]。这里发生的是金融系统对生活世界的殖民化过程，哈贝马斯在他的“生活世界殖民化”理论中指出，社会形态的演进是系统与生活世界相互依存、相互促进的动态发展过程。但是，在现代化进程中，系统与生活世界产生了严重的脱节。更有甚者，已获相对独立地位的系统凭借作为系统媒介的货币和权力所具有的控制功能，充分发挥工具理性的优势，通过自身的合理化发展反过来渗透到生活世界的核心领域并片面取代生活世界的合理化，使日常生活中原本属于交往理性的关系也为系统遵循的工具理性原则所主宰，从而导致一种系统侵占生活世界的殖民化现象[④]。

一是金融逐利与人性贪婪的契合，导致人的内在精神朝着货币化、资本化和世俗化方向发展。不可否认，现代人的日常生活程式已离不开现代金融工具及其衍生品的支撑，更灵活的财富管理、更有效的资源配置、更多样的需求选择等等，是生

① 杨典，欧阳璇宇．金融资本主义的崛起及其影响：对资本主义新形态的社会学分析．中国社会科学，2018 (12)．

② 同①．

③ 张雄．金融化世界与精神世界的二律背反．中国社会科学，2016 (1)．

④ 王卉珏．从哈贝马斯的生活世界殖民化理论看网络空间中的入侵行为．马克思主义与现实，2012 (4)．

存质量重大提升的显现。但同时，金融资本的偏好——唯利是图、金钱至上，会导致人性的裂变。金钱本身并非生来即坏，但对它追求过甚就会产生物欲化的金钱拜物教，产生单向度的人。二是过度的“衍生化”金融偏好与人性嗜赌的契合，导致个体生命的自我意识沉浸在“投资—交易—风险”的生存范式中：生命的定在，被日复一日、年复一年的股票流转、资金流转、数字流转而固化，而激活，而冲动，而沮丧，这种充满着风险的游戏最能产生生命的节奏感和抗争力，但也会带来精神的堕落性、奴役性和分裂性①。

社会的过度金融化还会加剧社会结构两极分化。长期以来，美国社会被视为阶级向上流动比较畅通的社会，但随着金融资本主义的崛起，以金融市场股权为代表的金融力量改变了社会的收入分配机制，重组了社会结构，握有股权的公司高管和股东获取了大量社会财富。在工人阶级日益贫困化、中产阶级不断萎缩的同时，以私募股权投资基金经理、风险投资基金经理和公司高管为代表的一批批超级富豪也在不断诞生，整个社会的贫富分化日益严重②。金融是资本主导的游戏，大部分人在这个游戏中只能是待割的韭菜。其中当然会蕴含巨大的社会矛盾，美国的“占领华尔街”运动就是这个矛盾的一种释放。

结　语

再回到普惠金融是否等于全民参与金融的问题，答案应该是否定的。基于以下三种情况可判断全民金融是不经济的：一是大量上班族投入过多的精力去辨别 P2P 平台的优劣和投资项目的优劣，事实上大多数人无法做到也不具备那种技能，反而降低了社会专业分工的效率；二是大量的 P2P 平台出现跑路和停业事件，使不少投资者遭受被“割韭菜”的痛苦而不是获得共享金融的价值增值收益；三是互联网金融进校园之后，一批当前无收入者透支未来预期产生一批信用违约者，从而对信用环境造成创伤③。所以，基于以上三点，普惠金融并不等于全民参与金融，后者有明显的过度金融化问题。中国银保监会主席郭树清曾说：理财产品收益率超过 6%就要打问号，超过 8%很危险，超过 10%就要做好损失全部本金的准备④。这就是

① 张雄．金融化世界与精神世界的二律背反．中国社会科学，2016（1）．

② 杨典，欧阳璇宇．金融资本主义的崛起及其影响：对资本主义新形态的社会学分析．中国社会科学，2018（12）．

③ 丁俊峰．基于共享金融视角的互联网金融发展及理论分析：以 P2P 行业为例．农村金融研究，2016（5）．

④ 郭树清谈非法集资风险：收益率超 10%要准备损失全部本金．（2018－06－14）．http://baijiahao.baidu.com/s?id=1603221670759900437&wfr=spider&for=pc.

对这种过度金融化趋势发出的强有力的风险警告。

互联网金融应回归金融本质。既然是金融，就应该加强监管，明确业务范围与业务开展对象。《关于促进互联网金融健康发展的指导意见》（下称《指导意见》）早在 2015 年就已经明确，互联网金融本质仍属于金融，没有改变金融风险隐蔽性、传染性、广泛性和突发性的特点。互联网金融监管应科学合理界定各业态的业务边界及准入条件，落实监管责任，明确风险底线，保护合法经营，坚决打击违法和违规行为。《指导意见》指出，个体网络借贷要坚持平台功能，为投资方和融资方提供信息交互、撮合、资信评估等中介服务。个体网络借贷机构要明确信息中介性质，主要为借贷双方的直接借贷提供信息服务，不得提供增信服务，不得非法集资①。

《指导意见》已经明确了 P2P 平台的信息中介地位，但长期以来，P2P 平台却在开展信用中介的业务。P2P 项目的违约风险并不低，但 P2P 平台一般都会强调其本息保障模式下投资的安全性。国内投资人并非不清楚 P2P 项目投资的风险，但只是将 P2P 投资的关注点集中在平台自身的兜底能力上。然而平台并不具备兜底的资质和能力，所谓的兜底承诺只不过是将风险后移并扩大风险。P2P 债权产品天然的高风险性，使得其显然不适合作为普通大众的理财渠道。在过度金融化的浪潮下，大量的普通人参与了 P2P 投资理财，甚至部分 P2P 平台通过线下理财店吸引以老年人为主的离网人群，这些人对于风险的防范意识更为淡薄，且风险承担能力更低，一旦平台出事，更容易造成社会问题。就国外经验而言，P2P 等垃圾债券的投资主体为机构投资人，同时严格限制个体投资人的过度参与②。所以，应该让金融的归金融，生活的归生活，给金融划定明确的边界，防止金融系统向生活世界的过度扩张。

参考文献

[1] 陈文．“e 租宝”事件，折射 P2P 现实及未来．金融博览（财富），2016（1）．

[2] 陈文．P2P 向死而生．北京：机械工业出版社，2016.

[3] 陈勇．中国互联网金融研究报告：2015．北京：中国经济出版社，2015.

---

① 人民银行等十部门发布《关于促进互联网金融健康发展的指导意见》．(2015-07-18)．http://www.gov.cn/xinwen/2015-07/18/content_2899360.htm.

② 陈文．“e 租宝”事件，折射 P2P 现实及未来．金融博览（财富），2016（1）．

［4］程维妙．被曝“714高炮”黑幕，融360称无七天和十四天产品．新京报，2019－03－16.

［5］丁俊峰．基于共享金融视角的互联网金融发展及理论分析：以P2P行业为例．农村金融研究，2016（5）．

［6］丁晓蔚，高淑萍．互联网金融典型事件舆情研究：基于对e租宝、中晋系等事件舆情大数据的分析．编辑之友，2016（12）．

［7］冯乾，王海军．互联网金融不当行为风险及其规制政策研究：以市场诚信、公平竞争与消费者保护为核心．中央财经大学学报，2017（2）．

［8］景素奇．13万人为何跳进e租宝深渊?．中外管理，2016（3）．

［9］赖丹妮，张亦辰．P2P网贷机构的问题、诱因与可持续发展对策．中国经贸导刊，2019（3）．

［10］零壹财经·零壹智库．中国P2P借贷服务行业发展报告：2018．北京：中国经济出版社，2019.

［11］刘红忠，毛杰．P2P网络借贷平台爆发风险事件问题的研究：基于实物期权理论的视角．金融研究，2018（11）．

［12］刘锡良，文书洋．中国存在过度金融化吗．社会科学研究，2018（3）．

［13］马化腾，等．互联网+：国家战略行动路线图．北京：中信出版社，2015.

［14］宁家骏．“互联网+”行动计划的实施背景、内涵及主要内容．电子政务，2015（6）．

［15］水名岳，符拓求．中国式P2P网贷．上海：东方出版中心，2016.

［16］王曙光，张春霞．互联网金融发展的中国模式与金融创新．长白学刊，2014（1）．

［17］王文娟，陈璜睿雯，何翠．“E租宝”事件背后折射的“庞氏骗局”．经济师，2017（1）．

［18］王卉珏．从哈贝马斯的生活世界殖民化理论看网络空间中的入侵行为．马克思主义与现实，2012（4）．

［19］谢湲．解读互联网金融中的“庞氏骗局”或“跑路公司”：以“e租宝”和“中晋系”事件为例．经济师，2016（10）．

［20］杨典，欧阳璇宇．金融资本主义的崛起及其影响：对资本主义新形态的社会学分析．中国社会科学，2018（12）．

［21］张雄．金融化世界与精神世界的二律背反．中国社会科学，2016（1）．

[22] 张玉喜. 网络金融的风险管理研究. 管理世界，2002（10）.

[23] 赵大伟. 共享金融视角下的 P2P 网络借贷. 南方金融，2015（12）.

[24] 郑志来. 互联网金融对我国商业银行的影响路径：基于“互联网+”对零售业的影响视角. 财经科学，2015（5）.

[25] 丁华艳，陈雪琪. 中国 P2P 平台规模是美国 4 倍 2018 年电商规模将占全球 1/2.（2016-04-11）. http://www.chinanews.com/cj/2016/04-11/7829501.shtml.

[26] 郑志来. 共享经济的成因、内涵和商业模式研究. 现代经济探讨，2016（3）.

[27] 郭树清谈非法集资风险：收益率超 10%要准备损失全部本金.（2018-06-14）. http://baijiahao.baidu.com/s?id=1603221670759900437&wfr=spider&for=pc.

[28] 国务院关于积极推进“互联网+”行动的指导意见.（2015-07-04）. http://news.xinhuanet.com/politics/2015-07/04/c_1115815944.htm.

[29] 盘和林. 经济发展须谨防“过度金融化”.（2018-06-03）. http://baijiahao.baidu.com/s?id=1602202798677049774&wfr=spider&for=pc.

[30] 人民银行等十部门发布《关于促进互联网金融健康发展的指导意见》.（2015-07-18）. http://www.gov.cn/xinwen/2015-07/18/content_2899360.htm.

[31] 380 余个涉嫌非法集资 P2P 网贷平台被查 涉案约百亿元.（2019-02-18）. https://baijiahao.baidu.com/s?id=1625822538645038131&wfr=spider&for=pc.

[32] 孙晓媛. P2P 爆雷后，我没了所有的钱却不敢跟别人说.（2018-09-28）. http://news.cctv.com/2018/09/28/ARTIYWyLmK9VXoQ1EQTNv5BL180928.shtml.

[33] 中国互联网络信息中心. 第 43 次中国互联网络发展状况统计报告.（2019-02-28）. http://www.cnnic.net.cn/hlwfzyj/hlwxzbg/hlwtjbg/201902/P020190318523029756345.pdf.

年度专题报告

第二章　中国网络社会的发展历程与时空扩展

引　言

中国引入互联网技术，到2017年已有三十年的历史。短短三十年的时间，互联网在中国产生了各种影响和作用，无论在广度上还是在深度上，都以惊人的加速度引起了难以预料的变化。学术界已从网络技术创新、网络经济增长、网络文化繁荣和深化网络治理等不同角度，对互联网在中国的应用发展过程做出了很多概括，这对于总结历史经验，进一步推进网络技术在中国的应用，以及促进网络社会健康发展，都具有十分重要的意义。

本章试图从互联网技术的广泛应用引起的中国社会交往方式、群体形式和时空扩展等的变化方面做出一些考察，亦即从网络社会在中国生成与发展的历程做些回顾思考，期望有助于学界对中国网络社会发展及其引起的社会治理难题做出更加深入的探讨。

一、日新月异的快速网络化

中国社会生活网络化的快速发展，实在是令人难以预料。1987年9月14日，北京计算机应用技术研究所发出了中国第一封电子邮件："Across the Great Wall, we can reach every corner in the world."（越过长城，我们能达到世界的每一个角落。）中国人实现了对互联网的第一次具有里程碑意义的接触。从踏入互联网的这个第一步算起，中国互联网的发展历程已有三十多年的时间。

三十多年来，中国网络社会快速大规模崛起。数以亿计的网民积极地参与网络活动，而且无论是在公共场所，还是在个人住处，网络浏览、网络交流、网络购物和网络群聚都已成为广大网民随时开展的日常活动。网络浏览、微信交流在中国已成为最常见的社会现象，似乎已经改变了人们大声说话的普遍习惯。十几年以前来中国访问的西方人，通常都对中国人在公共场所大声说话甚至高声喊话印象深刻。而如今，随着人们对互联网活动的热衷参与，在公共场所大声说话的人越来越少，更多的个人行为是手机上网。在候机厅、列车上、公共汽车里，虽然偶尔也能听到有人大声说话，但是这已经变成少见的个别行为了，而大多数人的主要活动是在默默无声地“网游”。

不要小看这种从大声说话到默默“网游”的变化，这不是个别人生活细节的变化，而是广大社会成员的一种普遍的交往方式的变化。人们通过社会交往展开了社会生活的各种形式，交往方式的变化一定会引起社会生活展开形式的变化。在网络交流没有成为广大社会成员的基本交往方式之前，人们的交往活动主要是在特定场所中开展的面对面的直接交往，为了在人员密集的场所不被别人的语言呼唤所淹没，养成大声说话的习惯也就在所难免。而网络交流可以把人们带到一个超越局部场所的缺场空间，人们可以凭借便捷的网络技术而开展更广阔、更丰富的信息沟通与观念交流，但这已经不是在特定场所开展的面对面的直接的在场交往，而是在没有边界的网络空间开展的具有间接性的缺场交往。

近几年一个发展更快、更加引人注目的网络行为是网络购物或网络交易。经过阿里巴巴、京东和亚马逊等网络公司的大力推进，网络购物已经成为广大社会成员普遍的日常消费行为，它不仅为商品营销开辟了新的渠道，而且也对传统商业形成了尖锐挑战。到某些商场里逛一逛就能清楚感受到，网络购物已经对传统商业构成了明显冲击。拥挤不堪的繁荣景象似乎已经难以再现，冷冷清清的氛围让商场经营者感到实体店经营江河日下。与之相反，网络购物却如火如荼地发展着，不仅购买一些电子商品可以去天猫和京东网购，而且连买油盐糖茶、蔬菜水果也可以足不出户了。尤其是那些随时送达的网络外卖，对种类不一的实体店的冲击就更为明显了。网络购物既省事又便宜，百姓何乐而不为?

不用钞票的网络交易更是不可轻视。不经意之间，网络交易已经广泛展开，人们越来越明确地认识到，网络交易不仅十分便捷，而且还比较安全。现在网络交易几乎已经处处可行了，出门不必带钱包，只要带着手机，几乎所有的交易活动都可以通过网络支付完成，就连给孩子买杯奶茶、买块烤地瓜都可以扫二维码了。短短两三年的时间，零售商们纷纷实行了网络交易，或者微信支付，购买日常消费品、乘车住店、吃饭娱乐，无所不能。这种无纸化交易，冲击了银行业。原来银行遭受的网络交易冲击主要来自支付宝，现在除了支付宝还有其他网络支付手段。

并且，中国网络社会的崛起，还不能仅从网民的个人行为去观察，更重要的是政府、企业和各种社会组织都已经进入了互联网，是否采用“互联网+”已经成为政府行政、企业经营和社会组织活动是否跟上时代节拍、能否焕发活力的一个标志。“互联网比石油还重要”的时代在中国已经为期不远。网络政治、网络经济、网络文化、网络教育、网络医疗……，凡是能提到的社会领域，都能把互联网加上。互联网已经无处不在、无时不有，它已经无孔不入地实现了对社会生活的重构。

二、网络技术引入与发展的总结

近几年，已有一些学者对互联网技术在中国的发展历程做出了总结，这对于考察网络社会的历史发展具有重要参考价值。对中国互联网技术的发展历程比较有影响的总结有陈建功和李晓东的中国互联网发展的三阶段论①、方兴东等人的中国互联网发展三次浪潮和三次创新论②。

陈建功和李晓东把中国互联网技术发展的第一阶段称为引入期，时间跨度为从20世纪80年代初到1994年。他们指出：引入期“指互联网作为舶来品从美国引入中国的过程。在这一过程中，互联网从‘暗度陈仓’到书面获许，从信息检索到全功能接入，从科研推动到商业化萌芽，每一步都走得十分艰辛。在这一过程中，学术需求推动了互联网在中国的落地、生根、发芽”③。在这一阶段，互联网技术在中国主要被作为信息检索和通信的工具使用。

第二阶段被称为商业发展期，时间跨度为从1994年到2006年。在全功能接入国际互联网之后，经过基础准备、加速发展、泡沫膨胀与破裂、可持续发展几个亚阶段之后，中国互联网的主要商业模式逐渐确立并成熟起来，互联网市场价值不断获得突破性增长。商业互联网已经走上良性的可持续发展之路④。

第三阶段被称为社会价值凸显期。在陈建功和李晓东看来，互联网技术的价值凸显，主要表现为广大社会成员广泛利用微博和微信开展了自为媒体的即时通信交

① 陈建功，李晓东．中国互联网发展的历史阶段划分．互联网天地，2014（3）．

② 方兴东，潘可武，李志敏，等．中国互联网20年：三次浪潮和三大创新．新闻记者，2014（4）．

③ 同①．

④ 同①．

流。他们称之为“人即传媒”的时代。“人即传媒时代的到来，意味着来自社会底层的力量，获得了更有力的、推动社会进步的工具。”① 在这个“人即传媒”的时代，微博、微信成为广大网民得心应手的信息交流工具，在大规模应用中不仅改变了人们的交往方式，而且也使社会生活获得新的群体形式。并且，因为广大网民通过微博，特别是微信对社会生活积极参与和广泛介入，其正负效应也充分显示出来。

方兴东等人从三次浪潮和三大创新角度总结了互联网技术在中国的发展历程。在发表于2014年的一篇题为《中国互联网20年：三次浪潮和三大创新》的文章中，方兴东等人编制了一张说明互联网技术发展阶段的表格，如表2-1所示。

表2-1　互联网技术发展阶段

阶段名称	史前阶段	第一阶段 互联网1.0	第二阶段 互联网2.0	第三阶段 互联网3.0	第四阶段 网络空间时代
大致时间	1994年之前	1994—2001	2001—2008	2009—2014	2015—2024年
阶段特性	科研阶段	商业化阶段	社会化阶段	即时化阶段	网络空间阶段
突出属性	学术属性	媒体属性	社交特性	即时属性	网络空间属性
中国网民数临界点	无	3%（3 370万，2001年）	22%（3亿，2008年）	50%（7亿，2015年）	70%（10亿，2024年）
全球网民数临界点	0.4%（1 600万，1995年）	8.6%（5.73亿，2002年）	23.9%（15.87亿，2008年）	40%（30亿，2015年）	65%（50亿，2024年）
商业创新	邮件	门户、B2C	博客、视频、SNS	微博、微信	变革各行各业
制度创新	科研机构	产业部门	九龙治水	意识形态主导	网络空间治理
文化创新	国际交流	网络媒体	个人媒体		
中国领军企业或应用	邮件	新浪、搜狐、网易、8848等	百度、阿里巴巴、腾讯等	新浪微博、腾讯微信、余额宝等	腾讯、阿里巴巴、百度等
全球领军企业	AOL、Compuserve等	Netscape、Yahoo、Amazon等	Google、Yahoo、eBay等	Facebook、Youtube、Twitter等	Google、Apple、Facebook等
全球基本格局	美国绝对主导	美国主导	中国开始崛起	中国崛起	中美两强博弈

由表2-1可知，方兴东等人论述的商业创新、制度创新和文化创新，是同时贯穿于中国互联网技术发展历史的三条主线，并非处于不同的历史阶段。从发展阶段上看，方兴东等人以互联网技术发展为根据概括了三个历史阶段：互联网1.0阶

① 陈建功，李晓东．中国互联网发展的历史阶段划分．互联网天地，2014（3）．

段、互联网 2.0 阶段和互联网 3.0 阶段[①]。

互联网 1.0 阶段开始于 1994 年，中国互联网发展呈现了长达 7 年的第一次浪潮，以新浪、搜狐、网易等三大门户的创建为发端。互联网 2.0 阶段亦即第二次浪潮，开始于 2001 年，经历时间大约也是 7 年。“这一场火热是由中国移动策动的短信 SP 业务所带动的”[②]，携程、盛大、百度等网络公司纷纷上市，特别是阿里巴巴上市，使互联网的发展呈现了令人为之兴奋的兴旺局面。互联网 3.0 阶段开始于 2009 年，中国互联网发展掀起了第三次浪潮，微博、微信类服务崛起，将中国互联网带入即时传播时代。特别是微信广泛应用，人们结成了无法计数的微信群，中国社会展开了崭新并且无限活跃的群体形式。

从上述考察可以发现，关于互联网技术在中国三十多年发展的历程，因为其包含内容的丰富性、影响作用的广泛性和涉及因素的复杂性，学者们可以从不同角度做出梳理概括。不过，无论从哪个角度来总结中国互联网技术的发展史，都不可能绕过互联网技术的发展创新、社会成员的参与程度，以及经济、文化及社会效益等三个方面。而这三个方面也正是本章对网络社会发展变迁做出总结的基本关注点，但本章同时还要把这三个方面的发展变化同其对社会生活的影响结合起来考察，并且，在这种考察中重点揭示网络社会的变迁。或者说，本章将借鉴关于互联网技术历史发展的总结成果，对中国网络社会发展的历史做出考察和总结。

三、中国网络社会的发展历程

应当明确的是，互联网技术发展史同网络社会发展史是两个不同的概念。尽管互联网技术发展密切地影响了社会变迁，互联网技术创新和广泛应用的过程也就是社会生活网络化变迁或网络社会生成发展的过程，但关于互联网技术发展史的总结，主要侧重的是互联网技术革新，互联网规模扩张，互联网的经济、文化和社会效益等，简言之，重点在于互联网技术发展和功能作用提升等方面。而对网络社会发展历史的总结，重点则在互联网技术应用引起了何种形式、何种程度以及何种性质的社会变迁。

我们借鉴关于互联网技术发展史的研究成果，从网络社会学视角对中国网络社会三十多年的发展历程做一个阶段划分。

---

① 方兴东，潘可武，李志敏，等. 中国互联网 20 年：三次浪潮和三大创新. 新闻记者，2014 (4).

② 同①.

第一个阶段：学习引入阶段（1987—1994）——学习互联网知识、引入互联网技术和开启互联网通信的阶段。陈建功等人把这一阶段称为“引入期”，方兴东等人则称之为“史前阶段”，二者的共同点在于：认为这是一个为中国互联网事业大规模发展做出积极探索的引入学习阶段，都把1994年中国正式与互联网实现连接作为这个时期的结束。虽然对这个时期的起点没有做出明确的认定，但都承认这个时期的第一件大事是1987年9月14日北京计算机应用技术研究所发出了第一封电子邮件，中国迈开了进入互联网的第一步，就像这封邮件的内容一样，越过长城，我们能达到世界的每一个角落。我们把中国发出第一封电子邮件作为中国网络社会的开端，它标志着学习互联网知识、引入互联网技术、开展互联网活动已经在中国成为现实。

应当承认的是，方兴东把1994年之前称为互联网事业发展的史前时期有其合理之处。因为尽管发出第一封电子邮件是中国学习、探索和引入互联网知识和技术的明确标志，但直到1994年正式与互联网对接之前，对互联网的学习探索主要发生于范围有限的一些专业科技人员或科研机构中，还没有在社会中形成广泛影响，更谈不上有多少社会成员开展了互联网活动。因此，从网络社会的发展进程来看，1994年之前的这段时间，只能看作网络社会发生的孕育阶段。

同时也应当指出，一部分科技人员开始学习和引入互联网科技，对于中国互联网事业和互联网社会的发展，是必不可少的破冰之旅。没有一批科技人员的艰苦探索和不懈努力，崭新甚至神奇的互联网知识与技术在中国得以迅速传播普及是不可能的。因此，不能低估学习引入阶段在互联网事业及网络社会发展中的地位和作用。这个时期电子邮件在科技人员或其他知识分子中的使用，也具有很重要的意义。电子邮件不仅加快了人们的信件交流速度，而且因其大幅度地扩展了人们的交流范围和交流内容，使人们对社会的了解和对世界的认识都发生了很大的变化，甚至影响到了人们的价值观念、行为方式和生活方式。

第二阶段：Web 1.0阶段（1994—2002）——网民上网浏览信息、网站向社会发布信息，以及BBS发展阶段。1994年4月20日，中国国家计算机与网络设施（NCFC）工程通过美国Sprint公司接入Internet的64K国际专线开通，中国实现了与国际互联网的全功能连接。这不仅开启了互联网在中国的正式运行，而且也是中国网络社会逐渐大规模形成的开始。尤其是到了1997、1998年间，网易、搜狐、腾讯和新浪等网站相继建立，互联网以崭新的面目呈现在中国亿万民众面前。各大网站都极力追求尽快增加点击量，千方百计地吸引浏览者的眼球，越来越多的国人开始在各大网站丰富多彩的页面上便捷地搜索信息，轻而易举地了解中国与世界各地发生的事情。

在 Web 1.0 阶段，另一件让人兴奋的事情是 BBS 的创建。1994 年，在中国科学院的网站上，建起了第一个互联网 BBS，被命名为“曙光站”。曙光站的速度较慢，清华大学师生开始探寻一条使网速快一点的途径。1995 年 8 月，清华的实验室里装上了台湾的 BBS 软件，站点起名为“水木清华”。“水木清华 BBS 是中国大陆第一个同时在线超过 100 人的‘大型’网站。”[①] 后来在不长的时间里，北京和其他各地高校纷纷建立起 BBS 网站，一些大型公司或团体也建立起了 BBS 网站。

BBS 网站的兴起，在中国网络社会发展中最重要的意义在于，它突破了电子邮件联系中个体之间一对一的通信联系，开始在群体中展开一对多、点对面的交流关系。虽然 BBS 是有边界限制的局域网，人们在其中只能开展仍然具有单向性的有限的表达与接受的关系，但在极短时间里把个人的意见或观点向许多人甚至成千上万人表达，可以因为表达形式和表达内容而引起大家关注，甚至引起“集体兴奋”，这已经是一种崭新的网络群体现象。

第三阶段：Web 2.0 阶段（2002—2009）——通过博客向社会发布自己观点的阶段。博客是个体对社会发表自己观点、意愿或评价的形式，突破了地理边界的限制，扩大了网络的社会空间。进入 Web 2.0 阶段，网民不仅可以用浏览器在网站阅读信息，而且还可以写博客表达自己的观点，因此网络活动进入了既看又写的阶段，网民具有了更大的自主性和创造性。进一步可以说，同 Web 1.0 阶段相比，Web 2.0 阶段的主要特点是网民具有参与性和互动性。通过编写博客，网民成了互联网的参与者和创造者；通过博客交流，网民之间发生了积极互动，互联网由此而焕发出更大活力。

也正是因为网络活动的参与性和互动性，Web 2.0 阶段的网络社会呈现出活跃的思想性。网络参与和网络互动都是通过信息交流实现的，只有那些内容新颖、形式活泼的信息才能实现网民有效参与和互动。并且，这个阶段形成的新思想、新观点具有在 Web 1.0 阶段无法相比的广泛影响力。虽然在前一阶段的 BBS 中已经存在网民表达自己意愿的行动，但因其发生于有限的局域网空间，所以引起的社会效应还有很大局限性。而博客则克服了 BBS 的这种边界局限性，由此而产生了广泛的社会影响。

第四阶段：Web 3.0 阶段（2009—2014）——个体通过微博和微信开展即时通信并结成大量网络群体的阶段，这也是网络社会发展达到了空间广阔、空前活跃的

---

① 风端．中国最早的论坛（BBS）是哪个?．https://www.zhihu.com/question/19848288.

阶段。2009 年 8 月，新浪推出微博，很快引起了广大网民的热烈关注和积极参与，新浪网站的影响力和活力也随之迅速上升，对腾讯、网易和搜狐等网站形成了巨大压力。随后，腾讯、网易和搜狐等网站也纷纷在 2010 年推出微博。限制在 140 个汉字以内的微博，以其简明性、便捷性、生动性的鲜明特点，在较短时间里赢得了广大网民的热烈参与。上网开微博，一时间成为广大网民的流行语，甚至成为 2010—2012 年间的一种广泛流行的社会时尚。

特别是在 2010 年 10 月发生的药家鑫驾车肇事杀人案、2011 年 6 月发生的郭美美网络炫富、2011 年 7 月发生的温州动车事故，以及 2012 年发生的陕西安监局局长“表哥杨达才笑看血腥肇事现场”等事件中，广大网民利用微博对这些事件进行“围观”。在“围观”高潮期，每天数以百万计的微博用户对这些事件发表评论，还有网民通过调查和人肉搜索揭露事实，发挥了网络舆论抨击丑恶、弘扬正气的积极作用，显示了督促政府秉公执法、及时办案的强大舆论力量或信息力量。在发表和跟帖的微博热潮中，涌现了一批意见领袖，有些意见领袖拥有数以百万计甚至数以千万计的粉丝，形成了庞大的网络群体。

2011 年 1 月，腾讯推出了微信，这是一个对推进中国网络社会发展具有更加强大作用的网络设置。微信（WeChat）是一个为智能终端提供即时通信服务的免费应用程序，可以通过互联网快速发送文字、语音、图片和视频等信息，同时，也可以通过共享媒体的资料和基于位置的社交插件等开展即时通信，“摇一摇”“漂流瓶”“朋友圈”“公众平台”“语音记事本”等服务插件，很快成为广大网民得心应手的交流工具。同短信相比，微信有很多优点：微信仅走流量，不像短信那样需要支付话费；短信主要传递文字信息，虽然可以发彩信，但一条要花 0.3 元，而微信除了可以发文字信息外，语音、图片、视频都可以发，并且都是免费的；微信的朋友圈功能更是让使用者感到亲切可爱，它能使人们轻松地同朋友保持密切的联系，在丰富的亲情、熟悉的关系中消除烦恼、摆脱寂寞。至于摇一摇、漂流瓶、公众平台等微信设置，都是人们喜闻乐见的。

由于微信具有灵活、便捷、多样、生动并且免费的多种优点，因此受到了热烈欢迎，其用户迅猛增长，到 2017 年，微信用户已接近 5 亿[①]。微信不仅提升了互联网的魅力，壮大了网民的队伍，提升了网络社会的活力，而且更重要的是使网络社会呈现了崭新的群体形式。社会是作为群体而存在的，在互联网发展起来之前，社会群体都是在特定场所中存在的，而现在人们通过微信结成了名目繁多、无法计数

① eMarketer：2017 年微信用户数量将接近 5 亿.（2017－07－21）. http://www.199it.com/archives/613243.html.

的微信群。一旦使用了微信，几乎没有人不加入微信群，多者加入十几个甚至几十个，家庭群、亲友群、同学群、同事群、同乡群、同行群……不一而足。如果以每个微信用户平均加入10个微信群计算，即便去掉重叠的部分，也会结成数以亿计的微信群。这些微信群是十分活跃的网络群体，是同日常生活融为一体的现实生活，它们为中国社会展开了新的群体形式和新的运行空间。

第五阶段：中国网络社会的多维发展和综合扩展阶段（2014—　）。自2014年以来，互联网不仅规模和效益进一步扩大，而且还向社会各个领域大规模扩展，进而引起社会生活更加广泛地网络化。近几年，“互联网＋”已经成为一个流行语，购物营销、医疗卫生、文化教育、艺术娱乐、交通旅游、金融业务、社会治理、政府行政……，几乎社会生活的所有方面都能同“互联网＋”联系到一起。从这个意义上看，现在的网络社会已经不仅仅是一个信息空间，而且是同经济、政治、文化、社会、环境等所有方面都紧密联系在一起的新社会形态，中国社会正在全面实现网络化。

四、中国网络社会的时空扩展

从以上考察可以看出，三十多年来，中国网络社会经历了网络技术和网络设置不断更新、网民队伍不断壮大、网络交流日益活跃、网络变化速率加快、网络空间持续扩大的过程。也可以将之概括为：日新月异的时空扩展过程。笔者曾撰文从不同角度论述了中国网络社会的时空扩展，诸如网络社会空间与实体社会空间的分化与冲突[①]，网络空间中的缺场交往及其对在场交往的导引[②]，超越时空边界的传递经验及其地位的提升等[③]。应当说，网络社会的这些时空扩展是7亿多网民亲身经历和社会各界有目共睹的社会事实，并且网络社会的这些时空扩展还在进一步演化与发展。

本章将进一步论述的是，中国网络社会的时空扩展，不仅是上述时空范围和时空形式的展开式扩展，而且还是结构内容和变化速率的压缩式扩展。从中国网络社会的发展历程可以看出，从利用互联网进行电子邮件通信，到各种网络群体大量形成和互联网无所不及地全面加入，说明中国网络社会的时空内容在不断丰富，时空结构在日益发育，时空活力在不断增强，时空变化的速率也在不断加快。也就是

① 刘少杰．网络化时代的社会空间分化与冲突．社会学评论，2013（1）．

② 刘少杰．网络化的缺场空间与社会学研究方法的调整．中国社会科学评价，2015（1）．

③ 刘少杰．网络社会的时空扩展、时空矛盾与社会治理．社会科学战线，2016（11）．

说，中国网络社会已经开始了压缩式时空扩展。

哈维曾对时空压缩做了比较深入的论述，他所理解的时空压缩是："资本主义的历史具有在生活步伐方面加速的特征，而同时又克服了空间上的各种障碍，以致世界有时显得是内在地朝着我们崩溃了。"①。简言之，即资本主义社会生活的变化速率加快和空间联系更加紧密。这种时空压缩导致"空间显得收缩成了远程通信的一个'地球村'，成了经济上和生态上相互依赖的一个'宇宙飞船地球'"②，"时间范围缩短到了现存就是全部存在的地步"③。

中国网络社会的压缩式扩展，同哈维论述的时空压缩同异皆具。一方面，中国网络社会在其发展历程中既明显呈现了实现速率不断加快的变化，也充分显示了其内容不断丰富、密度不断加大、空间结构更加复杂的变化，而这些都是哈维所论述的时空压缩。另一方面，中国网络社会在其运行速率加快和空间密度加大的压缩过程中，同时也呈现了时空范围不断扩展的变化。从最初仅是网络专业技术人员的活动场所到有 8.29 亿网民参与、覆盖全国、联系全球的广阔无际的网络空间，并且网民人均周上网时长已经达到 27.6 小时，网络行动已经进入社会生活各种层面。这些巨大的扩展性变化，使我们无论如何不能仅仅称之为时空压缩，我们暂且称之为压缩式时空扩展。

尤其是从网络群体活动看，中国网络社会的压缩式时空扩展就更为明显了。自从网民利用微信等即时通信工具十分便捷地结成了无法计数的各种网络群体以来，中国网络社会不仅有了形式多样、异常活跃的群体形式或群体关系，进而形成了网络社会的基本表现形式和结构关系，而且使广大网民的信息交流空间和心理表象空间都几倍甚至几十倍地放大。并且，因为网络群体的信息交流和各种途径的海量信息接收，无论是网民、网络群体还是整个网络社会，其社会表象、活动能量和实践途径都已大幅扩展和空前提高，这也是一种明显的压缩式时空扩展。

更为重要的是，中国网络社会的崛起，发生了比吉登斯描述的时空延展更复杂的变化。吉登斯指出："社会理论中的根本问题，即'秩序问题'……就是要解释清楚，人们如何可以借助社会关系跨越时空地'伸延'，超越个体的'在场'的局限性。"④。吉登斯是在全球化背景下对社会理论根本问题做出这种概括的，其要义在于，揭示处于具体场域的个体怎样超越局部限制而进入更广阔的时空关系之中，

① 戴维·哈维. 后现代的状况：对文化变迁之缘起的探究. 阎嘉译. 北京：商务印书馆，2003：300.

② 同①.

③ 同①.

④ 安东尼·吉登斯. 社会的构成：结构化理论大纲. 李康，李猛，译. 北京：生活·读书·新知三联书店，1998：101.

亦即如何超越局部时空限制而实现时空延伸。可见，所谓时空延伸，就是一种时空扩展，而这种延伸性时空扩展在中国网络社会中表现得更为广泛。

在网络化大规模展开的条件下，每一个人都可以作为在具体场所中的有限存在，同时能凭借网络行为而超越具体范围进入无边际时空。吉登斯指出："我们最好是重新理解'宏观'与'微观'之间的对立，通过关注共同在场情境下的互动如何在结构上融入具有广泛时空延伸的系统，即关注共同在场情境下的互动系统如何在大规模的时空范围中伸展开来，来考察所谓'微观'与'宏观'之间的关系问题。"[①] 吉登斯提出时空延伸问题时，社会生活网络化还没有展开，但这个问题在网络化条件下变得更加普遍和复杂。

互联网为人们提供了非常方便的超越特定场所而进入广阔网络空间的各种手段和途径。任何一个网民都可以同时加入十几个甚至几十个网络群体，即便网络群体的其他成员同自己远隔万里，也能实现瞬间交流沟通，保持亲密互动关系。并且，即便不加入网络群体，网民也可以在各种网站或网络公共空间浏览和接收大量网络信息，由此而进入一个没有地理边界限制的流动空间。于是，吉登斯所论述的时空分离、时空脱域和时空重组，在网络社会中更大规模地发生了。

网络社会的时空延伸和时空扩展是在时空分化中发生的。而网络社会最重要的时空分化是在地方空间之上生成了一个没有边界、快速流动的网络空间。这是一个身体不在其中的缺场空间，但其中的信息交流和经验传递又时时刻刻影响和导引着地方空间。地方空间是有明确地理边界的局部空间，是人的身体活动于其中的生活空间，是具有相对稳定性的物理空间。网络空间是信息空间，信息的生命在于更新，不更新且不断被重复的信息就是"噪声"。网络空间的本质决定了它是一个不能守旧且必须不断更新的空间，并且因为网络空间对地方空间的导引作用，以至不仅它自己是一个不断变化的、不确定空间，而且它还会以自己的不确定性引起地方空间的不确定性。卡斯特说，网络社会的空间重组了时间，其中一个重要含义是，流动的空间不断引起地方空间的不确定流动[②]。

流动的不确定性是网络社会的本质特征，也是其勃勃生机的源泉。但是，从工业社会或农业社会的眼光看，网络空间滋生的流动性和不确定性，是难以预测和无法掌控的，具有风险性。如果从工业社会或农业社会依靠确定性和追求确定

---

① 安东尼·吉登斯. 社会的构成：结构化理论大纲. 李康，李猛，译. 北京：生活·读书·新知三联书店，1998：46.

② 曼纽尔·卡斯特. 网络社会的崛起. 夏铸九，王志弘，等译. 北京：社会科学文献出版社，2006：431-432.

性的立场去观察网络社会的流动性和不确定性，一定会遭遇各种管理难题，甚至会感觉受到随时可以冲击社会秩序的风险威胁。也正是因为面临这些困难，社会管理部门以及某些专家学者，大力倡导和推行对社会实行精细化管理的网格化管理，试图以精确的手段或方法，化解社会生活的不确定性因素，保持社区的稳定秩序。

然而，令人遗憾的是，网格化管理是复制管理公共物品的管理模式，试图以管理静态物的管理模式去管理活动着的人，特别是在网络化条件下用这种追求精细确定性的模式去管理普遍脱离了地方空间的人，更是不合时宜、无法奏效了。

问题的关键在于，必须清醒地认识到中国网络社会已经不容置疑地大规模崛起，制定与实施管理社会或治理社会的政策、规划或模式，必须以网络社会已经大规模崛起这一基本事实为前提，必须立足甚至植根于已经发生了深刻变迁的网络社会。特别是应当清楚地认识已经实现了广泛网络化的中国社会的本质特点，采取符合实际的社会治理政策、规划和模式，而不是以某种确定性的手段和模式去抑制或消除网络社会的不确定性。

结　语

经过三十多年的发展，中国网络社会已经大规模崛起，不仅占全国总人口半数以上的社会成员成为网民，而且网络社会的交往行为、经验基础、群体形式和思想观念都已呈现出与传统社会不同的特点。无论是在公共场所，还是在私人空间，网络浏览、网络交流、网络购物和网络群聚等，都已成为广大网民随时开展的日常活动，网络社会由此而具备了充实的空间内容和崭新的空间关系。可以说，现在的网络社会已经不仅仅是一个信息空间，而且是同经济、政治、文化、社会、环境等所有方面都紧密联系在一起的新社会形态，中国社会正在全面实现网络化。相应地，制定与实施社会治理的政策，也须以网络社会的崛起为前提。在这个背景下，借鉴互联网技术发展史的研究成果，对中国网络社会的发展历程进行总结，有助于揭示网络社会的空间扩展及其给社会治理带来的严峻挑战。

参考文献

[1] 安东尼·吉登斯．社会的构成：结构化理论大纲．李康，李猛，译．北京：生活·读书·新知三联书店，1998.

[2] 陈建功，李晓东．中国互联网发展的历史阶段划分．互联网天地，2014 (3).

[3] 戴维·哈维．后现代的状况：对文化变迁之缘起的探究．阎嘉，译．北京：商务印书馆，2003.

[4] 方兴东，潘可武，李志敏，等．中国互联网 20 年：三次浪潮和三大创新．新闻记者，2014 (4).

[5] 刘少杰．网络化的缺场空间与社会学研究方法的调整．中国社会科学评价，2015 (1).

[6] 刘少杰．网络化时代的社会空间分化与冲突．社会学评论，2013 (1).

[7] 刘少杰．网络社会的时空扩展、时空矛盾与社会治理．社会科学战线，2016 (11).

[8] 曼纽尔·卡斯特．网络社会的崛起．夏铸九，王志弘，等译．北京：社会科学文献出版社，2006.

[9] eMarketer：2017 年微信用户数量将接近 5 亿．(2017-07-21). http://www.199it.com/archives/613243.html.

[10] 风端．中国最早的论坛（BBS）是哪个?．https://www.zhihu.com/question/19848288.

第三章 “折叠空间”与“消费分层”：拼多多崛起背后的社会现象分析

引 言

拼多多的崛起无疑是2018年度网络社会的重要事件之一。2018年7月26日，拼多多正式在美国纳斯达克上市，这个消息一经公布，立即引起了社会舆论的关注。

社会舆论对拼多多的关注主要集中于其出人意料的崛起速度。当前，在人们普遍认为电商格局早已固定时，拼多多这家成立只有3年时间的年轻公司，面对淘宝、京东两大电商巨头，使其用户数迅速突破3亿，并成功上市，使得原有的电商格局为之一变。上市首日，拼多多股份即大涨40%，最高市值接近300亿美元[①]。拼多多无疑是近几年电商界的一匹黑马。从2015年10月上线起，仅仅用了2年2个月的时间，拼多多的用户量便突破3亿，同时拥有百万级商家，月成交总额超过400亿元[②]。而与之相比，同样是发展3亿多用户，淘宝用了5年时间，唯品会用了8年时间，京东则用了10年时间。

拼多多成立于2015年9月，隶属于上海寻梦信息技术有限公司，是一家专注于C2B[③]拼单的第三方、全品类的社交电商平台[④]。拼多多的崛起大致包括三个阶

① 郑刚，林文丰．拼多多：在电商红海中快速逆袭．清华管理评论，2018（9）.

② 张凯．“电商黑马”拼多多崛起之路．知识经济（中国直销），2018（5）.

③ C2B是“customer-to-business”的缩写，其中文简称为“客对商”，或称“从消费者到企业”，是互联网经济时代新出现的商业模式。该模式改变了原有的生产者（企业和机构）和消费者的关系。C2B的核心是以消费者为中心，即先有消费者需求产生而后有企业生产。通常情况为消费者根据自身需求定制产品和价格，或主动参与产品设计、生产和定价，生产企业然后进行定制化生产。

④ 同②.

段：2015 年 10 月至 2016 年 12 月的产品探索期，拼多多逐渐形成自己特有的商业模式；2016 年 12 月至 2017 年 10 月的初步增长期，拼多多通过各种形式的运营宣传提升了自身的社会认知度；2017 年 10 月至今的快速增长期，拼多多全面进入大众视野，用户量迅速增长，其 APP 曾长期占据电商品类下载量的首位，并且交易量超过京东，成为电商格局中的重要一员。

拼多多是社交电商的典型代表。在该平台上，用户可以通过发起和家人、亲戚、朋友、同学等“拼团”的形式，以较低的价格购买商品。该平台上的商品种类非常丰富，主要涵盖了食品、水果、服饰、电器、化妆品等品类的商品。与以往电商的“拼团”销售模式相比，拼多多的“拼团”模式具有更强的社交性。例如以往电商平台的“拼团”，往往是由商家或平台发起的针对特定商品进行的促销活动，而拼多多的“拼团”，则是由用户针对某个商品自主发起的拼购活动，发起后既可以等待其他用户自愿加入，也可以通过在微信等社交平台的转发宣传发动自己的亲戚朋友参加，并且“拼团”成功后还可以发到自己的朋友圈。这便使得拼多多的“拼团”模式被注入了积极、灵活的社交元素，成为融消费和社交于一体的新型电商消费模式。同时，区别于以往电商消费的“搜索式购物”，即“人找货”，拼多多给予消费者“非目的性购物”的机会，即“货找人”，因而很多用户并不是基于商品需求，而是看到亲戚朋友转发的“拼团”链接，出于社交目的而参与到购物当中，从而产生了“非目的性购物”。

伴随拼多多的快速崛起而来的，还有诸多的质疑和争议。这些质疑和争议主要集中于拼多多平台上存在大量山寨商品、假货、次品的问题。例如著名出版人、知名作家路金波，以及“童话大王”郑渊洁都曾公开质疑拼多多在其平台销售盗版书的行为。同时，就在拼多多上市后的第二天，知名电视生产商创维集团也进行维权，针对拼多多平台销售大量假冒创维品牌的电视产品问题公开质疑，并与拼多多交涉，要求即日起停止所有假冒创维电视产品的展示及销售活动。此外，微博上一条关于“实拍拼多多热卖纸尿裤黑工厂”的视频也迅速“走红”，在各大媒体、社交平台上获得广泛传播，更加引发了人们对拼多多销售低质商品、次品的质疑。

与此同时，网络上出现的一些关于拼多多商品及买家秀的调侃话语也吸引了舆论的关注。比如“盘点拼多多‘奇葩’商品”“拼多多买家秀治好我的‘五环内视障’[①]”“买家秀承包了 10 亿人的笑点”等具有调侃性的话语主要是围绕拼多多平

① 网络用语。“五环内人群”是指居住在大城市五环以内区域的人群，指称在社会分层结构中处于上层的人群。“五环内视障”是指“五环内人群”的视野和心理偏见，主要表现为：因为生存环境和生活习惯的区隔，无法理解今日头条、快手、拼多多等互联网应用的迅速崛起，认为这些应用具有低俗、残酷、山寨的特点。

台上五花八门的山寨商品、假货、次品，以及商品评论区中出现的买家评论、买家秀照片等形成的。拼多多在上市后的一段时间内，受到了社会舆论的重点关注。一方面，舆论关注的是销售如此多低质商品的拼多多竟然以飞快的速度拥有了3亿用户，月成交总额超过400亿元，并最终成功上市；另一方面，社会舆论也开始关注拼多多的用户群体，即虽然购买了低质商品却还给予好评，并在买家秀照片中获得部分展现的消费者群体。

通过拼多多买家秀的照片，可以发现该消费群体的部分特征，比如：通过买家秀照片呈现的房间内景，可以判断这个群体主要生活在三线以下城市和乡镇；通过他们发布的商品评论中的错别字，可以大致推测他们的教育文化水平不是太高；而他们发布的模糊照片也反映出他们使用的手机质量比较一般。有数据显示，拼多多的用户群体中，70%为女性，65%来自三、四线城市，来自一线城市的仅为7.56%，平时对价格特别敏感，愿意为了以较低价格购买商品而付出一定的时间和精力[①]。总体而言，拼多多平台上的商品普遍具有较低价格，客单价仅为39元，不足京东400元客单价的1/10。因而，从拼多多的用户群体及其商品的低价化程度来看，拼多多就好像是将三线以下城市和乡镇广泛存在的路边摊、两元店、跳蚤市场等移到了网络空间，而原有的购物人群也随之一同进入网络空间进行电商消费。

拼多多的崛起之所以出乎意料，就在于当其他电商都在竭尽全力地针对高端消费人群开展营销时，拼多多则针对三线以下城市和乡镇的消费群体，通过低价商品的销售异军突起，在电商格局中占据一席之地。其实，拼多多注意到的三线以下城市和乡镇消费群体是一个庞大的、具有潜在消费力的群体。这个群体人数较多，处于我国消费金字塔的中低层。拼多多出现之前，其他电商也曾经尝试将业务下沉到这个群体，但收效甚微。而拼多多则通过微信社交平台的“病毒式转发链接”、“洗脑”广告的宣传、爆款商品的打造等方式，有效地吸引了这个群体的关注，并最终借助这一群体的庞大消费量成功崛起。

拼多多出现之前，这个群体在互联网空间中是比较沉默的一个群体，按照自己的生活轨迹在现实空间中工作、生活，就好像是被“折叠”起来一样。而拼多多崛起之后，这个群体的消费情况在网络空间获得了部分呈现，其发布的买家秀照片也在一定程度上展现了他们的部分生活状况。拼多多用户群体在网络空间的呈现，引发了关于“消费降级”和“消费升级”的讨论。一方面，当京东、天猫等电商的崛起使人们普遍认为在其平台上的高端消费必然代表了现实社会的“消费升级”时，

① 张凯．“电商黑马”拼多多崛起之路．知识经济（中国直销），2018（5）．

拼多多的出现则使我们看到了现实社会消费的另一个面貌，即依然有不少人在抢购398元大彩电等质量低劣的便宜山寨商品，似乎显示出当前社会的“消费降级”。另一方面，对于一部分低收入人群而言，拼多多的出现反而带动了他们的“消费升级”，正是拼多多的出现，才让他们能以可承受的价格购买以前不能买的商品，比如一两百元钱的智能手机、四五百元钱能玩大型游戏的电脑，还有电动滑板车、遥控无人机、可穿戴设备等科技玩物。

关于“消费升级”和“消费降级”的讨论，实际上反映了移动互联网时代“消费分层”的复杂化、动态化、多元化。与现实社会不同消费人群的“时空区隔”“层级区隔”不同，在网络空间中，不同的消费人群通过消费数据呈现、信息沟通等发生了互动和交互，原先的“时空区隔”“层级区隔”的界限开始模糊，“消费分层”日益复杂、多元，并出现动态化的重构和调整。因而，在互联网时代，消费与社会的互动关系也由于互联网维度的加入而发生了一些新变化。

从“电商黑马”“社交电商第一股”到“山寨、假货”“纸尿裤黑工厂”，再到“消费降级”“消费升级”，拼多多的崛起引发了社会舆论的关注。以这些社会舆论为起点，从社会学的视角对“拼多多崛起”话题背后的社会现象进行分析，可以发现互联网时代人们消费过程中出现的新变化、新现象，进而能够更深入地认识网络社会的消费。

一、拼多多：社交电商第一股

拼多多是社交电商的典型代表。与以往依靠“网红”带动商业流量的方式不同，拼多多主要借助微信等网络社交平台，基于熟人的口碑传播获得流量。拼多多的出现使人们的消费与社交达到了深度融合，带动人们通过社交引导消费，在消费中开展社交。

移动社交催生网络商机

目前，互联网已经发展进入 Web 3.0 时代。在 Web 1.0 时代，门户网站和信息搜索是人们网络生活的主流。在 Web 2.0 时代，人们通过互联网开展社交，由互联网作为媒介的人机互动、人际互动的重要性日益凸显。Web 3.0 时代是移动和智能占据核心地位的时代，不同网络平台之间可以交互信息，网络用户人际社交圈的范围更广、交互性更强，移动互联网的社交效用获得最大发挥。

在移动社交时代，社交成为网络社会的重要内容，众多网络社交平台开始兴起。其中，发展最多元、用户量最大的当属微信。多元的社交功能使微信获得了人们的青睐。截至2018年12月，微信朋友圈的用户使用率高达83.4%[①]。同时，随着网络经济的发展，网络购物、移动支付用户规模不断扩大。据统计，截至2018年12月，我国网络购物用户规模达6.10亿，占网民整体比例为73.6%，使用网上支付的用户规模达6.00亿，网民使用比例为72.5%，网络购物和移动支付成为网民使用比例较高的应用[②]。

网络社交的广泛普及和网络经济的快速发展，共同推动了微商的出现。微商是基于移动互联网，借助于社交软件，以人为中心、以社交为纽带的新型商业模式，是指一些网民在工作、学习之余，利用微信朋友圈的信息传播和小程序功能开展一些商业行为。微商现象大约出现于2012年，是一种基于微信社交生态、萌芽于社交场景下的自发商业现象。"做微商多少能挣点零花钱"是大多数微商从业者的心态。微商从业者主要集中于"网红"、"宝妈"、在校大学生等群体，有着闲暇时间多、愿意主动社交等共同特点，据统计，2014—2017年我国微商从业人数从1 024万人上涨到了2 019万人[③]。微商刚开始出现时，人们的接纳度不是太高，认为微商的出现影响了微信的社交功能。后来，随着微商规模的扩大，社交应用商业模式的不断成熟，社交与商业的相互融合现象也逐渐为人们所接受，微信朋友圈中的商业元素也越来越多。

拼多多便是崛起于这种融社交和商业为一体的社交商业氛围之中。基于微信朋友圈的信任，借助于用户在微信平台上的转发、宣传，拼多多在微信平台上实现了"裂变式"传播，极大地提升了自身的社会认知度。同时，拼多多利用"拼团"购物形式，最大化地把社交融合到网络购物的全过程。从发起"拼团"、动员微信好友参与，到"拼团"成功后的朋友圈分享、产品使用评论等，拼多多极大地促进了社交与购物的相互融合。一方面，社交促进电商消费；另一方面，电商消费也促进了社交，比如人们对于拼多多"拼团"信息的转发。分享一直是网络社交的重要内容。人们看到美食、美景，有了新发现、新感悟，便会通过文字、照片、视频等形式在微信朋友圈中进行分享。在这样的社会心理基础上，有些人便认为分享一些优惠信息相比于分享鸡汤、养生文，是一种更好的熟人关系的润滑剂。在"拼团"过程中，你帮我拼，我帮你拼，激活了社交关系，又形成了一个完美的互助圈子。

---

① 中国互联网络信息中心. 第43次中国互联网络发展状况统计报告.（2019-02-28）. http://www.cnnic.net.cn/hlwfzyj/hlwxzbg/hlwtjbg/201902/P020190318523029756345.pdf.

② 同①.

③ 潘亦纯. 千万微商告别"裸奔"，年入百万者要交多少税?. 新京报，2019-01-03.

正是意识到了移动社交中的重要商机，作为社交电商的典型代表，拼多多基于人际关系网络，借助社交媒介（微博、微信等）的传播途径，以“拼团”为模式，将关注、分享、互动等社交化元素应用于消费过程之中，促进了社交媒体与电子商务的深入融合，从而迅速崛起为电商格局中的重要一员。

后流量时代的商业红利

进入移动互联网时代以来，“流量”概念的重要性逐渐凸显。一般而言，流量是指在规定时间内通过一个指定点的车辆或行人数量，互联网时代则指在一定时间内打开网站地址的访问量，也可用来指对手机移动数据的统计，但主要是指网站流量，即网站访问量。

Web 1.0 时代，流量是影响网站价值的重要指标之一，衡量一个网站是否受欢迎，经常会使用流量指标。常用的流量统计指标主要包括：网站的独立用户（一般指 IP）数量、总用户（含重复访问者）数量、页面浏览数量、每个用户的页面浏览数量、用户在网站的平均停留时间等。移动互联网时代，网络经济兴起，人人都有麦克风，人人都可能成为“网红”，普通网民也可以凭借一些出众的才能拥有大量粉丝成为“网红”。通常而言，一个网民拥有的粉丝数量越多，影响力便越大，其发布信息的接收范围越广，也便拥有越大的流量。网络经济时代，流量便意味着商机。比如一个“网红”可以通过在微信公众号发布信息、进行内容生产等获得粉丝的关注，进而拥有流量。

从内容来看，流量主要包括四种类型：搜索型流量、交易型流量、内容型流量和社交型流量。其中，搜索型流量（如搜索网站）主要兴盛于 Web 1.0 时代。随着互联网技术的发展，互联网时代已经由 PC 时代转型为移动互联网时代，搜索型流量的重要性逐渐下降，交易型流量的影响力不断提升。交易型流量主要作用于电子商务兴起的时代。伴随着电子商务的发展，各大电商平台都普遍使用多种形式实现用户增长，增加交易型流量。但是，伴随着电商竞争的加剧，在移动互联网时代的后期，交易型流量的增长空间越来越小。与此同时，在电子商务发展中期兴盛起来的内容型流量也逐渐式微，几个大的以内容型流量为基础的电商平台，如小红书等，也已经触碰到流量红利增长的天花板，移动互联网的流量红利正在渐渐消失。在这种情况下，具有较强人际网络效应的社交渠道开始引起人们的关注，逐渐成为新的流量增长平台。

伴随着流量内容的变化，当前的网络经济逐渐进入后流量时代。在后流量时代，线下流量被分散到各个领域和角落，要获取流量越来越困难，需要使用更加新颖、更为多元的形式。同时，流量时代的“二八定律”逐渐失效，流量也不再被一些大的互联网平台垄断，而是更为分散化。此外，在后流量时代，获取流量的方式更为新颖，并且效果很难预估。

后流量时代，流量的产生和聚集主要具有四个特点：第一，超级APP成为重要的流量聚集点。这些APP以用户为基础，承载了多样的内容和服务，实现了互联网信息和服务的全面整合，用户使用APP的时间越长，流量便越集中。比如微信，目前微信已经实现了内容、游戏、搜索、金融、电商、O2O等功能的全面整合，逐渐成为一个封闭的、能够实现自我循环、满足网民几乎所有需求的超级APP。第二，视频正在取代文本成为新的流量吸引点。与文本相比，视频的消费门槛更低，并且具有较强的娱乐消遣性，尤其是短视频更符合用户的碎片化阅读和消费习惯，因而开始成为流量增长的重要渠道，2018年下半年短视频用户规模增长率达9.1%①。第三，智能推送成为吸引流量的重要力量。通过数据计算，系统会为用户推送更符合用户需求的内容，从而增强用户黏性。第四，三线以下城市和乡镇成为新的流量增长点，移动互联网时代，随着宽带网络和智能手机的广泛普及，当一、二线城市的用户增长空间已经渐趋饱和时，三线以下城市和乡镇的网络用户正在增加。

拼多多正是有效利用了微信平台庞大的社交网络，同时通过大量低价商品的营销吸引了三线以下城市和乡镇的用户，从而成为后流量时代的电商赢家。不过，拼多多的低价营销策略也使其平台上聚集了大量的山寨商品、假货、次品，从而引发质疑。

“拼多多”还是“坑多多”

根据电子商务研究中心发布的数据，2016年拼多多投诉量位居行业第一，高达13.12%，到了2017年，拼多多的投诉解决率仍仅为51%。其中，投诉拼多多的人群主要有两类：平台用户投诉其商品质量差、虚假宣传、卖假货、客服态度差等问题，平台商家则投诉其恶意罚款、冻结货款等。

拼多多链接在微信朋友圈中大范围传播，主要基于其“砍到0元免费拿”“拼的多，省的多”“叫好友砍价”等具有一定诱惑力的宣传。人们被其“1元拼团”，甚至“0.1元拼团”“免费拿”的宣传所吸引，纷纷打开链接，下载APP进行查看。不过，后来人们发现，看似非常划算的超低价“拼购”，实际上暗藏“门道”。比如

① 中国互联网络信息中心．第43次中国互联网络发展状况统计报告．(2019-02-28)．http://www.cnnic.net.cn/hlwfzyj/hlwxzbg/hlwtjbg/201902/P020190318523029756345.pdf.

凑足人数显示“拼团”成功后，卖家却不发货；有的用户买水果“拼团”成功后，发现水果的质量很差[①]。又如拼多多让大家开团并转发链接“免费领取一件物品”的时候，页面并没有注明是抽奖，但用户下载拼多多APP后才发现是抽奖。另外，还有人收到礼品领取成功的通知，但打开链接却发现仅仅是邀请用户参与活动，根本不是中奖通知。对此，人们非常不满，纷纷质疑拼多多是虚假宣传、欺骗消费者。甚至有人对此调侃称“在天猫和京东我都担心会不会买到假货，在拼多多我就完全不会担心，因为买到的肯定是假货!”虽然是一句调侃的话，但也从侧面反映了拼多多平台上商品质量问题的严重性。上市1个多月后，因为投诉量居高不下，拼多多面临其平台运营以来最大的信任困境。

此外，拼多多的赔付措施也被消费者所质疑。有人指出，拼多多由于没有支付宝这样的钱包，不能通过现金进行赔偿，因此使用无门槛的现金券对消费者进行赔付。这便会导致消费者只有继续购物才能使用现金券，因而无法使消费者满意。

除了受到消费者的质疑，拼多多还遭到了不少商家的投诉。在发展之初，拼多多平台对商家入驻设置的门槛较低，从而吸引了大量商家入驻。后来，在出现越来越多的消费者投诉事件之后，拼多多便开始了对售假商家的打击，处置措施包括“假一罚十”“劣一罚三”等。拼多多对售假商家的处置过于严厉，在一定程度上导致商家出现了恶意骚扰、恶意投诉其他商家的过激行为等，引发了一部分商家的不满。另外，拼多多在评判处罚时，会要求商家出示商品品牌商的正规授权文件。但是一般而言，品牌商对于渠道正品统一控价，不会为拼多多的经销商授权。因此，即使有些商品是正品，是原厂生产的，品牌商也不会像在天猫、京东一样授权给拼多多的经销商。品牌商只想提升商品销售量，但是不希望给低价渠道的商品以正品身份。这就导致如果商家被消费者投诉卖假货，拼多多开启查处措施，而商家不能给出具有实质性的正品文件，肯定会被惩罚，这也逼得一些正品商家开始走向维权的道路。

因此，正是由于拼多多平台“坑多多”，虽然拼多多在《快乐大本营》《中国新歌声》《非诚勿扰》等娱乐节目上砸下数亿元广告费，但是从《快乐大本营》由于在节目中插播拼多多广告，其微博被大量差评“攻陷”来看，低质、山寨、假货等商品质量问题始终是拼多多低价营销策略无法躲避的“坎”。

不过，从另一个角度看，拼多多虽然被调侃为“坑多多”，但依然拥有庞大的用户量和销售量。对于其用户群体，尤其是三线以下城市和乡镇的用户来说，即使

---

① 朱蓉，等. 拼团热、苦水多，低价背后拼的啥. 三湘都市报，2016-07-28.

在拼多多上买到了不称心的商品或者是山寨商品、假货，也不太影响他再次在拼多多上购物，这主要是由于“拼团”的超低价格对他很有吸引力。其实拼多多销售最多的商品是衣服、手机配件和生活日用品等，这些商品本身的成本就比较低，有些质量问题也在一些用户的容忍范围之内。这非常类似于现实社会中的路边摊、两元店、跳蚤市场等，人们会为了以低价购得物品而容忍一些不影响使用的质量问题。只是这个消费市场、消费人群在拼多多出现之前处于被“折叠”的状态，拼多多的崛起使得该消费市场及其消费人群在网络空间中获得展现。

二、消费空间的现实折叠与网络伸展

拼多多崛起后，原先处于被忽略、被“折叠”状态的三线以下城市和乡镇的消费空间引起了社会的关注。通过拼多多，这一消费空间在网络空间中获得了展现。

被“折叠”的低线消费空间

低线消费主要指的是三线以下城市和乡镇居民的消费行为，其被广泛提及大约是在2018年，特别是在拼多多上市之后，该消费类型开始受到社会的广泛关注。低线消费与高端消费相对。在拼多多出现之前，由于人们生活水平的提高和消费品质的上升，高端消费一直是社会的关注重点。与之相反，低线消费空间、低线消费人群等处于被忽略、被“折叠”的状况。

在物理学上，空间折叠是一种因为强大的引力使空间发生扭曲的现象。这种现象是真实存在的，理论上，只要能达到一定引力就能使空间发生扭曲。就好比要从一张平整的纸的一端到另一端，除了走两点间的直线外，还可以把纸折叠起来，让两点靠近。而在这两点之外，纸的其余部分便被折叠隐匿起来。对比消费市场，纸的两点便类似于主要存在于一、二线城市的高端消费市场，而被折叠隐匿起来的纸的其余部分则类似于三线以下城市和乡镇的低线消费市场。一、二线城市居民数量多、收入水平和消费能力相对较高，因而一直备受市场的关注。一些著名的国际、国内品牌也倾向于在一、二线城市开展商品营销。而三线以下城市和乡镇由于消费力较弱，一直被市场所忽略。

但在移动互联网时代，通过拼多多，这个被忽略、被“折叠”的低线消费空间在网络空间中被展现出来。与此同时，伴随拼多多崛起而展现出来的，还有低线消费人群的庞大消费力。拼多多之所以能够在短短3年时间内迅速崛起并成功上市，正是因为它较好地契合了广大中低收入阶层的低线消费需求。对于他们来说，拼多多的出现确实带来了实实在在的福利。在拼多多的首页，很容易就会看到20元一件的包邮针织衫或者“爆款”打底T恤，很容易找到50元左右的“买一送四真皮质感2018年新款女包”，也很容易看到一双已成功“拼团”9.9万件的“花花公子贵宾正品”运动鞋，每双鞋的售价只有26.9元……

与具有潜在消费能量的低线消费市场一同被“折叠”的，还有数以千万计的小企业。它们以生产中低端产品为主，生存于全国贸易链条的最底端，为低价市场贡献出巨大的产量。在拼多多出现之前，它们在品牌商品广泛存在的电商空间中默默无闻，拼多多的崛起使它们从被“折叠”状态转变为被展现。

大量中小生产企业是通过销售“爆款”产品而被展现出来的。“爆款”是指在商品销售中，供不应求，销售量很高、人气很高的商品。在电商中，拼多多将“爆款”销售做到了极致。拼多多通过把商品成本及毛利极大地压缩，通过增大销售量来实现商品的低价化。最典型的代表是拼多多的“爆款”纸巾。据统计，可心柔、植护两家纸巾工厂在拼多多平台上共卖出2.61亿包纸巾，一包纸巾的利润最低只有3分钱①。其实，对于商家和买家而言，“爆款”都意味着一种高效。既可以让商家集中优势主打“爆款”产品，并大大降低整体备货成本，又可以使消费者节省一定时间和精力买到低价高质商品。除了纸巾，一些农产品、日用品也出现了很多“爆款”，如9.6元包邮的5斤鲜蒜，一天能卖出4.7万单，同时还有百万单的芒果等。大量的“爆款”产品从田间、工厂直达零售端，创造了诸多销售奇迹。

这些销售奇迹的创造，主要依靠的是超低价和高销量，而也正是高销量，才让低线消费人群的消费力获得彰显。其中，高销量的取得依靠的主要是“拼团”。

“拼团”：低线消费空间的网络伸展

“拼团”指的是一种团体消费形态，即人们基于共同的需求聚集起来消费某件商品的消费形式。群体聚集起来针对一件商品消费，可以使商家通过提高销售量降低价格而保证利润，因而可以使消费者用较低的价格获得商品。追根溯源，最早具有“拼”意识的消费方式是大约出现于20世纪初的众筹。众筹，即大众筹资，是指使用“团购＋预购”的形式向人们筹集资金的一种消费模式，参与众筹的消费者可以获得以比正常价格更低的价格购入众筹商品的资格。

“拼团”能否达成，信息的沟通非常关键。只有消费者拥有便捷的信息沟通途

① 林北辰. 探访“拼工厂”：这才是拼多多低价爆款的秘诀. 公关世界，2018 (7).

径，能够实现快速聚集，“拼团”才可能达成。因而在前互联网时代，“拼团”不是特别普遍。进入互联网时代，人们的信息沟通成本大大降低，具有相同需求的消费者聚集在一起也更为迅捷，因而“拼团”的发生也就更为普遍而频繁。最先开展“拼团”的主要是年轻人。通过多元的社交平台，年轻人很容易快速地聚集起来，从而为“拼团”的发生提供了条件。后来，随着电商经济的良性发展，以及移动互联网在中老年人群中的普及，中老年人参与网购的心理和物理障碍逐步打破，同时受社交圈的影响，中老年人群开始成为“拼团”消费的重要人群之一。“拼团”火爆大概始于2015年，在2016年发展较快，几乎红遍大江南北，2017年继续发展，开始蔓延到更加深入的次级城市。这段时间出现了几个主打“拼团”的APP，如拼多多、拼好货、萌店等。在这些APP中，拼多多无疑是最成功的一个。

在一定程度上，拼多多更像是团购在移动互联网时代的变身，不过“拼团”与团购还是具有一定差别的。早期的团购主要是围绕商品展开的，从吸引购买者到消费行为的完成都是围绕商品展开的，与用户本身的社交关系没有关联，团购用户自身也没有分享的动机，没办法诞生出“裂变式”的传播。而“拼团”则更为强调社交和分享，与消费者本身的社交关系具有密切联系。“拼的多，更便宜”，给予了用户一个分享刺激点，进而引导用户在社交关系网络中广泛传播。同时，团购是一个打折优惠活动，每个人享受的价格都是一样的，不会因为人数多少带来价格上的波动，没有数量限制，即到即买。因而在团购中，用户没有较强的参与感。而“拼团”则不单是便宜，还会把用户放在第一位，由用户拼单的多少来决定商品的成交价格，同时还将时间维度加入，使用剩余时间倒计时的方式增强用户的参与感和娱乐感，刺激消费行为的产生。团购过程中，消费者看中的是商品详情，“拼团”过程中，消费者看中的则是亲戚朋友的信任。

除了消费人群方面的原因，“拼团”的成功还源于供货方在互联网时代的发展动力。在现实空间中，由于供需信息不对等，“农产品卖难”一直是困扰我国农业的难题之一。盲目种植，缺乏科学的管理手段，市场信息闭塞，物流快递线路不足等，造成了农产品销售和流通环节薄弱。拼多多最早是靠做生鲜农产品崛起的。虽然农村的市场广阔，各大电商在农村的宣传也非常频繁，但真正“下沉”的电商并不多，拼多多则是“下沉”农村市场，通过生鲜农产品销售崛起的重要电商。一方面，乡镇居民是拼多多的用户，成为买方，另一方面，他们还将自己的农产品放在拼多多平台上进行销售，成为卖方。在拼多多上，不需要花费大力气做营销推广，也不用花费很多费用去买位置、买流量，通过亲戚朋友的口碑营销，农产品的销量便能实现“裂变式”增长。比如黄河滩枣、山西老陈醋、太行山蜂蜜等曾经因为产量巨增而滞销的大量农产品通过拼多多平台获得了较好的销售。

低线消费空间网络伸展的现实基础

通过拼多多，低线消费空间获得了网络伸展，低线消费人群及其消费行为也在网络空间得以展现。低线消费空间的网络伸展具有相应的现实基础，主要包括：互联网普及率的大幅提高、低线消费人群的低价需求、适度消费理念的流行、物流体系的进一步发展完善。

从 2015 年到 2018 年，在拼多多崛起的三年中，我国互联网的覆盖范围不断扩大。截至 2018 年 12 月，贫困地区网络基础设施“最后一公里”逐步打通，不同地区、城乡之间、不同年龄人群、不同阶层等方面的数字鸿沟都逐渐趋于弥合。网民数量逐年增长，互联网普及率达到 59.6%。同时，移动流量资费大幅下降，居民入网门槛进一步降低，手机网民有 8.17 亿，占全部网民的 98.6%，尤其是农村网民数量持续增加，网民规模为 2.22 亿，占整体网民的 26.7%，增长率为 6.2%[①]。近三年互联网普及率的不断提高，为拼多多在网络空间开展针对低线消费人群的电商营销奠定了坚实的网民基础。

拼多多以农村电商起家，而后主做平台，其定位是“农村包围城市”。更确切地说，这里的“城市”实际是指一、二线大城市，而“农村”则是指三线以下城市和乡镇。在最初的发展过程中，拼多多便是针对三线以下城市和乡镇人群的消费需求，以营销低价商品为主。智能手机普及后，三线以下城市和乡镇人群虽然接入互联网，进入了网络空间，但由于收入水平有限，其网络购物的需求一直处于压抑状态。京东、天猫等电商平台重点瞄准一、二线城市居民，以销售高端商品为主。对于低线消费人群而言，这些商品普遍超出了他们的支付能力。据国家统计局公布的数据，2018 年全国居民人均可支配收入为 28 228 元[②]，相当于一个月只有 2 352 元，除了日常必要开销，剩余的消费力非常有限。因而以低价商品销售为主的拼多多较好地契合了他们的消费需求，拼多多的“砍到 0 元免费拿”“拼的多，省的多”等宣传一出现，便迅速激活了他们的电商消费动力，从而产生了一系列的销售“爆款”，比如 9.9 元 20 片的补水面膜、16.9 元两双的老北京运动女鞋、8.41 元的成

① 中国互联网络信息中心. 第 43 次中国互联网络发展状况统计报告.（2019-02-28）. http://www.cnnic.net.cn/hlwfzyj/hlwxzbg/hlwtjbg/201902/P020190318523029756345.pdf.

② 国家统计局. 中华人民共和国 2018 年国民经济和社会发展统计公报.（2019-02-28）. http://www.stats.gov.cn/tjsj/zxfb/201902/t20190228-1651265.html.

人可穿浴巾、9.9元一条的薄款学生运动裤……

适度消费理念的流行奠定了低线消费空间向网络伸展的观念基础。虽然拼多多因为山寨商品、假货、次品等问题而备受质疑，但不可否认，拼多多平台上也存在着大量的高性价比商品，比如一些质优价廉的农产品。与京东做家电起家、淘宝做服装起家不同，拼多多做食品起家。因为拼多多做的食品比服装和家电消耗更快、客单价更低，更容易让消费者花较少的钱而获得暂时的满足，所以拼多多能够迅速积累用户。拼多多的高性价比商品比较契合当前社会的适度消费观。适度消费观是伴随社会发展变迁逐渐出现的消费理念，主要指适应特定的生产或生活需要，选择性价比高的产品的消费理念，是继节俭型消费理念、享乐侈靡消费理念之后出现的消费理念。这一消费理念也比较契合日本消费社会研究专家三浦展所称“第四消费时代”。在第四消费时代中，人们的消费理念从追逐时尚和享受逐渐转向“回归内心的满足感以及人与人之间的纽带”，开始重视“共享”，追求“简约”[①]。

物流体系的进一步完善是拼多多迅速吸引低线消费人群的设施基础。对于电商而言，物流发挥着重要的基础作用。无论是京东的自建物流还是天猫的第三方物流，物流体系的完善、畅通、快速都是支持电商快速发展的关键因素。从2016年至今，我国电商物流的“向西向下”发展趋势明显，在一、二线城市物流体系完备的基础上，内陆地区、中小城市及县城乡镇的电商物流快速发展，城市之间、东西之间、城乡之间的物流一体化程度日益增强。尤其是结合电子商务进农村、信息进村入户、快递“向西向下”服务拓展工程、农村扶贫等工作，逐渐构建起质优价廉产品流入、特色农产品流出的快捷渠道[②]。所有这些都为拼多多用户拼购低价商品，拼多多入驻商家销售农产品、日用品等奠定了重要的流通渠道基础，促进了拼多多快速崛起。

三、“消费升级”与“消费降级”

拼多多崛起后，关于“消费升级”与“消费降级”的讨论也一度成为社会舆论热点。当京东和天猫的“正品行货”、唯品会的“品牌折扣”、小红书的“海外购”日益流行，彰显人们的消费逐渐升级时，主推“低价包邮商品”的拼多多出乎意料地突然崛起。这使得人们发现，原先以为的“消费升级”并非全面实现，实际上还

---

① 三浦展. 第四消费时代. 马奈，译. 北京：东方出版社，2014：91-133.

② 中华人民共和国商务部，等. 全国电子商务物流发展专项规划（2016—2020年）.（2016-03-23）. http://ltfzs.mofcom.gov.cn/article/smzx/201603/20160301280799.shtml.

有大量的人正在购买低价商品，呈现出一定程度的“消费降级”。

“下沉”的拼多多及其用户

拼多多崛起后，“下沉”逐渐成为一个备受关注的概念。在众多电商中，拼多多被普遍认为是开展“下沉”营销最有效果的电商。具体来说，拼多多的“下沉”主要体现为三个方面：区域“下沉”、年龄“下沉”、消费内容“下沉”。

从区域分布来看，拼多多的用户普遍来自三线以下城市和乡镇。拼多多的区域“下沉”能够成功，一方面源于其商品的低价化较好地契合了该区域人群的消费需求，另一方面则受益于移动支付的全面普及。从 2015 年 9 月成立至今，拼多多发展的这几年正好是移动互联网快速发展、移动支付全面普及的时期。在此之前，由于手机功能不完善，支付渠道和场景缺乏，在小城市及乡镇区域，网络购物和移动支付的普及度还不是太高。淘宝、京东虽然这时也开展了区域“下沉”营销，但没有取得明显的宣传效果。而拼多多则重点瞄准微信渠道，通过借助微信“下沉”的社交链条，吸引了三线以下城市和乡镇区域的消费人群。拼多多通过大范围、高频率链接转发一些极具诱惑力的商品信息，快速地将“下沉”区域人群吸引为潜在的购物人群。而这一人群是那些传统零售、传统电商没有调动起来的、边缘化的消费人群。

从年龄层面来看，与其他电商相比，拼多多“下沉”至中老年群体的效果比较明显，实现了年龄“下沉”。相比于年轻人，中老年人群进入互联网空间的时间比较晚。近两年，随着智能手机的普及、上网资费的大幅下降，中老年人群的互联网普及率才有了明显提升。据统计，截至 2018 年 12 月底，50 岁及以上的网民比例为 12.5%，相比于 2017 年 12 月底的 10.5%，上升了 2 个百分点；60 岁及以上的网民比例为 6.6%，比 2017 年 12 月底的 5.2%，上升了 1.4 个百分点[①]。中老年人正在成为互联网空间里增量最大的群体之一。对于中老年尤其是 60 岁及以上的老年群体来说，淘宝、京东等成熟平台上的筛选搜索功能过于复杂，他们不能熟练操作，他们其实是希望通过尽可能少的操作在超级廉价商品中尽快挑选出自己需要的商品。他们的时间比较充裕，愿意付出一定的时间和精力“拼团”购买超低价商品。对于他们来说，每天只需要“到多多果园中浇浇水”，便可获取由免费商品带来的幸福感。拼多多用户中，60 岁及以上的老年人占比虽然不到 10%，但整体高于淘宝、京东，同时，老年人对网购平台的忠诚度高于年轻群体，拼多多是最受 60 岁

① 中国互联网络信息中心. 第 43 次中国互联网络发展状况统计报告. (2019-02-28). http://www.cnnic.net.cn/hlwfzyj/hlwxzbg/hlwtjbg/201902/P020190318523029756345.pdf.

及以上老年网民欢迎的购物 APP[①]。同时，通过微信朋友圈、“家庭圈”的带动，中老年群体对“拼团”电商模式也有较高的接受度[②]。此外，“全货包邮”的推行，也是促成拼多多竞争成功的重要因素。比如当京东、淘宝的用户在尽力凑够 99 元的免邮商品时，拼多多却实现了 9.9 元的东西也一概包邮。简单的成交条件，也会带来中老年用户更积极的回应。

以销售“代价商品”为主的拼多多做到了消费内容“下沉”，这也在一定程度上契合了当前一部分社会成员的消费理念。从消费内容而言，人们对于高性价比商品的需求日益增强，尤其是在移动互联网时代，通过网络社交平台的人际传播和信息分享，出现了一大批生产高性价比商品的厂商品牌，如“无印良品”“三只松鼠”等，都是在电商经济中凸显出来的高性价比品牌。目前，人们的消费理念越来越契合“第四消费时代”，即人们越来越喜欢那些简单好用的商品，甚至不在意它们是什么品牌，或者在几个品牌中直接选择时，更倾向于选择那个和自己价值观相符合的品牌，而不在意这个品牌在国内外是否有名。

逆“消费升级”的社会真相

拼多多的崛起引发了关于“消费升级”与“消费降级”的讨论，这些讨论也在一定程度上反映了目前消费的复杂化、动态化。其实，随着网络社会的发展，“消费升级”和“消费降级”的含义也发生了变化。

从最直观的感受来看，以前买便宜的，现在买贵的，就叫“消费升级”；以前买贵的，现在买便宜的，就叫“消费降级”。拼多多上的商品普遍是低价商品，巨大的销售量说明很多人购买，这使人感觉人们的消费水平有所下降，即“消费降级”。不过，也有反对意见指出，拼多多让原来用不起厨房纸巾的人能够买得起厨房纸巾，这本身就是“消费升级”。因而，直接通过拼多多的崛起来说明消费水平是升级还是降级并不全面。对于一个人“消费升级”或“消费降级”的判断应该结合其自身的情况来确定。对于低收入消费人群而言，性价比仍是消费时需要考虑的首要因素，因而通过拼多多买到高性价比的商品，便是在自己能力范围之内的最大限度的“消费升级”。

另外，随着社会的发展变迁，尤其是互联网经济的发展，“消费升级”和“消费降级”的内涵也有了变化。比如“消费升级”，其实质并不是意味着奢侈品、高

---

① 潘敬文，卢云龙，等. 智能手机普及，老年上网群体激增：老年网民也爱玩游戏追主播. 信息时报，2018-08-20.

② 石尔. 中老年群体网络消费有了新选择，将成电商新增长点. 南方都市报，2018-04-30.

消费。除了追求品牌、注重炫耀、推崇高价之外，对于满足个人需求、具有较高实用价值和较好消费体验等的商品的追求也可以视为“消费升级”。在拼多多上，对于最广大的普通消费者来说，购买一包成本被极力压缩的质优价廉的纸巾所带来的满足感，或者享受区别于淘宝、京东搜索式购物的社交型购物所带来的社交乐趣等都是“消费升级”的表现。对一位偏远农村的拼多多用户来说，一台彩电的品牌究竟是“创维”还是“创维先锋”，他也许并不是特别在意，他只是在意能不能买到一台便宜、实用性强的彩电。“五环内人群”眼中的“消费降级”，对偏远农村的人来说却是实实在在的“消费升级”。

同样，对于“消费降级”来说，有些消费表面看起来是降低了消费内容，但实际上是代表了消费理念的转变。也即，在“追求名牌”消费理念下看，在不降低消费品质的前提下选择价格更为低廉的产品是一种“消费降级”，但在“追求实用价值”消费理念下看，则并不代表“消费降级”。进入移动互联网时代，在线上电商和线下商业的共同作用下，在搜索式电商和社交式电商的共同促进中，商品供给非常丰富多元，消费者可以通过多种方式购买到符合自己消费理念的商品。因而，基于对实用价值的重视，消费者可以通过拼多多选择高性价比的商品。在这种消费理念的推动下产生的“消费降级”并不等于品质的下降，其实质是更为经济实惠的消费方式，是商品供给更为多维、信息沟通更为便捷基础上的消费现象。

此外，在网络空间中，通过拼多多激发出的三线以下城市和乡镇的消费力也是引发“消费降级”表象的原因之一。近两年，由于一、二线城市不断攀升的生活成本，三、四线城市人口回流加速，消费人群也不断扩大。与此同时，城乡居民收入差距的缩小、较低的供房压力、互联网的全面普及以及较长的休闲时间等都赋予了三线以下城市和乡镇居民潜在的消费力。在拼多多出现之前，该群体的电商消费需求并没有被充分挖掘。因此，在拼多多出现之后，该群体激发出的电商消费力，使得拼多多平台上的大量低价商品销量巨大，从而形成了“消费降级”的社会表象。除此之外，该群体的整合消费力也发挥了社会影响力，带动了“现象级”消费的出现。

“现象级”消费的背后

“现象级”对应的英文为“phenomenal”，具有“卓越”的意思，可以引申为“天才”“能力超凡的”，通俗来说，就是才能超群、非常优秀、引发高度社会关注的意思。该词被用于许多领域，如现象级球星乔丹、现象级动画片《猫和老鼠》、现象级科学家爱因斯坦等。进入移动互联网时代以来，该词被普遍用来形容一些引发社会高度关注，或者使人非常惊异的人或者事件，如现象级影片、现象级手机、现象级产品等。

《前任 3》是典型的现象级影片，即在某一段时间内由于票房超高或观影讨论人数较多而成为热门话题的电影。这部豆瓣评分仅 5.7 分的影片，在前期风评不佳、上映首日票房平平的情况下，最终却收获了将近 20 亿元的票房，成为 2018 年电影市场上的一匹黑马，被称为当时的“现象级影片”。据统计，20 亿元票房中大约有一半是由来自三、四线城市的年轻观众消费的，该影片的观影人群中，来自三、四线城市的观众占比达 47.4%，而一线城市观众仅占 12.2%，远低于国内影片的平均水平①。这种现象非常少见。多数情况下，一部新影片都是先在一、二线城市经过消费市场的验证，然后再“下沉”到三、四线城市，但是《前任 3》却打破常态，在三、四线城市消费群体的推动下，一举逆袭，创造了现象级票房。

OPPO 与 vivo 两个品牌的手机则是典型的现象级手机。在最初的发展中，这两个并未被一、二线城市市场重视的手机品牌，却在三线以下城市和乡镇悄然热销，甚至在这些区域被称为苹果手机的最佳替代品，逆袭为国产手机品牌里的黑马。2017 年，它们在全球的出货量分别排位第二名、第三名，这个销售成绩的取得实际上与我国中小城市和农村市场的消费者密切相关。OPPO 与 vivo 手机的崛起有很多原因，但其中最主要的原因便是其对于三线以下城市和乡镇消费市场的精准把握与重点营销，成功吸引了三线以下城市和乡镇年轻消费群体的注意力并获得其心理认同。

无论是现象级影片，还是现象级手机，都表明其背后的消费支撑主要来自三线以下城市和乡镇。这也表明，与一、二线城市相比，三、四线城市会爆发出更大的消费能量。低廉的生活成本、较轻的房贷和车贷压力、教育背景的提升、互联网对消费观的开拓、成长环境的舒适安逸等，使得三线以下城市和乡镇的年轻人形成了与以往大不相同的消费行为习惯。他们不过分追求品牌效应，对价格更敏感，更偏爱性价比高的产品，多属于实用主义派。相比于一、二线城市的居民，三线以下城市和乡镇居民的闲暇时间相对较多，有更充裕的时间去追求娱乐和消遣，并为之付费。

其实，拼多多也可被称为“现象级电商”。主打低价商品的拼多多正是通过对三线以下城市和乡镇消费人群的吸引而迅速崛起为电商界的一匹黑马。在三线以下城市和乡镇，由于住房和生活压力小，当地消费者用于消费的可支配收入相对较

① 曾于理.“小镇青年”崛起是文化消费新增量. 新华每日电讯，2018-02-02.

高，由于通勤时间较短，他们也有足够的时间去消费，所以在电影、手机、网络购物等方面，都产生了重要影响。他们很少关注“消费升级”或“消费降级”，但种种现象级消费显示，他们已经成为消费市场的一个重要群体。他们具有的独特消费能力、消费行为和消费理念，将推动消费向品质、个性等多方面展现出多元分级趋势。

四、分级消费中的阶层分化

拼多多的崛起，展现出三线以下城市和乡镇的消费人群在网络空间的消费力，体现在人们消费中的多元分级现象越来越明显。多元分级消费的背后，一方面是现实社会中的阶层分化在网络空间通过消费获得了呈现，另一方面又体现了移动互联网时代消费分层的复杂化、动态化。

小镇青年：新生代消费群体

伴随着拼多多的崛起，作为消费主力人群之一的小镇青年也逐渐进入大众的关注视野。

“小镇青年”中的“小镇”，是相对于一、二线大城市而言的三线以下城市和乡镇，“青年”则是指年龄在18～35岁，以“80后”“90后”为主体的年轻人。若干年前，小镇青年是一个具有贬义的称呼，因为在一、二线城市青年的眼中，它与“土里土气”“没有审美”“收入不高”“缺乏品味”等特征相关联。然而，近几年，随着互联网经济的迅速发展，以及种种现象级消费的出现，小镇青年开始展现出新的形象，这个称呼也越来越具有褒义内涵。

普遍而言，大多数小镇青年虽然只有本科或本科以下的学历，但在家乡通常有一份稳定工作，虽然收入不高，但不用面对高房贷、高物价的压力。从可自由支配的财产和消费能力来看，他们与居住在一、二线城市的白领青年基本差不多，并且他们工作相对轻松，拥有更多的闲暇时间。因而，总体而言他们有着不错的生活质量，其消费升级的欲望和速度都在赶超一、二线城市的水平。小镇青年群体人数众多，消费潜力巨大，许多现象级消费的出现都源自小镇青年的推动，典型的如OPPO和vivo的崛起。在我国，OPPO和vivo手机几乎占领了所有的三、四线城市。

从消费理念来看，小镇青年喜欢性价比高的产品，不过于追求品牌和潮流。一般而言，大部分小镇青年的收入不是太高。在互联网时代，随着小额借贷越来越便捷，小镇青年普遍会考虑提前消费，其中，信用卡消费和互联网借贷消费是他们最常见的提前消费行为。比如在使用手机支付时，支付宝的花呗便是他们的优选项，次选项为信用卡、银行卡。2017 年 5 月 4 日，支付宝花呗发布的《2017 年轻人消费生活报告》显示，中国近 1.7 亿“90 后”中，超过 4 500 万人开通了花呗，平均每 4 个“90 后”就有 1 个人用花呗进行信用消费，超三成（30.59%）的花呗年轻用户每月花销在授信额度的 2/3 以上①。

从消费内容来看，互联网消费是小镇青年的主要消费内容之一。以“80 后”“90 后”为主体的小镇青年属于移动互联网的一代，智能手机是他们的标配，聊 QQ、刷微信、打游戏、看视频等，都是他们的日常网络消费。相比于一、二线城市青年，他们工作之余的闲暇时间多，因此用在手机上的时间也更加充裕。受地域环境、收入水平、生活方式、教育水平等因素的影响，小镇青年在泛娱乐领域的网络消费显著，其中主要包括网络游戏、网络直播、网络阅读、网络音乐、网络购物等消费。小镇青年是互联网时代不容忽视的一个重要消费群体，构成网络消费的主力军。伴随着“80 后”“90 后”的成熟，以“80 后”与“90 后”年轻人为主导的消费人群结构也已经形成。

从消费场景来看，移动互联网时代的到来，更加促进了城乡连接。智能手机的迅速普及、移动互联网络的普及，使得小城镇接入互联网非常便捷。移动支付的普及，使得小城镇的小店也可以扫支付宝、微信。物流体系的发展，使得快递能够到村。这些为拼多多等电商的发展提供了强大助力。无处不在的互联网让生活更加方便，使得居住在小城镇的小镇青年也能及时了解大城市的信息，与大城市的青年同步享受现代生活。互联网就像一双无形的手，为城乡青年塑造了消费的定式和空间。

作为新生代的消费力量，小镇青年的出现使得互联网时代的消费市场呈现出许多新现象、新变化、新趋势。拼多多的崛起便是其中之一。依靠对小镇青年消费力的准确把握，拼多多成为电商界的一匹黑马。与此同时，正是通过拼多多，小镇青年的消费力才得以呈现。

“伪中产”与“精致穷”

“伪中产”大约出现于 2017 年，是指被伪造、被命名、被幸福的名不副实的当今社会的所谓中产阶层或中产家庭。与小镇青年类似，“伪中产”主要源自互联网

① 习淑祎. 我区年轻人人均信用消费排第四. 西藏商报，2017-05-08.

时代自下而上的话语体系建构，是人们在“中产阶层”概念的基础上，结合现实社会的发展变化而建构出来的话语。拼多多的崛起进一步促进了“伪中产”的现实呈现和社会认同。

中产阶层概念最早源于2 000多年前，古希腊思想家亚里士多德曾指出：社会可按贫富差别将公民划分为极富、极贫、中产阶层三类。对中产阶层的确定最早是依据收入和财富水平。后来，随着社会的发展，确定中产阶层的标准也更为丰富，涵盖了收入、职业、教育、生活方式、主观认同等指标。从社会结构来看，中产阶层的规模与社会运行的动力、稳定度密切相关，因而备受社会关注。

在我国，中产阶层又被称为“中等收入群体”，该群体受到关注主要源于20世纪90年代，是指大多从事脑力劳动或具有技术基础的体力劳动，主要靠工资及薪金谋生，一般受过良好教育，具有专业知识和较强职业能力及相应家庭消费能力，有一定闲暇，追求生活质量，对其劳动、工作对象拥有一定管理权和支配权，资产在20万～30万元的群体。对中产阶层的界定指标主要包括收入、职业、教育等。数据表明，2012年该群体在总人口中的占比就已经达到46.02%，不过在分布上存在城乡差异、区域差异和产业差异等结构性问题①。

其实，我国的中产阶层除了具有分布的结构性问题之外，还具有一定的表面性，也即中产阶层的指标呈现与真实情况之间存在着一定的错位和断裂。这些错位和断裂也正是“伪中产”话语被建构的重要背景之一。

在表面呈现上，现在步入中产阶层的年轻人普遍拥有一辆车、一套房，已经符合城市中产的物化标准。但其实有一部分年轻人是依靠自己的父母甚至家庭几代人的力量成为中产阶层的一员的。在这一点上，我国的中产阶层与欧美国家的中产阶层具有一定差别。在欧美国家，中产阶层一般是依靠自己的能力成为中产的，即使脱离了父母的经济基础，他们也能凭借自己的素质和能力以及较好的福利成为中产，其阶层地位比较稳定甚至还会不断上升。但在我国，有些父母虽然不是城市中产或富裕阶层，但会想尽办法用大部分积蓄补贴孩子贷款买房、买车，在城市里结婚安家，使子女看上去符合城市中产的一切物化标准，而实际上年轻人能不能依靠自己的能力继续稳固其中产阶层的地位则千差万别。因而，从这一点而言，不是依靠自己的能力而是集聚了原生家庭的力量形成的中产阶层，在一定程度上可以被称为“伪中产”。

“伪中产”是提前透支家庭消费能力的一个群体。在他们建立家庭后，房贷、

① 李强，王昊．当前中产阶层壮大面临的结构性难题．北京日报，2017-08-28.

车贷、子女教育、固定开支、自身消费等都是沉重的负担。这是一个脆弱的群体，任何一项消费都是引发他们焦虑的来源。如果父母本身就是城市中产，子女的能力也不错，还能维持一定的中产水平，但如果来自经济条件不太好的家庭，“伪中产”维持自身中产地位的难度更大。而对于依靠自己的能力、毕业于知名高校、从事比较体面的工作，进而在大城市安下家成为中产阶层的群体，他们也会面对消费力不足的问题。高昂的房价、物价，以及子女教育的花费等同样是沉重的负担，同时，每天公交—地铁—共享单车的漫长通勤时间也降低了他们的生活质量。因此，对于他们而言，个人可支配的消费资金非常有限，直接导致了大多数人对价格敏感，从而出现上淘宝买低价商品、上拼多多“拼团”购物等行为。他们对产品的要求是“够用”，对于价格便宜这一点还是非常在意的。

“精致穷”是一个网络流行语，用来指存在于一部分年轻人群体中的生活方式：虽然赚的不多，但并没有因此而放弃追求“美好”和“精致”，从而宁愿付出“穷”的代价也要换取自己想要的生活。比如很多人愿意吃一个月的方便面省钱来买一件价值不菲的品牌衣服；还有一部分年轻人更愿意“穷”在租房上，虽然租房价格一涨再涨，但为了自己住得舒服，还是愿意花费大部分收入租住在环境较好的房子里，过自己想要的精致生活；很多年轻人喜欢苹果手机，成了忠实的“果粉”，为了能赶上“潮流”，很多人在用的方面非常节俭……。虽然每个人追求的“精致”各有不同，但相同的地方是他们都为了追求一个方面的“精致”，而压缩其他方面的需求。一方面，他们花费大量收入为名牌产品买单；另一方面，却又在拼多多平台上抢购超低价商品。这一点也显现出移动互联网时代消费的多级分化。

互联网维度下的消费分层

消费分层是社会分层在消费领域的延伸与体现。拼多多的出现使得一些现实生活中被隐藏、被“折叠”的消费情况在网络空间得以呈现。通过对拼多多的崛起以及拼多多用户群体消费的分析，可以发现进入移动互联网时代以来我国消费分层的复杂性、动态性，以及发生的一些变化。

一方面，互联网使得消费分层更清晰地呈现出来。在互联网时代，通过互联网对现实的“放大镜”作用，消费分层的现象可以被更清晰地呈现出来。在移动互联网时代，手机成为主要的上网工具。各个互联网业务都开发出自己的APP，每一个APP所沉淀的用户都是消费分层的表现，APP就像过滤器一样将同类型的消费者集中到一起。无论是京东、淘宝、网易严选，还是饱受争议的快手、趣头条、拼多多，通过它们的APP，不同的用户被大致归到不同的消费阶层，尽管有时一个用户会选择不止一个 APP，但仍然能够大致看到在消费层面的群体分层。

另一方面，互联网又对现实空间的消费分层进行解构，促进了消费分层的复杂化、动态化，同时又发挥了对消费分层的重塑作用。

互联网时代城乡消费分层的界限逐渐模糊。拼多多的出现促进了小镇青年的崛起，也使得城乡消费分层的界限日益模糊。小镇青年一方面没有完全脱离乡村，另一方面又通过互联网与大城市紧密连接。小镇青年成为连接城乡的重要元素。从消费而言，智能手机和移动支付的城乡全面普及，使乡镇居民也能够方便快捷地通过互联网进行消费。商品供给丰富而一致、网络消费过程基本相同、物流通道日趋畅通，使得城乡之间的消费内容、模式日益趋同。尤其是拼多多的兴起，更是将乡镇的消费群体吸引到了网络空间，促进了城乡之间的商品流通。一方面，大城市种类繁多的现代化商品能够通过拼多多等电商平台流入乡村；另一方面，乡村的优质农产品也能够通过拼多多的“拼团”快速流入城市。原先存在于城乡之间的消费界限日益模糊。此外，“90 后”消费人群的成熟也进一步缩小了城乡的消费差距。无论来自城市还是乡村，作为“互联网一代”的“90 后”人群的消费观呈现出一致性，城乡差距日益缩小。

代际消费的差异逐渐清晰而多元化。据统计，截至 2018 年 12 月，10～39 岁群体占整体网民的 67.8%[①]，因而以“80 后”“90 后”为主的年轻人逐渐成为网络消费的主力人群，并且，“00 后”随着年龄的增长，其网络消费日益多元化。从代际消费来看，“80 后”“90 后”“00 后”呈现出与上代人完全不同的面向，消费意识更加自主，消费内容更加多元，消费方式日益多元化，消费“去性别化”趋势明显。其中，Z 世代[②]的消费更是呈现出新特点。Z 世代生活在自新中国成立以来人均可支配收入最高的时期，同时又出生成长于移动互联网时代，是进行网络社交、网络泛娱乐等虚拟消费的主体人群。“去性别化”消费主要源于当前两性分工的变化和男性自我形象管理意识的提升，这改变了基于传统性别标签定义的消费需求，男性消费和女性消费的结构逐渐趋同，主要凸显在“90 后”“00 后”年轻群体中。另外，蕴含亚文化元素、定位个性化展示的潮牌文化迅速被消费人群接受，成为“去性别化”消费的主要推动力之一。

消费的圈层化现象逐渐显现。作为社交型电商的典型代表，拼多多进一步促进

① 中国互联网络信息中心．第 43 次中国互联网络发展状况统计报告．（2019-02-28）．http://www.cnnic.net.cn/hlwfzyj/hlwxzbg/hlwtjbg/201902/P020190318523029756345.pdf.

② 根据巴克莱银行的界定，普遍将出生于 1995—2009 年的人群称作 Z 世代，把出生于 1980—1994 年的人群称作 Y 世代（也即千禧一代）。

了社交与消费的密切结合，从而促进了消费的圈层化现象产生。消费的圈层化现象主要源于社交的圈层化，社交的圈层化使基于社交的消费也呈现出圈层化的特点。与原先消费分层的固态性特点相比，消费圈层化更富于流动性和变化性。从人际交往的角度来看，每个人在网络空间都有自己的一个交往圈。随着信息的快速流动，社交与消费相互影响，一个交往圈的消费理念、消费内容、消费方式等也会逐渐趋同。一个人的消费也可以作为“社交货币”用于交往。比如一个人买了一个名牌包，在高档酒店住宿，在著名景点游玩，都可以发在微信朋友圈，进而形成带动效应。在最初发展时，拼多多的商品链接在微信群中广泛传播，通过商品把不同人在相同场景下的相同需求汇聚起来，形成消费圈，从原先的“物以类聚”转变为“人以群分”。拼多多通过大量的分红包、抽奖、砍价等活动，持续刺激用户的各种消费欲望，如冲动消费、理性消费、攀比消费等，最终促成“拼团”。“拼团”消费中，既拼优惠，也拼关系。

五、消费中国的网络镜像

通过观察拼多多的崛起，可以发现我国消费社会的一些发展变化。互联网就如镜子一样，反映了消费人群、消费结构、消费模式的情况，对这些情况进行分析有助于我们更全面地了解当前我国消费社会的情况，把握其发展变化，预测其发展趋势，并防范可能出现的风险。

拼多多背后的中国消费

在人们普遍认为电商格局已经固定的时候，拼多多异军突起，展现了三线以下城市和乡镇居民的重要消费力。与其他电商的“人找货”不同，拼多多的“货找人”销售模式使其成为社交电商，被业界称为“新电商”平台，实现了B2C向C2B的逆转。同时，拼多多等社交电商基于社交网络进行营销传播，其“人以群分”的消费逻辑进一步增强了消费的分层、分级作用，现实空间的阶层划分也在网络空间通过消费获得了一定的固化与重塑。

拼多多展现了三线以下城市和乡镇的巨大消费力。总体来看，我国互联网人口红利主要包括三个阶段：第一阶段的人口红利主要来自移动互联网的广大网民，其在现实社会中主要为一、二线城市的“80后”群体，他们是互联网社交电商、高性价比商品、文化消费的主力群体，小米、知乎等公司的崛起主要依赖他们的消费。第二阶段的人口红利主要来自互联网大范围普及后的小城市青年群体，他们的独特消费理念和特点催生了一大批新生网站和高产品牌，如快手、映客，以及OPPO和vivo等。随后，第三阶段的人口红利开始“下沉”，三、四线城市人口逐渐成为人口红利的主要来源，三、四线城市的主流人口背后蕴藏着巨大的机会，这也是拼多多等电商进行业务“下沉”的重要原因。

拼多多是社交电商的典型代表。拼多多有效利用了微信的“下沉”网络，把社交与消费密切结合起来，通过社交渠道开展营销并获得了成功。对消费者来说，社交电商能够带来多元的消费体验。社交电商塑造了丰富多元的消费场景，使消费者的社交与消费融合在一起，社交促进消费，消费又推进社交。在高性价比商品的消费场景中，拼多多通过“拼团”、砍价、抽奖等形式，促使消费者在其人际交往圈中转发相关链接，同时还通过设置“拼团”倒计时的方式给消费者创造了一个类似游戏的场景，让人们在消费过程中获得一种类似游戏的娱乐体验。

社交电商的定位也为拼多多带来了“信任”元素。信任是电商成功的重要基础之一。就目前而言，各大电商大致都形成了一定的消费者信任模式。比如：淘宝通过制定一系列规则来保障买卖双方的权益，进而获得消费者的信任；京东则是通过打造正品、高质商品、自营商品的平台特色而获得消费者信任的；作为社交电商的代表，拼多多则是通过社交关系的推荐来获得信任的。

拼多多是典型的现象级电商，这反映了移动互联网时代我国消费文化的逆传导现象。除了拼多多，还有影片《前任3》的票房逆袭、OPPO手机的热销等现象级消费现象，也都反映出消费文化自下而上的逆传导现象。在这些现象级消费出现之前，消费市场是被少数精英消费群所引导的，无论是商品的品质属性、品牌地位、文化内涵，还是流行风尚等，都是由高端消费阶层引导然后传递给中低端消费群体的。但拼多多等现象级消费的出现，则展现了中低端消费群体的消费引导力。尤其是拼多多的崛起，直接促使小镇青年、“伪中产”对于高性价比商品的消费倾向在整体消费市场传导和扩散，进而在一定程度上引导了消费市场的发展方向。

当消费遇到互联网

在互联网时代，由于消费场景的变化、信息沟通的便捷化、移动支付的普遍化，人们的消费也逐渐具有了很多新的特点，更加前沿化、多元化、移动化、互动化等。移动互联网使从商家到消费者的路径变得更短，消费者的消费模式也发生了变化。

互联网金融的发展，一方面为消费者带来了更便捷的服务，另一方面也改变了人们的消费观念，由原来的“先储蓄再消费”过渡为“提前消费”。互联网时代催生了多元的网络借贷平台、提前消费平台，使得提前消费越来越普及。比如支付宝的花呗、京东的白条等，都大大促进了提前消费理念的普遍化。并且，随着中老年人群使用移动互联网的普遍化，提前消费理念也逐渐在中老年人群中普及。

从消费供给来看，在网络空间中，商品结构越来越合理、品种越来越齐全、服务越来越周到，高中低档商品都可以通过网购买到，有不同需求的消费者，也都可以通过网购满足需要，而且价格可能还比实体店便宜很多。同时，人们原来具有的带有炫耀、跟风意味的攀比消费理念，也开始转变为关注自身需求、自我提升的消费理念。比如，自我运动记录曾经长期流行于朋友圈，与此相应，各种品牌的健康手环也成为当时人们的消费重点，从卡路里到步数、从睡眠状况到运动情况，这些记录的转发都表明人们逐渐开始以客观视角来审视自己，从而影响其消费。

从消费内容来看，人们不再盲目追求高级消费、名牌消费，而是开始注重对高性价比商品的消费。从注重价格到注重品牌再到注重产品本身，在电商的发展过程中，消费者的心理大致经历了三次变迁。电商刚开始发展时，价格低是其吸引消费者的重要因素。也正是依靠海量低价商品和1元包邮服务，淘宝等电商开始发展起来。这时，消费者购买商品时首先考虑的是价格，价低优先，质优其次。后来，电商发展到中期阶段，消费者的可支配收入提升，对品牌和服务的追求突显出来，基于消费者品牌意识的觉醒，电商开始拉拢或塑造知名品牌入驻其平台，与此同时，物流速度、商品种类、售后服务等也成为消费者关注的重点内容，在这个阶段，京东、天猫陆续崛起。目前消费者的消费心理已进入第三阶段，消费时注重产品设计、品质以及服务体验等，具体到电商行业，跨境电商、垂直电商、内容电商等开始受消费者欢迎，比如美图美妆、网易考拉等，都是在这个阶段发展起来的。

从消费人群来看，“80后”“90后”已成为互联网时代消费市场的中坚力量，并在我国消费方式转变过程中发挥着重要作用。“80后”“90后”群体规模庞大，同时还是伴随着我国互联网的发展成长起来的群体，对数字经济有着更高的敏感度和接纳度，尤其是“90后”的消费习惯早已与互联网深度融合并相互影响。目前，最小的“90后”都已经成年，最大的“80后”也要步入不惑之年，他们对互联网时代消费方式的转型发挥了全面而重要的推动作用。尤其是“90后”，他们的消费更为自主、独立，他们更愿意消费小众化、个性化的商品，也在一定程度上推动了此类电商的产生和发展。

从消费模式来看，移动化、社交化逐渐成为互联网时代的重要特点。这两个特点与移动互联网和社交平台的发展密切相关。移动互联网时代的到来，使得人们能够随时随地接入网络，从浏览新闻到搜索信息，从观看视频到发布微信，从即时社交到网络娱乐，在移动互联网时代，人们几乎时时刻刻都在以多元化方式消费，消费已经融入日常生活的方方面面。拼多多的崛起使得人们的消费融入了社交元素。社交成为消费过程的重要内容，从消费开始，到消费完成，社交始终是发挥重要推动作用的平台、途径、形式。

正是由于较好地契合了移动互联网时代的消费社交化特点，拼多多通过借助微信中的人际传播迅速地崛起。同时，在价格上定位“低价商品”，在传播渠道上依靠社交平台，打造生活场景，及集生活、社交、娱乐、购物为一体的电商平台，使拼多多获得了成功。

网络镜像中的消费与社会

截至 2018 年 12 月，我国网民规模为 8.29 亿，互联网普及率达 59.6%，其中，即时通信的使用比例为 95.6%，网络购物的使用比例为 73.6%[①]。网络社交使用比例的日益提升，网络购物用户规模的持续扩大，展现了拼多多等社交电商的发展潜力。作为社交电商的典型代表，拼多多将社交整合到人们的消费过程中，是互联网时代消费与社会互相作用的重要呈现。

消费与社会的互动关系是消费社会学研究的重要内容。互联网时代的到来，使得消费与社会的互动关系呈现出许多新特点，使得原来消费与社会的二维互动模式转变为互联网、消费、社会的三维互动模式。一方面，互联网技术的发展影响了社会与消费。在社会层面，产生了网络空间与现实空间二元空间，在该二元空间中形式多样的人际交往推动了许多新的人际交往类型和现象的出现；在消费层面，互联网技术的发展在消费供给、消费结构、消费模式等方面都产生了重要影响。另一方面，互联网反映、解构、重塑了消费与社会的关系。

从改革开放至今，我国主要经历了三个阶段较大规模的消费转型。第一阶段的消费转型发生于改革开放之初，随着社会的发展，在人们的消费结构中，食品消费占比下降，以自行车、手表、收音机为主要代表的轻工业品的消费占比有所上升。第二阶段的消费转型发生于 20 世纪 90 年代，家电产业迅速发展，冰箱、彩电、洗衣机成为家庭消费的三大件，同时，服务性消费如旅游、医疗等在消费结构中的占比开始上升。第三阶段的消费转型发生于 21 世纪初，服务业消费如教育、娱乐、文化、交通、通信、医疗保健等增长迅猛，带动 IT、汽车产业和房地产业快速发展。目前，我们正处于第四次消费转型的过程中，以移动互联网消费为核心的相关

① 中国互联网络信息中心. 第 43 次中国互联网络发展状况统计报告. (2019-02-28). http://www.cnnic.net.cn/hlwfzyj/hlwxzbg/hlwtjbg/201902/P020190318523029756345.pdf.

网络消费在消费结构中的占比迅速上升，消费的移动化、社交化、个性化等特点日益突显。

互联网技术的发展为人们的消费行为提供了新空间、新场景、新平台、新媒介，催生了许多新经济形态，如数字经济、共享经济、社交经济等，同时也推动了许多新消费形态如内容消费、电商消费、外卖消费、“拼团”消费等的产生。这些新的经济形态、消费形态使人们的生活方式发生了改变，如拼多多的崛起促进了人们的“拼团”消费，淘宝的兴起改变了人们的购物方式，滴滴、共享单车的出现改变了人们的出行方式，美团的出现改变了人们的餐饮娱乐方式，等等。

互联网技术的发展为网络经济的发展提供了重要的平台、媒介基础。网络经济的发展为人们的消费提供了丰富的内容，进一步激发了人们的消费需求。使用频率比较高的互联网应用，如即时通信、信息获取、网络购物、网络外卖、互联网理财、网上预约出租、网络短视频、在线教育、网络游戏、网络音乐等网络经济内容可以满足不同层次、不同年龄、不同地域的消费者的消费需求。比如从年龄来看，网络消费内容代际差异明显。一般而言，10～20 岁的青少年倾向于网络娱乐消费，尤其是三、四线城市的青少年，把网络游戏作为他们网络消费的重要内容。20～30 岁的年轻人倾向于使用互联网消费，电商消费是他们重要的消费出口。尤其是对于小镇青年来说，他们生活的区域可能没有大型的实体购物中心，但通过互联网，他们也可以拥有与一、二线城市青年相同的购物资源。30～50 岁的中年人则倾向于使用互联网开展社交，近两年，他们使用微信的频率越来越高，如刷朋友圈、抢红包、转发消息等，微信的普及化使得很多家庭都建立了微信群，同时他们还使用互联网理财、浏览新闻等。

由于互联网的开放性、流动性，网络经济在一定程度上就像镜子一样反映出现实社会的各种消费情况及其变化，比如通过京东、淘宝、拼多多形成的电商格局能够反映出其背后消费人群的阶层分化和消费分极现象，同时也使由于各种原因被“折叠”在现实空间的消费群体、消费行为在网络空间获得伸展和呈现，比如通过拼多多平台表现出来的小镇青年消费力的彰显、高性价比商品消费需求的释放等。

同时，在互联网、消费、社会的三维互动中，通过网络经济的作用，原有的消费结构、消费模式、社会关系等也被解构、重塑。原先以身份、收入划分消费市场，开始转变为以消费者需求为标准进行市场定位。原先由高端消费群体引导的消费理念、流行风尚等也开始受到中低端消费群体的影响，出现“逆传导”现象。生产商与消费者之间的关系也发生了变化，原先是生产商进行调研，然后设计产品，最后生产出产品，现在则是消费者先提供需求，生产商再按照该需求生产商品供消费者购买等。

结 语

拼多多的崛起无疑是2018年度引发网络舆论的重要事件之一。人们在惊异于一个电商公司成立仅3年便实现用户数超3亿并成功上市的同时，也围绕“拼多多”还是“坑多多”、“消费升级”还是“消费降级”等话题形成舆论。从社会学的视角来看，拼多多崛起的背后有许多重要而值得分析的社会现象。

拼多多通过与微信平台的结合，开启了电商营销的新模式，成为社交电商的典型代表。同时，利用微信的“下沉”网络，通过低价商品的销售定位、对三线以下城市和乡镇人群消费需求的精准契合，拼多多激发了中低端消费人群的电商消费潜力，使原先在现实空间被“折叠”的消费市场、消费人群在网络空间获得呈现。这个呈现反映了现实社会中人们消费的发展变化。一方面表明现实社会中低端消费人群的网络消费能力日益突显，另一方面也反映出移动互联网时代的消费理念、消费模式、消费内容等都发生了一些变化。

拼多多崛起引发的关于“消费升级”还是“消费降级”的讨论，实际上展现了消费的分层作用以及移动互联网时代消费分层的变化。无论是小镇青年、“伪中产”，还是“精致穷”和适度消费观，都展现出互联网时代不同年龄、不同阶层、不同区域消费群体的多级分化，原先适用于消费分层的指标随着社会的发展也发生了变化，消费对阶层的影响由原先的“单极”转为“多极”。

通过对拼多多崛起背后社会现象的分析可以发现，在互联网时代，消费与社会的互动关系也早已加入了互联网元素。原先消费与社会的二维互动关系也开始呈现为互联网、消费与社会的三维互动关系。互联网维度的加入，使得消费与社会的互动关系更为复杂、多元而动态。

参考文献

[1] 李强，王昊. 当前中产阶层壮大面临的结构性难题. 北京日报，2017-08-28.

[2] 林北辰. 探访“拼工厂”：这才是拼多多低价爆款的秘诀. 公关世界，2018 (7).

[3] 潘敬文，卢云龙，等. 智能手机普及，老年上网群体激增：老年网民也爱

玩游戏追主播. 信息时报，2018－08－20.

［4］潘亦纯. 千万微商告别“裸奔”，年入百万者要交多少税?. 新京报，2019－01－03.

［5］三浦展. 第四消费时代. 马奈，译. 北京：东方出版社，2014.

［6］石尔. 中老年群体网络消费有了新选择，将成电商新增长点. 南方都市报，2018－04－30.

［7］习淑祎. 我区年轻人人均信用消费排第四. 西藏商报，2018－05－08.

［8］曾于理. “小镇青年”崛起是文化消费新增量. 新华每日电讯，2018－02－02.

［9］张凯. “电商黑马”拼多多崛起之路. 知识经济（中国直销），2018（5）.

［10］郑刚，林文丰. 拼多多：在电商红海中快速逆袭. 清华管理评论，2018（9）.

［11］朱蓉，等. 拼团热、苦水多，低价背后拼的啥. 三湘都市报，2016－07－28.

［12］国家统计局. 中华人民共和国2018年国民经济和社会发展统计公报.（2019－02－28）. http://www. stats. gov. cn/tjsj/zxfb/201902/t20190228-1651265. html.

［13］中国互联网络信息中心. 第43次中国互联网络发展状况统计报告.（2019－02－28）. http://www. cnnic. net. cn/hlwfzyj/hlwxzbg/hlwtjbg/201902/P0201903185230 29756345. pdf.

［14］中华人民共和国商务部，等. 全国电子商务物流发展专项规划（2016—2020年）.（2016－03－23）. http://ltfzs. mofcom. gov. cn/article/smzx/201603/20160301280799. shtml.

第四章　舆论反转的发生机制：以重庆万州公交车坠江事件为例

引　言

2018年10月28日上午10时8分，重庆市万州区长江二桥一公交车发生坠江事件。上午11时55分，《新京报》发布第一篇有关该事件的报道：《突发丨重庆万州一公交车坠入长江》，报道中提道："现场目击者告诉新京报记者，上午10点左右，她乘车途经长江二桥。看到北向南方向一辆公交车突然为躲避前方一辆红色的小轿车，直接开入长江。"[①] 报道一出，舆论矛头纷纷指向了"肇事女司机"。同时事故现场的图片开始在网上流传，图片上红色小轿车越过中心实线，车头为逆行方向，小轿车车主为一名女性，坐在人行道上，脚上穿着黑色高跟鞋。此时交警部门尚未公布事件调查结果，而在各大新闻网站、微博上，对于重庆公交车坠江事件的报道如出一辙，采用的均是"一辆公交车突然为躲避前方一辆红色的小轿车，直接开入长江"的说法。在新闻报道之后，网民在新闻链接、微博链接的评论、转发中对红色小轿车车主开始了山呼海啸般的指责、谩骂甚至是人身攻击。

同日中午12时3分，重庆市公安局万州区分局官方微博"平安万州"发布第一份警情通报，其中指出"一大巴车在万州长江二桥桥面与小轿车发生碰撞后，大巴车坠入江中"[②]，并

---

① 康佳. 突发丨重庆万州一公交车坠入长江.（2018-10-28）. http://www.bjnews.com.cn/news/2018/10/28/515034.html.

② 关于万州长江二桥大巴车坠江的通报，https://weibo.com/cqwz110? is _ all=1&is _ search=1&key _ word=%E5%9D%A0%E6%B1%9F# _ 0.

未提及红色小轿车逆行一事。随后《新京报》发布关于重庆公交车坠江事件的第二篇报道时也采用了“平安万州”在警情通报中的说法①。此后，《人民日报》官方微博、央视新闻、澎湃新闻等多家新闻门户网站发布快讯，报道中也未再提及红色小轿车的女性司机一事。但此时网络上对驾驶红色小轿车的邝某的指责和攻击并未停止，反而有愈演愈烈的趋势。微博上开始出现对红色小轿车车主及其家人的恶意攻击，不堪入耳的词语层出不穷，并逐渐延伸到对整个女司机群体的声讨和指责。

随后《新京报》在报道关于重庆万州公交车坠江后公安、海事、长航、消防等部门搜救工作及家属登记工作时，均采用“10 月 28 日 10 时许，重庆市万州区一辆公交车行驶至长江二桥时，与一辆小轿车相撞后坠江”的说法。新浪新闻中心在 13 时 12 分发布《重庆公交与轿车相撞坠江：轿车女司机驾车逆行导致》，称“10 月 28 日，重庆万州区发生一起致公交车与私家车碰撞，公交车坠江的事故。据万州区交巡警支队通报，私家车女司机邝某娟已被警方控制”②。《人民日报》官方微博 14 时 34 分发布微博：“据万州区交巡警支队通报，私家车女司机邝某娟已被警方控制。”③《新京报》17 时 12 分发布的快讯《重庆万州一公交车坠江：已有近十名家属登记失踪信息》中也提到，“今日 16 时许，新京报记者从万州交警支队获悉，涉事的小轿车女性司机已被警方控制”④。这一则从万州交警支队获得的消息在网上传播开后，更是印证了网民在事件爆发后的评论，认为造成本次事故中公交车坠江的“罪魁祸首”应当是红色小轿车的女性司机。舆论一浪高过一浪，网络上充斥着对女性司机的指责、谩骂和攻击，“女性司机本就不适合开车”“应该陪葬全车人”等等过于偏激的话语源源不断地涌现出来。

事件的反转发生在“平安万州”发布第二次警情通报之后。10 月 28 日 17 时 46 分，“平安万州”再次发布警情通报，通报中写明：“经初步事故现场调查，系公交客车在行驶中突然越过中心实线，撞击对向正常行驶的小轿车后冲上路沿，撞断护栏，坠入江中。”⑤ 原来小轿车属正常行驶，是公交车突然逆行后与其相撞并坠入

① 裴剑飞. 重庆万州一大巴车与小客车相撞后坠江 公安、海事、长航等相关部门正全力搜救.（2018－10－28）. http://www.bjnews.com.cn/news/2018/10/28/515041.html.

② 重庆公交车坠江不是女司机的错，请媒体道歉！，https://zhuanlan.zhihu.com/p/48061209.

③ 据万州区交巡警支队通报，私家车女司机邝某娟已被警方控制，https://weibo.com/rmrb? is_all=1&is_search=1&key_word=%E9%82%9D%E6%9F%90%E5%A8%9F#_0.

④ 康佳，张熙廷. 重庆万州一公交车坠江：已有近十名家属登记失踪信息.（2018－10－28）. http://www.bjnews.com.cn/news/2018/10/28/515121.html.

⑤ 重庆市公安局万州区分局官方微博“平安万州”发布的第二次警情通报，https://www.weibo.com/p/1001062634614892/home? profile_ftype=1&is_all=1&is_search=1&key_word=%E8%AD%A6%E6%83%85%E9%80%9A%E6%8A%A5#_0.

江中，酿成惨剧。第二份警情通报公布之后，舆论哗然。随后“平安万州”的第二次警情通报转发达到 2.3 万次，评论达 1.6 万条。头条新闻、央视新闻等多家大型新闻门户网站及微博也转发了“平安万州”的本次通报。舆论的风向开始转变，之前千夫所指的红色小轿车车主原来是本次事故中无辜的受害者。新闻快讯、微博消息下方的评论开始出现了“向女司机道歉”的声音。

11 月 2 日 10 时 23 分，“平安万州”发布重庆万州公交车坠江事故原因通报，“10 时 8 分 51 秒，冉某收回右手并用右手往左侧急打方向（车辆时速为 51 公里），导致车辆失控向左偏离越过中心实线，与对向正常行驶的红色小轿车（车辆时速为 58 公里）相撞后，冲上路沿、撞断护栏坠入江中。……乘客刘某和驾驶员冉某之间的互殴行为，造成车辆失控，致使车辆与对向正常行驶的小轿车撞击后坠江，造成重大人员伤亡。因此，乘客刘某和驾驶员冉某的互殴行为与危害后果具有刑法意义上的因果关系，两人的行为严重危害公共安全，已触犯《刑法》第一百一十五条之规定，涉嫌犯罪”。当日 11 时 46 分，万州警方公布了事故发生当日公交车的行车记录仪视频，行车记录仪视频显示：“乘客与司机激烈争执互殴导致车辆失控”才是酿成公交车坠江惨剧的真正原因[①]

事实真相逐渐浮出水面，而在整个过程中舆论的反转令人深思。《新京报》、央视新闻、《人民日报》官方微博、澎湃新闻等新闻门户网站作为颇有影响力的媒体，其发布的信息具有很强的权威性和传播性。而对女司机这一社会群体的刻板印象又使得突发事件发生时，舆论参与者对于“女司机”“事故”“高跟鞋”“逆行”等等关键词所串联而成的事件发生脉络具有强烈的共鸣。那么舆论的反转何以可能，“权威”与“共鸣”之间是如何相互作用的，“人人都有麦克风”的舆论喧哗又为公共事件的发展带来了怎样的影响，是我们在本篇报告中所要探讨的问题。

一、传统分析视角下的舆论反转

传播学的逻辑——“沉默的螺旋”

诺尔·诺依曼（Noelle Neumann）1974 年在《传播学刊》上发表论文，最早提出了“沉默的螺旋”这一概念。1980 年其在著作《沉默的螺旋：舆论——我们的社会皮肤》（*The Spiral of Silence: Public Opinion—Our Social Skin*）中对“沉默

① 重庆市公安局万州区分局官方微博“平安万州”发布的视频，https://weibo.com/tv/v/H0MM81je7?fid=1034:4301873885468732.

的螺旋”理论进行了全面、系统的概括和叙述，认为基于害怕孤立的社会心理，大多数人会避免自己单独持有某种看法、见解或信念所导致的被孤立。因此面对某一公共事件，如果一方的意见或声音占据了主导地位，这种意见或声音就会愈加得势，不断地被确立为一种主要的意见或声音，而另一方则越来越失去表达的欲望和支持的声音。这种一方表述而另一方沉默的倾向开始了一个螺旋的过程，这个过程使得“主流”的声音被不断强化和确认。而在这个过程中如果有大众媒介的参与，螺旋往往会更快速、更明显地形成。

面对一个有争议的议题，人们在发表意见时往往会见风使舵。在围观的过程中形成对自己周围大多数人的“意见版图”，同时考虑自己的意见是否属于多数意见。人们发现自己的意见可能属于多数人的意见或者占据了舆论的主导地位的时候，更倾向于大胆地表达自己的意见；而属于少数人的意见或者处于舆论的劣势地位的时候，由于防止“孤立”的思想，更倾向于保持沉默，也就使得少数人的观点更难以被传播及接受。如此反复，占据优势地位的意见和观点逐渐强盛，而处于劣势地位的声音则越来越小，这样的循环，也就形成了“一方越来越大声疾呼，而另一方越来越沉默下去”的现象。

“沉默的螺旋”理论强调群体的意见和大众传播的塑造作用。群体意见对人们的社会行动进行控制，而大众传播由于其权威性、时效性使得强势意见的传播更为快速、广泛。大众传媒通过不断地重复主流舆论中相关的词语和观点，使得人们也更倾向于认为传播媒介所呈现的意见代表了多数人的想法。而舆论的反转，其实是螺旋在形成过程中的中断和再形成的过程。有争议的少数声音出现时，在最初状态下是处于劣势地位的。而由于大众传媒对于信息披露的权威性，所披露的事实真相与大多数意见发生冲突时，阻断了“沉默的螺旋”的形成过程。原本处于劣势地位的少数意见由于原始螺旋的断裂和新的事件描述的出现，开始被更多的人所围观、支持，开始向多数意见转变，形成新的“意见气象”。人们由于害怕孤立的心理，开始建构新一轮的螺旋形成过程，原本的少数意见反转成为占据主导地位的多数意见，舆论的反转得以形成。

在重庆万州公交车坠江事件发生后，由于权威媒体所报道内容的表述等发生了转变，舆论的风向也发生了一百八十度的巨大反转。“沉默的螺旋”解释了为什么少数人不愿意公开表达他们的观点，而权威媒体作为舆论风向标的转变，在某种程度上成为扭转螺旋旋转方向的关键。人们由于不愿冒被社会隔离的风险，宁愿压制自己的真实情感。在突发事件发生之初，人们对于突发事件现场的事实情况和事实真相有强烈的求知渴望，也正是由于人们对权威媒体的信任，媒体在新闻中转变表述使得少数人的观点开始得到支持，逐渐显现，并且逐渐凝结成某种新的主导力量。舆论的参与者从最初由新闻和图片所爆发的对女司机的指责和讨伐，开始转变为对公交司乘安全的思考，意见的爆发总是紧紧跟随着大多数人的声音。

但“沉默的螺旋”理论自身存在着一定的不足，使得其无法以传播学的视角对舆论反转做出完整、连贯、符合逻辑的解释。首先，“沉默的螺旋”过分强调舆论参与者的内心状态和心理基础，认为大多数人都是惧怕孤立的。但是当大众传媒提供的观点权威性受到怀疑时，舆论的参与者在观点表达上的选择往往具有不确定性。其次，网络环境中的舆论传播过程受到多种因素的干扰和影响，比传统媒体对大众观点的影响更为复杂和多元。在信息的来源多元化、权威信息来源差异化的环境下，界定多数人的观点和少数人的观点并不是一件容易的事。再次，“沉默的螺旋”理论更加强调舆论参与者的心理过程，以及不同舆论观点之间的变化，但是在权威信息为何发生转向、变化的问题上并没有给出充足的解释。同时，舆论的参与者能否真正知道自己所处的是多数人还是少数人的阵营也成为“优势”意见凝结过程中的一个问题。假如舆论参与者错误地假定其他人都会持类似的观点，那么“沉默的螺旋”的形成方向是否出现了与预期不相符的偏差？而这些问题也促使我们寻找对舆论反转更为有效的理论基础。

自媒体与个人意见领袖的主导

根据2019年2月中国互联网络信息中心（CNNIC）公布的第43次《中国互联网络发展状况统计报告》，截至2018年12月，我国网民规模达8.29亿，互联网普及率为59.6%。同时手机网民规模达8.17亿，网民通过手机接入互联网的比例高达98.6%。在互联网蓬勃发展的时代背景下，人们可以更快速、更便捷地接触到突发事件，同时更迅速地做出自己的反应。突发事件发生后，人们出于对信息的大量需求，对信息传播的质和量都有更高的要求[①]。在新媒体出现的时代，以自媒体为代表的行动媒介和以推动网络舆论转向为己任的意见领袖，作为新的传播主体，使得互联网信息舆论的源头更加多元化。同时，信息的自由发布也在一定程度上增加了舆论控制的不确定性[②]。

互联网打破了空间和时间的界限，使人人发声得以可能。与传统舆论相比，网络舆论的表达往往不仅仅是对事件本身的描述和评价，还夹杂着网民对事件其他方面的讨论和情绪的宣泄，超出了事件本身的界限。同时，在网络表达的过程中，人

① 姜胜洪．微博时代突发事件网络舆情研究．理论与现代化，2012（3）．

② 张兆曙．网络舆论的反转何以可能?：基于发生结构的视角．学海，2018（4）．

们往往由于相同的观点而进行相互印证，进一步激发表达的欲望。这两点同时作用于舆论的参与，非常容易导致舆论的快速爆发。

传统的社会舆论往往较为稳定。通过特定的引导手段和较为单一的信息传播渠道，人们接收到的往往是更为聚合的观点的集合，这也更容易引发持有相同观点的舆论参与者的共鸣。而通过这种模式所形成的社会舆论往往也更为稳定，不易改变。但在互联网的表达环境中，微博、微信、博客等自媒体的发展使得网民有更多的渠道接触到信息，同时互联网的广泛传播也使得网民更可能接触到针对同一事件而产生的高同质化的观点，而重复观点的强化更容易引起舆论的爆发。

网络舆论发酵、刷屏的产生逻辑，实质上是信息的充分传播效应和快速聚合效应①。当网络媒介不再只是网民单一方向接收信息的渠道，互联网开始进入自媒体时代。用户不仅仅是媒体的受众，同时也进行信息的生产、制造和输出。用户可以在不同的平台上自由地表达自己对于事件本身或事件其他方面的观点，甚至是对于事件的情绪。在信息的发布源头上，一个信息源往往对应着多个受众群体，而一个受众群体往往又接收着不止一个信息源的信息。因此，在信息发布和信息接收的过程中，互联网完成了信息的充分传播。而由于互联网的传播结构不受时间、空间、阶层和文化的限制，因此自媒体的信息可以畅通无阻地传播到网民那里，网民在接收信息的同时也充当着传播信息的媒介。当难以计数的传播媒介聚合在一起进行信息传播时，同质化的观点和表达就更容易在某一点上得到聚集，完成网络信息的快速聚合，“几何级数的传播速度”正是由这种传播效应引发的。

自媒体作为自由表达的行动媒介，在建构公共议题和推动公共参与上发挥了重要作用。而意见领袖由于其建立起来的基于平等的权威意见表达，被普遍认为对社会舆论的形成、转向等产生了重要影响，发挥着左右舆论的作用。意见领袖不仅仅是事件的信息源和传播者，还是主导公众对这些事件发表意见的“舆论场”。因此也有学者认为，正是自媒体和意见领袖的出现，改变了传统媒体环境下社会舆论的产生和发展轨迹，因此才会发生网络舆论的反转。

随着互联网的不断发展，意见领袖社区的形成拉动了公民参与和政策变迁，导致了公共议题发展的差异。网络媒体成为民意表达和公共参与的重要途径，在公共议题建构和舆论监督中扮演驱动角色。在技术层面上，实时的互动和同步使得公民通过互联网进行公民政治参与变得更加便捷和廉价，同时也减少了在信息传播过程中政治力量对公民表达和公共参与的干预。单纯的个人意见表达在互联网平台上只

① 张兆曙．网络舆论的反转何以可能?：基于发生结构的视角．学海，2018（4）．

能算作“喃喃自语”，通过意见领袖的带领和强化，才能上升为公共表达，进而引起公共舆论的关注①。

并不是所有的自媒体和意见领袖发布的信息都能通过上述提到的充分传播效应和快速聚合效应进行交互传播。由于信息量巨大，究竟何种类型、何种质量的信息能够在自媒体的传播过程中通过意见领袖的带领形成爆发性的网络舆论，仍然不够清晰。同时，由于信息的快速更新迭代，没有在短时间内被自媒体用户充分传播和快速聚合的信息就会湮灭在浩瀚的信息海洋中。

在自媒体和意见领袖的带领下，传统权威媒体单向发布、控制路径的公民表达参与方式被改变，开始实现一种更为自由、快速的信息交互传播方式。这种信息交互传播方式实现了对不同声音的充分传播和快速聚合，能够产生与源头信息不同的信息走向，也就奠定了互联网场域中舆论反转发生的基础。在重庆公交坠江事件中，在第一轮舆论爆发的过程中，除了对女司机的讨伐和指责外，也有一部分自媒体坚持“不传谣、不信谣”的观点，对未经官方发布的现场情况持保留态度，这也奠定了第二轮舆论走向的基础。在官方媒体披露警情通报后的第一时间，由自媒体和意见领袖所构成的充分传播和快速聚合效应开始发挥作用，他们带领着普通的舆论参与者从对红色小轿车女司机的不实指责中跳脱出来，将舆论的风向转变为对公交车突然逆行原因的探讨。

但也有学者指出，从自媒体和意见领袖的角度出发对网络舆论的反转进行研究，更多是强调自媒体的技术特征，即在空间、时间上带来的自由性，但是对于社会群体之间互动的讨论仍然不足。

不同舆论主体间的博弈

关于自媒体和意见领袖的研究模式由于多强调技术层面，而忽视了技术与社会之间复杂的经验和制度安排；同时，过于简化的认知图式由于“悬置”了许多重要的公共事件披露过程、舆论反转中的结构性互动等，因而无法从完整的发生结构上去解释互联网舆论反转的社会机制②。

真正推动公共事件及其网络舆论发生进程的，是不同行动主体之间的内在关系格局，以及这种关系格局内部的主体的对峙、博弈、关涉以及相互卷入，这些互动

① 曾繁旭，黄广生. 网络意见领袖社区的构成、联动及其政策影响：以微博为例//北京大学，北京市教育委员会，韩国高等教育财团. 北京论坛（2012）文明的和谐与共同繁荣——新格局·新挑战·新思维·新机遇：“信仰、社会与新媒体”哈佛一燕京学社专场论文及摘要集. 北京：北京大学北京论坛办公室，2012：17.

② 张兆曙. 网络舆论的反转何以可能?：基于发生结构的视角. 学海，2018（4）.

行为不仅推进了舆论的变化，同时也推进了公共事件的发生和后续发展。

张兆曙在对网络舆论反转的研究中将发生主体分为信息控制主体和舆情推进主体。公共部门、市场、社会组织或群团等作为公共事件的直接责任主体，党政类直接责任主体的上级部门或者监管部门，或者舆论监督的公共部门、官方媒体等政治职能部门作为公共事件的连带责任主体，对信息的发布渠道、事件、内容等等进行信息控制，同时承载着消除影响的责任。而舆情推进主体则秉持一套完全不同的行动逻辑，与信息控制主体之间存在着某种固有的对峙性，并且分为深度参与者和普通参与者。公共事件发生之后，有众多的深度参与者作为舆情推进主体，参与到舆情发展的推进工作中，紧盯着公共事件的发生过程和信息控制主体的信息发布内容，目的就是寻找颠覆性的破绽，制造网络舆论的反转。而当破绽被深度参与者指出，普通参与者又由于其自身的风险意识和深刻的焦虑，以及对信息控制主体在信息披露方面的不信任，会迅速地汇集成舆情推进的中坚力量，完成舆论的反转过程。从这个方面来讲，大量的普通参与者其实也是广泛的“重磅信息”的传播者和深度参与者的保护者，使得对信息控制主体的监督和管控功能被长久地保护下来。

与自媒体和意见领袖单纯带领舆论转向的逻辑不同，这种主体间博弈的观点认为，网络舆论的反转是由信息控制主体和舆情推进主体基于不同的行动逻辑共同建构出来的一种社会事实。信息控制主体坚持选择性发布，即对信息披露的自主权、发布的时机和内容进行选择，而舆情推进主体又通过紧盯破绽倒逼事实真相来进行互动，通过特定的行动和自媒体的力量建构出新的舆论倾向，进而颠覆信息控制主体的舆论导向。二者之间的共同行动构成了舆论反转的行动逻辑。

从信息的发布来讲，信息控制主体具有其主观的判断、权衡和选择，究竟应该发布哪些信息，将重点置于何处，也就赋予了信息控制主体在信息披露过程中较大的自主性，他们可在较大的行动空间中进行信息控制。而选择性的发布势必会破坏公共事件原本完整的发生发展脉络，导致事件碎片信息的缺失甚至逻辑漏洞的出现，也就必然为深度参与者寻找破绽提供了线索。

对于舆情推进主体来讲，信息的不完整性、网民对真相的急切渴望以及传播工具的隐蔽性和非理性，导致网络暴力时有发生。而寻找破绽的过程，可能需要对暴力的某种程度的反抗，只有这样才能完成舆论的反转。

放在微博的具体情境中，由于其碎片化特点和围观现象，舆论的构成变得轻而易举。用户可以随时随地对新闻事件的过程进行重点关注和现场直播，对新闻事件的前因后果进行猜测和评说。在众多信息缺失的状态下，一旦有声音将事件的矛头指向某个具体的肇事者，舆论参与者会首先对他进行猛烈的抨击。但也不乏一些深度参与者，开始寻找可能存在的事件反转的线索，包括将即时的新闻表达截图为证，力图在舆论反转后能够掀起新的舆论狂潮，颠覆原本的舆论走向。

主体间的博弈已经将注意力从单纯的心理层面和技术层面转移至主体间的互动行为，但是对于信息发布主体发挥作用导致的舆论反转解释不足，同时缺乏对舆情推进主体如何产生强大共鸣的论述。因此我们借助主体间博弈的观点，对信息发布主体的权威性和舆情推进主体产生共鸣的机制进行进一步的研究和论述，通过对重庆公交车坠江事件的具体分析来看这二者是如何互动从而引致舆论反转的。

二、舆论反转中的话语控制

官方媒体：信息发布的优势

在重庆万州公交车坠江事件发生之初，发布红色小轿车为肇事车辆报道的媒体是《新京报》，随后各大新闻门户网站及微博、微信均进行了大量的转发。《新京报》于2003年11月正式创刊，是《光明日报》和《南方日报》两大报业集团联合主办的综合类大型城市日报。也是中国第一次两个党报报业集团合作办报，是中国第一家得到国家有关部门正式批准的跨地区经营的报纸，是一份高度密集覆盖北京市场的强势新主流纸质报纸。2011年9月1日，经国家新闻出版总署批准，新京报社由中央媒体单位划归北京市管理。

作为一家高起点的主流纸质媒体，由于近年来向客户端的全员转型工作，《新京报》的覆盖面和传播能力都通过互联网环境得到了巨大的提升，一举成为北京市场版数最多的综合性大型日报。不仅在传统媒体中有较大的影响力，而且在新媒体的发展过程中也拥有较为庞大的用户群体，奠定了舆论声音产生的基础。同时，随着社交网络的急剧膨胀，微博、微信也成为各大主流媒体争相挤占的阵地。官方微博、微信订阅号等成为和新闻客户端同步、随时随地发布新闻事件的渠道，可以同时在更加广泛的范围内将新闻事件传播到不同的群体中去。

在互联网高速发展的背景下，自媒体开始逐渐在时间、空间上同步挤压大众媒体，形成了官方媒体和民间媒体两个相互交错的舆论场。在现实生活中两个舆论场相互重合但又时有冲突，一个是由官方主流媒体努力营造的媒体舆论场，一个是由普通民众的自身体验和相互交流形成的民间舆论场。在官方主流媒体建立的媒体舆论场中，由于其信息来源多为公共部门、市场、社会组织或群团等公共事件的当事者，或者是党政类机关部门、监管部门等政治职能部门，其对公共事件发生后第一时间的表达往往被人们认为是事实的真相。同时由于广泛的传播性和强大的受众群体，舆论的形成往往非常迅速，传播极广。

新闻具有时效性，谁掌握了第一手资料，谁就可能最接近突发事件现场，更有可能引导事件和舆论的走向，这也符合官方媒体一贯的抢先报道新闻的工作习惯。在披露的信息内容的选择上，如何在众多官方媒体甚至是自媒体对同一事件的报道中脱颖而出，抓住公众的眼球，也成为各个官方媒体在信息发布过程中颇为在意的部分。而媒体往往倾向于选择更能引起公众注意的主题，或者是事件中某一个能引发公众讨论的事实碎片，但是在还没有完全掌握事件完整、清晰的脉络的时候仅仅对某一种信息来源进行报道，实际上是存在一定风险的。

对于不同的信息来源而言，官方媒体在信息获取方面占据着一定优势。对于某些突发事件的当事者而言，如果他们能依靠官方媒体进行发声，其可信度要比通过自媒体发表观点高得多，更容易为大众所接受，也能够在更广泛的范围使自己的事件得以传播。政府职能部门由于其政治性需要在信息发布的渠道和内容方面进行严格的把控和挑选，并且要考虑到信息发布之后大众的接受程度和对他们的影响，只有这样才能做好政府部门的舆论监督和舆论引导工作。因此政府部门除了在自己本身拥有的政务媒体渠道发布事件进展情况外，也会倾向于选择官方媒体或主流媒体来作为突发事件或社会热点的公布渠道。选择官方媒体或主流媒体也能够使其在新闻表达时最大限度地发挥政府部门所期待的政治功能，并且为大多数人所信任、传播、评述。在重庆万州公交车坠江事件中，重庆市公安局万州分局的官方微博“平安万州”发布警情通报以后，官方还选择了《人民日报》、人民网、《新京报》等在传统媒体和新媒体领域进行重复性报道，保证能够有效、准确地将官方发布的事件调查结果传达给普通民众。

尽管在新媒体时代人人都可以充当传播媒介，在接收信息的同时也充当传播信息的介质。但是由于新媒体具有鲜明的平民化、草根化色彩，其在信息发布的阶段，与官方媒体相比，并不具有显著的优势，更多是在舆情推进、舆论监督的过程中发挥与官方媒体或主流媒体相异的作用。

作为权威性和公信力代表的官方媒体和主流媒体，也仍然会存在媒体事实调查不清、对信息源头求证不力等问题，从而导致媒体出现失语、乱语的现象，对当事人、事件调查走向、舆论的风向等都会产生非常大的影响，甚至导致网络暴力、扰乱社会秩序的现象出现。在重庆万州公交车坠江事件中，正是由于事件发生之初，主流媒体的报道都源自未经证实的“现场目击者”，所采用的表述和图片也引发了大众的猜测和愤怒，因此，在很大程度上是主流媒体引导舆论走向了对红色小轿车司机的指责和讨伐。

因此我们可以发现，官方媒体在信息发布上的优势使其在信息发布内容、时机上都有很强的自主性，更是决定了公众舆论一开始的走向。而舆论的转向也同样离不开权威媒体的再次发声。除了舆情推进主体自身的互动过程，主流媒体在事件调查进程中每一次的信息发布都可能使事实的真相更加清晰，也就有可能扭转舆论的走向。

真相：什么扭转了舆论的风向标

官方媒体的信息发布仅仅是信息传播过程中最初始的一步，而舆论的风向标是如何被扭转的，事件的走向又是怎样变化的，是我们需要进一步讨论的问题。

《新京报》在首次报道重庆万州公交车坠江事件时，采用的报道来自现场目击者，是现场目击者向记者表示，“上午10点左右，她乘车途经长江二桥。看到北向南方向一辆公交车突然为躲避前方一辆红色的小轿车，直接开入长江”。这段新闻中的关键点是“公交车突然为躲避前方一辆红色的小轿车”。此时媒体、公众都将红色小轿车视为本次事故发生的源头，认为是红色小轿车车主，即女司机的不当驾驶，导致了公交车坠江悲剧的发生。

随后，作为政府部门官方媒体的重庆市公安局万州分局官方微博“平安万州”在发布的第一次警情通报中，没有对事故的责任进行具有指引性的、偏颇的叙述，仅仅是以客观、中立的态度对现场的事故状况进行了描述。警情通报中提道：“10月28日10时许，重庆市万州区一大巴车在万州长江二桥桥面与小轿车发生碰撞后，大巴车坠入江中。……事故原因正调查中。”其中并未提及是否由于小轿车的逆行，大巴车躲闪不及从而坠桥冲入江中。

在救援工作紧张进行的过程中，事故现场被封闭，实行了临时戒严。人们对事态进程的了解多来自新闻客户端、微信公众号和微博的推送。由于网络上流传着事故现场疑似红色小轿车女性车主脚穿高跟鞋坐在路边的图片，同时媒体表示也有重庆万州交警支队的民警证实了“女司机逆行致事故发生”这一说法，网民开始将攻击的火力对准了事故中的女司机，同时对“女司机群体是否适宜开车”的问题进行热烈的讨论，其中不乏对于当事女司机的指责、谩骂、侮辱等。人们开始将视线从坠江原因转移到性别所致的行车差异上，并进一步通过这个缺口发表自己的看法和与之相关的经验、情绪。

当天14时34分，《人民日报》官微发布微博：“据万州区交巡警支队通报，私家车女司机邝某娟已被警方控制。”《新京报》17时12分发布的快讯《重庆万州一公交车坠江：已有近十名家属登记失踪信息》中也提道："今日 16 时许，新京报记者从万州交警支队获悉，涉事的小轿车女性司机已被警方控制"[①]。《人民日报》官方微博 14 日 34 分的博文累计转发量达到 1 300 余次，收到 3 600 余条评论，其中不乏对女司机群体的声讨和谩骂。在这些新闻传播之后，许多网络大 V 对红色小轿车车主和女性司机的批评、指责甚至人身攻击在短短几分钟内被迅速转发、点赞。可见，在民众的舆论场中，人们已经倾向于认定是女司机操作不当、逆行等原因，造成公交车为躲避逆行小轿车而坠江。但直到此时，公安部门并没有在其官方媒体上披露事件最终的调查结果，也就是说，事件的调查仍在进行之中，并没有官方的对事件结果的通报。

事故发生后 7 小时，10 月 28 日 17 时 46 分，"平安万州"官方微博再次发布警情通报，说明了事故发生的真实情况，即"经初步事故现场调查，系公交客车在行驶中突然越过中心实线，撞击对向正常行驶的小轿车后冲上路沿，撞断护栏，坠入江中"。事故并不是由于小轿车逆行，而是公交车的逆行所致。

11 月 2 日，事故发生后第五天，"平安万州"发布了重庆万州公交车坠江事故原因通报，表明是公交车上司机与乘客爆发了激烈的冲突、互殴行为造成了车辆的失控，导致公交车与对向正常行驶的小轿车撞击后坠江，造成重大的人员伤亡。同日，警方公布了行车记录仪视频，公交车坠江的真正原因浮出水面，即乘客与司机激烈争执互殴致车辆失控。

警情通报和视频一出，舆论哗然。"围攻"女司机的舆论开始转向，对于女司机群体的探讨热度迅速降低，人们开始探讨公交行车安全问题，同时对于乘客为何要与司机发生剧烈的争吵表现出更强烈的好奇。我们发现，在整个舆论反转的过程中，起决定作用的是最具有权威性和公信力的政府调查部门的官方媒体，其在表达的时机、内容、方式上也更为小心和谨慎。

舆情的爆发与灵活转向

在这场舆论反转的过程中，主要分为两个部分。首先是第一部分——舆论对于女司机群体的爆发，包括对小轿车女司机的评述以及关于整个女司机群体的争论。其次是第二部分——事实真相浮出水面后，舆论迅速反转，舆论重点变化为公交行车安全，对于女司机的态度也与之前有所不同，不再是清一色的批评，在网络表达中理性的声音开始出现。

---

① 康佳，张熙廷．重庆万州一公交车坠江：已有近十名家属登记失踪信息．(2018-10-28)．http://www.bjnews.com.cn/news/2018/10/28/515121.html.

10 月 29 日，封面新闻对小轿车女司机邝某娟的丈夫熊某进行了独家采访①。熊某在采访中表示：事故已过去一天了，他到现在为止还没有见到出事后的妻子，很担心她的身体。事发当天 10 时 13 分，熊某接到了自称是跟在他妻子车辆后面那辆车的驾驶员的电话，得到了事故发生的消息。驾驶员表示事故的发生不是邝某娟的责任，而是公交车的责任。但是到达医院后，熊某发现妻子已被警方控制。接受采访时，熊某表示非常愤怒："我们才是受害者，为什么还要冤枉我们？"而且熊某还表示，现在人们的评价体系出了偏差，"只要听到'女司机'三个字，就觉得责任一定在女司机，说话一点都不负责任！"他保留追究相关者对妻子名誉损害责任的权利。而这份独家专访的阅读量很快达到了 28.2 万。

10 月 30 日，《现代快报》率先发布新闻：《重庆公交车坠江事故，轿车女司机已被解除控制平安回家》②。很快该则新闻被《中国日报》《人民日报》《Vista 看天下》等新闻媒体进行了转发，公众对邝某娟的态度也开始由最初的指责转变为同情。

在整个舆论变化的过程中，微博作为重要的信息传播场所，其私人化的特点使得意见的表达能够更加快速地积聚和互动，在突发事件发生的过程中，起到了扩散舆论效应的作用。微博的一大特点就是其所具有的"关注"和"转发"功能。"关注"使得具有相同或类似看法、观点的公众能够聚集在一起，累积起一定的传播基础，一旦发生公共事件，极易形成舆论关注群，使关注者迅速做出反应；而"转发"使信息第二次扩散，成辐射状向外大量传播，使信息的受众更为广泛③。

网络不仅仅是个人发布私人信息的平台，同时也是一个向大众开放的公共空间。个人情绪的宣泄和观点的表达，聚集在一起就很可能对公众造成意想不到的影响。发布微博时个人情绪的无端宣泄，对真相的扭曲等最终都可能会导致网络暴力。

同时由于网民在教育背景、社会经验、社会地位、价值取向等方面呈现出巨大的差异，因此他们对同一事件也有不同的看法，往往是一个热点事件出现后，人们众说纷纭、莫衷一是。微博碎片化传播信息的方式使受众对意见的接受也是零碎

① 封面独家｜专访公交车坠江轿车驾驶员丈夫：我们才是受害者 到现在还没看到妻子.（2018-10-29）. http://www.thecover.cn/news/1311804.

② 重庆公交车坠江事故，轿车女司机已被解除控制平安回家.（2018-10-30）. https://weibo.com/modernexpress?profile_ftype=1&is_all=1&is_search=1&key_word=%E8%BD%BF%E8%BD%A6%E5%A5%B3%E5%8F%B8%E6%9C%BA%E5%B7%B2%E8%A2%AB%E8%A7%A3%E9%99%A4%E6%8E%A7%E5%88%B6%E5%B9%B3%E5%AE%89%E5%9B%9E%E5%AE%B6#_0.

③ 董玉芝. 自媒体时代微博意见领袖的舆论效应及其引导. 中州学刊，2014（4）.

的，没有重心。而微博的媒介接近权和公众话语权的优势使其对事件发表的偏激、错误或非理性的观点，很容易被多数受众所接受，而关注、转发和评论则很可能使观点的表达成为网络暴力的出口。

美国新闻学家沃尔特·李普曼认为，在新闻的发展过程中对于大多数信息的传播，无论是信息控制的一方还是舆论推动的一方，都无法避免自己的主观情绪。人们试图去掌控周围的现实时，就会不可避免地沦为宣传煽动的受害者。当受众无法独立地获取信息时，社会上的江湖骗子、好战分子和恐怖分子就会大行其道。李普曼提出，在我们所处的时代，新闻在不断地进行二手传播，而事实的证据总是模棱两可的，人们不再对真相做出反应，而是简单地对意见做出反应。在事件真相公布之前，人们依据自己的经验产生的共鸣，在报道、谣传和猜想营造出来的拟态环境中进行讨论。“人们进行思考的全部参考都来自某人声称的事实，而不是真正的样子。”①

公众在情绪上的共鸣，奠定了网络舆论爆发的基础。权威媒体在事件调查中披露真相的时间和方式，成为舆论变化的关键节点。当权威公布的真相与公众的共鸣发生冲突时，网络舆论开始转向。

三、反转发生的社会机制

公共事件的信息披露过程

借用张兆曙关于网络舆论反转研究的“发生结构”观点，信息控制主体和舆情推进主体之间的相互作用导致了网络舆论反转的发生。而公共事件的信息披露过程，实际上也就是信息控制主体的信息发布过程。通过对信息发布的控制者、时机、内容和表达方式进行选择，所呈现出来的对公共事件的披露重点就是媒体所欲引导的舆论走向的关键。

在公共事件突发后的一段时间内，信息需要完成生产、发布、加工、传播、接受等环节。信息的传播和流通主要存在于政府、媒体和受众之间，并在这三者之间进行连锁演化、相互转换，通过循环往复的融合与影响，构成整个信息传播的流程。

政府作为公共服务的提供者，往往掌握着准确、真实的信息资源，处于公共事

① 新闻的主观与客观：女司机多是马路杀手?.（2018-11-08）. http://dy.163.com/v2/article/detail/E03R0LTE05218216.html.

件信息披露过程中的起始位置，也是主导地位，拥有管控信息的能力。但是由于事件的调查需要经过一定的时间，并且受到事件发生环境等多方面因素的制约和影响，因此其信息跟进和澄清可能存在一定的滞后性。而公众在公共事件发生之初往往由于缺乏信息，对政府所能提供的信息更加期望和依赖。因此，目前政府在信息披露的过程中，往往采取先向公众披露事件现场的调查，待调查结果清晰后再次发布通报的做法，但是也往往因为信息的滞后性无法满足公众对于事件真相的迫切期待，引发公众及媒体的猜测。

媒体在信息披露的过程中扮演着中介的角色，在对获得的信息进行二次加工后，向公众进行传播。而媒体的信息表达方式、强调的重点会将公众的注意力或视角引至不同的侧面，影响民众对于传递的信息的解读和反馈。对公共事件的评述尤其是对危机的评述，会影响民众对于事件发生原因的猜测和讨论，进而可能对事件当事人造成影响。新闻媒体不单单是信息的转述者，同样也是各类信息的综合者和加工者，承担着转述政府思想、披露事件内幕、引导社会舆论等重要功能。

受众处在互联网环境中，是信息的接收者、评论者和传播者。发生公共事件后，处于传播链条后端的受众对信息内容的需求量巨大。同时，受众对信息的了解在很大程度上依赖于媒体，他们对媒体信息做出不同的参与反应和不同的认识，并在事件发生的不同阶段呈现出不同的状态。由于自媒体的发展，“人人都有麦克风”时代到来，普通个体也成了信息发布和传播的节点。而其组成庞杂、人数众多，其传递的信息可能成为事件反转的关键。由于受众群体内部层次的复杂性，其表露出来的观点可能是整齐划一的，也可能是充满争论的，甚至是盲目的、非理性的，从而带来意想不到的风险。

我们可以看到，在政府作为信息起点发布信息后，媒体和受众的加工与分析具有较大的自由空间。在事实还不清晰的情况下，媒体为博取眼球和关注度所采用的表达方式，对轰动性的盲目追求，预先报道还未确认的事实，往往会造成新闻的片面和失真，为舆论的反转埋下伏笔。媒体在公共事件的报道角度和议程设置上出现严重的偏向性，对某一群体表露出明显的指向性时，很难说不会引发一场公众舆论的狂欢和不同群体之间的对抗。

在整个公共事件的披露过程中，政府部门往往扮演着信息掌控者的角色，其权威性和公信力也是最高的。但是受到政治因素和事件调查进程的影响，信息跟进和澄清可能存在一定的滞后性。而媒体作为事件披露过程中的二次加工者和传播者，承担着政府和受众之间连接桥梁的传导作用，但是一旦陷入“煽情报道”的旋涡中，对事实的考察就会逐步演变成一种感情武器。作为受众来讲，已经不单单是信息披露过程中的接受者，还是传播者和加工者。互联网的技术优势使得情绪一旦爆发，其传播的速度和广度都要大大地超过以往。

微博：滚雪球式的舆论参与

随着互联网的发展，新媒体和自媒体时代的到来，传统的舆论格局发生了改变。公众在舆论格局中显得更加重要，而不仅仅是单纯扮演接受者的角色，发挥口耳相传的作用。同时社会舆论格局中开始出现碎片化的趋势，对事件报道的不同侧面的关注都会成为互联网时代受众发声的切入点，社会舆论呈现出多元和复杂的状态，“众声喧哗”成为公共事件发生时社会舆论的常见“景观”。由于舆论参与群体本身组成层次的复杂性，对舆论进行控制和引导变得更为困难、更需要谨慎为之。

在微博官方媒体和普通受众之间存在着某种深度参与者，他们可发现信息控制者在信息发布过程中的漏洞和破绽，从而引起舆论反转。例如微博中的意见领袖，他们不仅仅是信息源和传播者，还是主导公众对这些事件发表意见的“舆论场”，甚至在一定程度上掌控着舆论的导向，通过层级间的不断传递，将信息和言论向下扩散。

微博的场域具有双重性。一方面，微博作为一个私人空间，其中更多的是用户个人的观点表达和情感流露。另一方面，微博作为一个开放的公共场所，其用户之间的互动可以为所有人所围观、思考，并进行评价。而舆论的爆发往往来自一部分用户对某一个社会问题、某一个社会群体的共鸣。在重庆万州公交车坠江事件中，正是媒体在报道过程中对“高跟鞋”“女司机”等带有指向性词语的明显强调，引起了公众对于“女司机易发生交通事故”的共鸣，公众在彼此观点的重复和强化中不断印证自己的观点，原本仅仅几个媒体同步发出的新闻报道开始像滚雪球一样越滚越大，形成了社会公众对女司机群体的集体指责。

美国当代法哲学家桑斯坦曾提出“群体极化”概念，即团体成员一开始即有某些偏向，在商议后，人们朝偏向的方向继续移动，最后形成极端的观点。在网络和新传播技术领域，志同道合的团体会彼此进行沟通讨论，到最后他们的想法和原先一样，只是形式上变得更极端了[①]。在微博的环境中，人们无法判断突发事件发生后泥沙俱下的信息里哪些是真的，哪些是假的，甚至有媒体对官方披露的消息也进行错误的解读和引导，而街谈巷议和别有用心的谣言，往往最能吸引受众的眼球。

① 凯斯·桑斯坦. 网络共和国：网络社会中的民主问题. 黄维明，译. 上海：上海人民出版社，2003：51.

这些信息在引起共鸣的同时，极易形成群体极化的现象，导致舆论的恶性发展，甚至严重干扰事实真相的呈现。

权威与共鸣——反转中的结构性互动

在详细了解了公共事件的信息披露过程和公众共鸣引爆舆论的过程后，我们可以发现，新闻媒体由于其信息发布的权威性和对新闻话语权的抢夺，成为舆论散播的起点，并且逐渐为舆论参与者所接受和信任。而舆论参与者的共鸣，包括发表意见的非理性和隐蔽性，导致了舆论甚至是网络暴力的爆发。而一旦权威信息发布者的信息失真，其对于事实的报道和态度的转向将带动舆论参与者迅速转向。这种“权威”和“共鸣”的共同作用带来了舆论的反转。

政府部门通过官方媒体发布具有权威性的公共事件调查情况，但是在调查过程中，媒体通过二次加工，援引了一些未经确认的信息来源，并加入了自己的主观判断。具有权威性的信息来源与媒体本身建立起来的权威性和公信力使得人们认为自己所接收到的信息有很强的可信度，且并无其他的渠道来检验权威信息的发布是否存在可疑之处。

受众在接收第一轮信息时，如果对媒体意图强调的切入点感同身受，在意见表达的过程中投入了更多的个人经验和主观感受，往往会在更短的时间和更广的范围内引起某一群体的共鸣，从而引发某些群体之间的对抗，造成舆论的爆发。而随着权威媒体进行第二次公共事件信息的披露，上述的过程再次重复。媒体和受众原本的舆论走向与真相之间发生了本质的冲突，舆论的风向开始迅速改变。而在舆论改变的过程中，媒体所扮演的角色是迅速“调转车头”，带领公众赶赴下一个制造舆论的切入点，而受众也会主动抛弃之前与事实冲突的强烈的主观情感，开始投入到对新进展的评价和讨论当中。

众多新闻媒体在首次报道重庆万州公交车坠江事件的过程中，急于将公众的视线引致“女司机”，也就是红色小轿车车主身上。在日常生活中对于女司机群体本就存在的偏见和歧视，使得这种性别差异被不断放大，共鸣开始产生，引爆舆论。

也同样是由于权威部门对于事故发生原因和行车记录仪视频的公布，媒体发现之前的舆论导向由于事实不够清晰发生了偏误，因此迅速通过转载权威部门的警情通报扭转舆论的走向。众声喧哗的声音被掩盖，人们开始集体转向。因此，我们可以发现，在舆论转向的过程中，权威部分的信息公开状态和公布时机是至关重要的，往往决定了舆论扭转的方向和速度。

因此我们可以看到，正是由于权威部门信息发布的可信度和公信力与公众对社会热点问题共鸣的相互作用，在权威性信息发生改变的同时，媒体和公众通过判断权威性信息的传播重点，使得舆论的风向标得以扭转。这就是舆论反转得以发生的社会机制。

四、舆论反转导致的后果

信任损失与真相渴望

网络舆论反转的过程，对于信息控制主体和舆情推进主体来说，都是一个相互博弈的过程。在相互消耗和自我消耗的过程中，产生了一些相对来说较为负向的后果，这也使得舆论反转的发生更为频繁和普遍。

对于信息控制主体，也就是上面提到的权威信息发布主体（权威部门）来说，舆论反转过程带给他们的是信息受众的信任损失。受众在再次接受权威信息发布主体发布的有关公共事件的报道或信息时，往往会由于之前的舆论反转，产生不信任甚至是怀疑的态度，甚至在对公共事件的信息参与中采取敌对的态度。

公共事件指的是“具有重大社会影响并引起网民广泛关注乃至参与其中的社会性事件（但不包括纯粹文化意义上的网络事件）”[①]。在舆论转向的过程中，公众不仅仅是对事件本身的当事人做出情感上和观点上的反应，也对信息控制主体也就是权威主体做出情感上的反应。而权威主体在事件进展过程中所表达的事件状态、评论观点的根本性“转弯”则会导致公众对权威主体在类似事件中的发声的真实性存疑。

在严格控制信息发布的情况下，权威信息发布主体不仅要对信息发布的时机负责，也要对信息发布的内容进行选择，但权威信息发布主体和舆情推进主体之间存在某种对峙性，使得舆情推进主体在舆论参与过程中扮演着对权威主体发布信息内容的监管角色。但是权威信息发布主体在发布内容的过程中，往往有选择性地发布，这不仅有可能将事件当事人置于非常被动的舆论环境之中，还有可能使公众认为事件发生的过程有更多不可披露的或是不可告人的真相。在舆情推进的过程中，公众会抓住可能存在的事件逻辑缺口，动用各种力量为颠覆权威的信息发布内容而努力。例如，在万州公交车事件中，在舆情推进者将女司机群体推上舆论的风口浪尖时，也有一部分公众认为媒体对女司机的指责不妥，认为交通执法部门还未对此事公布最后的调查结果和警情通报，不应该就现场的视频及图片资料对女司机及其

① 张兆曙．网络舆论的反转何以可能?：基于发生结构的视角．学海，2018（4）．

群体进行极端的指责和辱骂，这一部分公众成为舆论转向之后对权威信息的正向支持者。

在万州公交车事件中，导致舆论转向的根本点实际是作为舆情推进主体的各大媒体。媒体在警方未发布官方最终警情通报的情况下，仅通过现场目击者的“一面之词”以及车祸现场的视频及图片资料就做出猜想以迎合受众中普遍存在的对女司机群体的偏见，引起受众的共鸣，从而达到吸引公众注意力的目的。而最终舆论的转向，不仅导致舆论对当事人的态度变化，也引起公众对舆情推进主体中的深度参与主体——媒体报道的真实性和完整性深刻的怀疑。媒体在后续的信息披露过程中，会遭遇到公众在各方面、各角度的审视、质疑和评判，这为网络舆论旋涡的生成提供了更复杂的环境和条件。

因此，不论是权威信息发布主体，还是舆情深度参与主体，都需要在信息披露和信息加工的过程中秉持实事求是的原则。权威信息发布主体在调查过程中对信息的不恰当披露往往会被媒体利用和放大，从而使得社会群体之间的矛盾被激化，关系变得更紧张，不利于公众的舆论参与和政治参与。

互联网的开放性与匿名性使得公众在表达的过程中更为自由和随意，一旦突发事件发生，公众往往期望通过网络进行舆论参与，能够在第一时间获取真相和事件的进程，而不仅仅做事件的旁观者。公众寄希望于通过对事件的持续关注了解事件的前因后果，也正因为如此，公众的真相渴望也可能被媒体利用，导致事件的细节被放大或修改。

匿名性——究竟是保护还是利剑

网络社区与现实社区之间巨大的区别就是前者的虚拟性和匿名性。网民不仅仅可以在网络社区的内部进行私人信息的发布，同时可以自由地进行观点的表达和情绪的宣泄。网络给予了公众在舆论参与层面更大的自由权利，维护了社会政治态度表达所需要的正常的生态环境。网民常常关注公共事件的前因后果，对事件每一个阶段的进展进行评说。

匿名性一方面是对公众也就是大部分舆论参与者的保护，使得公众能够自由地进行自我观点的表达，对公共事件的处理过程起到监督作用，而不是使所有的观点和信息都成为权威主体控制下的同质性信息。公众在舆论表达上的自由和权利，也是政治层面对话语权的下放。通过公众在舆论参与中对当事人、事件过程、处理过程及相关部门的态度与观点，能够了解公众所期待的政府的决策方式和决策能力应该处于什么样的层次，也能够提高公众在政治参与上的自主性、自觉性和积极性。

但同样由于匿名性和开放性，网络观点和情绪的输出往往不受主流价值观念和道德规范的影响，同时也正是由于匿名性的存在，公众在网络社区中的意见表达不尽理智，可能给恶意的攻击、非理性的情绪发泄等问题提供了一个滋生和培养的场所。某些失语在经过加工、揣测、利用之后，往往成为社会矛盾的催化剂，使得某些社会群体之间的敌对情绪更加严重和不可调和，也使某些社会偏见进一步被强化。

突发事件发生之后，人们在短时间内对同一事件的关注度迅速提升，对真实、客观信息的需求增加，而网络社区由于信息传播速度快、范围广，往往也成为公众在寻求信息源过程中的依赖性渠道。舆情推进主体，如某些媒体抓住了公众在舆论参与过程中的这些特点，抓取突发事件中最易引起公众讨论和意见沸腾的关键点，进行有针对性的报道，也就最有可能导致舆论的爆发。除部分意见领袖的身份突出外，大部分加剧舆论冲突气氛的网络社区参与者都是隐蔽的发言者。

尽管公众参与者在网络社区中也可以分享自己的私人信息和私人生活，但是网络上所呈现出来的仅仅是观点表达者的某一个方面，很容易造成个人崇拜式的意见跟风，在信息传播过程中产生类似“多米诺骨牌效应”，加速舆论的形成，扩大舆论的影响范围。网络社区表达中的“碎片化”和“围观”现象也导致了谣言和虚假信息的产生和传播，这种对真相的扭曲式表达往往给当事人和事件的处理进程造成很多困扰。匿名性有利于公众的政治参与，保护了公众政治参与中的言论自由，但也可能是一把利剑，成为网络暴力的出口。

结　语

由于官方媒体发布信息的权威性和可信性，其发布的观点和内容更容易为大众所接受，也能够在更广泛的范围内传播信息。而作为权威信息发布主体的政府部门，也倾向于选择官方媒体或主流媒体作为突发事件或社会热点的公布渠道。选择官方媒体或主流媒体也能够使其在新闻表达时最大限度地发挥政府部门所期待的政治功能，并且为大多数人所信任、传播、评述。

在新媒体时代，传播媒介更加多元，除了传统媒体外，每个个体都会发挥一定的传播功能。人人都可以充当传播媒介，在接收信息的同时也充当传播信息的介质。但是由于新媒体具有鲜明的平民化、草根化色彩，其在信息发布阶段，与官方媒体相比并不具有显著的优势，更多的是在舆情推进、舆论监督的过程中发挥出与官方媒体或主流媒体相异的作用。

作为权威性和公信力代表的官方媒体和主流媒体，也仍然会存在媒体事实调查不清、对信息源头求证不力等问题，从而导致媒体出现失语、乱语的现象，对当事人、事件调查走向、舆论的风向等都会产生非常大的影响，甚至导致网络暴力、扰乱社会秩序的现象出现。

因此我们可以发现，官方媒体在信息发布上的优势使其在信息发布内容、时机上都有很强的自主性，更是决定了公众舆论一开始的走向。而舆论的转向也同样离不开权威媒体的再次发声。除了舆情推进主体自身的互动过程，主流媒体在事件调查进程中每一次的信息发布都会使事实的真相更加清晰，也就有可能扭转舆论的走向。

同时，公众在情绪上的共鸣，奠定了网络舆论爆发的基础。权威媒体在事件调查中披露真相的时间和方式，成为舆论变化的关键节点。当权威主体公布的真相与公众的共鸣发生冲突时，网络舆论开始转向。

在整个公共事件的披露过程中，政府部门往往扮演着信息掌控者的角色，其权威性和公信力也是最高的。但是受到政治因素和事件调查进程的影响，信息跟进和澄清可能存在一定的滞后性。而媒体作为事件披露过程中的二次加工者和传播者，承担着政府和公众之间连接桥梁的传导作用，但是一旦陷入“煽情报道”的旋涡中，对事实的考察就会逐步演变成一种感情武器。对于公众来讲，他们已经不单单是信息披露过程中的接受者，还是传播者和加工者。互联网的技术优势使得情绪一旦爆发，其传播的速度和广度都要大大地超过以往。

在公众表达观点的过程中，群体极化现象导致舆论的恶性发展，甚至严重干扰事实真相的呈现。网络社区的匿名性也使得网民在发表观点时的非理性和盲目性被扩大，因此当事实发生变化时，个人的观点也就非常容易发生变化。

因此我们可以看到，正是由于权威性信息发布的可信度和公信力与公众对社会热点问题的共鸣相互作用，在权威性信息发生改变的同时，媒体和公众通过判断权威性信息的传播重点，使得舆论的风向标得以扭转。

参考文献

［1］丁柏铨. 自媒体时代的舆论格局与舆情研判. 天津社会科学，2013（6）.

［2］董玉芝. 自媒体时代微博意见领袖的舆论效应及其引导. 中州学刊，2014（4）.

［3］姜胜洪. 微博时代突发事件网络舆情研究. 理论与现代化，2012（3）.

[4] 姜一源. 从“辟谣新闻”谈新媒体时代传统媒体的“权威性”建设. 新闻研究导刊，2017，8 (15).

[5] 凯斯·桑斯坦. 网络共和国：网络社会中的民主问题. 黄维明，译. 上海：上海人民出版社，2003.

[6] 李良荣，张莹. 新意见领袖论：“新传播革命”研究之四. 现代传播（中国传媒大学学报），2012，34 (6).

[7] 李艳红. 大众传媒、社会表达与商议民主：两个个案分析. 开放时代，2006 (6).

[8] 孟天广，季程远. 重访数字民主：互联网介入与网络政治参与：基于列举实验的发现. 清华大学学报（哲学社会科学版），2016，31 (4).

[9] 童兵. 突发公共事件的信息公开与传媒的宣泄功能. 南京社会科学，2009 (8).

[10] 夏雨禾. 突发事件中的微博舆论：基于新浪微博的实证研究. 新闻与传播研究，2011，18 (5).

[11] 熊颖杰. 重大突发公共事件媒介信息的传播管理. 华东政法大学，2016.

[12] 曾繁旭，黄广生. 网络意见领袖社区的构成、联动及其政策影响：以微博为例//北京大学，北京市教育委员会，韩国高等教育财团. 北京论坛（2012）文明的和谐与共同繁荣——新格局·新挑战·新思维·新机遇：“信仰、社会与新媒体”哈佛—燕京学社专场论文及摘要集. 北京：北京大学北京论坛办公室，2012.

[13] 张兆曙. 网络舆论的反转何以可能?：基于发生结构的视角. 学海，2018 (4).

[14] 重庆公交车坠江不是女司机的错，请媒体道歉!，https://zhuanlan.zhihu.com/p/48061209.

[15] 重庆公交车坠江事故，轿车女司机已被解除控制平安回家.（2018-10-30）. https://weibo.com/modernexpress?profile_ftype=1&is_all=1&is_search=1&key_word=%E8%BD%BF%E8%BD%A6%E5%A5%B3%E5%8F%B8%E6%9C%BA%E5%B7%B2%E8%A2%AB%E8%A7%A3%E9%99%A4%E6%8E%A7%E5%88%B6%E5%B9%B3%E5%AE%89%E5%9B%9E%E5%AE%B6#_0.

[16] 重庆市公安局万州区分局官方微博“平安万州”发布的第二次警情通报，https://www.weibo.com/p/1001062634614892/home?profile_ftype=1&is_all=1&is_search=1&key_word=%E8%AD%A6%E6%83%85%E9%80%9A%E6%8A%A5#_0.

[17] 重庆市公安局万州区分局官方微博“平安万州”发布的视频，https://weibo.com/tv/v/H0MM81je7? fid=1034:4301873885468732.

[18] 封面独家 | 专访公交车坠江轿车驾驶员丈夫：我们才是受害者 到现在还没有看到妻子. (2018-10-29). http://www.thecover.cn/news/1311804.

[19] 关于万州长江二桥大巴车坠江的通报，https://weibo.com/cqwz110? is_all=1&is_search=1&key_word=%E5%9D%A0%E6%B1%9F#_0.

[20] 据万州区交巡警支队通报，私家车女司机邝某娟已被警方控制，https://weibo.com/rmrb? is_all=1&is_search=1&key_word=%E9%82%9D%E6%9F%90%E5%A8%9F#_0.

[21] 康佳. 突发 | 重庆万州一公交车坠入长江. (2018-10-28). http://www.bjnews.com.cn/news/2018/10/28/515034.html.

[22] 康佳，张熙廷. 重庆万州一公交车坠江：已有近十名家属登记失踪信息. (2018-10-28). http://www.bjnews.com.cn/news/2018/10/28/515121.html.

[23] 裴剑飞. 重庆万州一大巴车与小客车相撞后坠江 公安、海事、长航等相关部门正全力搜救. (2018-10-28). http://www.bjnews.com.cn/news/2018/10/28/515041.html.

[24] 新闻的主观与客观：女司机多是马路杀手?. (2018-11-08). http://dy.163.com/v2/article/detail/E03R0LTE05218216.html.

第五章　网络空间中群体极化和舆论分化的机制研究：以“江歌案”为例

引　言

2017年末至2018年初，“中国女留学生江歌在日本被杀害案件”在互联网上引起了轩然大波。2017年11月9日，网络自媒体《局面》在微博上发表了中国女留学生江歌在日本东京被害案件系列专访的预告视频，“迟到294天的见面，3分钟了解双方恩怨”，迅即引起广泛关注。2017年11月10日至13日，《局面》的专访视频持续发布，该案件在互联网上迅速升温。2017年11月12日，头条文章作者“咪蒙”在其微信公众号上发表文章《刘鑫江歌案：法律可以制裁凶手，但谁来制裁人性?》[①]。随后，各微信公众号集中发帖，包括“咪蒙”的文章在内，多篇文章阅读点赞量均达到10万+。一系列快速而密集的曝光，让“江歌案”瞬间成为极受关注的话题，在新浪微博频上热搜，引发了互联网尤其是社交网络上的全民大讨论。

区别于以往的网络热点事件的快速反应，“中国女留学生江歌在日本被杀害案件”是在事发将近一年之后才被网民关注的，并引发了声势浩大的全民大讨论和后续的网络舆论场观点的分裂。“江歌案”的舆论发展为何会呈现这样的特点？其背后的网络空间的群体极化和舆论分化的机制又是怎样的？这是本章尝试研究和探讨

① 咪蒙. 刘鑫江歌案：法律可以制裁凶手，但谁来制裁人性?.（2017-11-17）. https://mp.weixin.qq.com/s?__biz=MzU2NTQzMjQ2NA==&mid=2247490042&idx=1&sn=a7db478ed09424c50129eae012ca6453&chksm=fcba8005cbcd09138b55af0ff738febf837492f32553b473daf81d8beb99b21c7153b1bc08fd&scene=38#wechat_redirect.

的问题。

一、“江歌案”的舆论发展概况

舆论发展的前半程

“江歌案”舆论的伊始

日本当地时间 2016 年 11 月 3 日凌晨，就读于日本东京法政大学的中国留学生江歌，被室友兼闺蜜刘鑫的前男友陈世峰用匕首杀害。2016 年 11 月 4 日，江歌的母亲江秋莲使用名为“苦咖啡-夏莲”的新浪微博账号对此事进行公布（在此之前，此账号只发布一些个人生活内容）。江母主要是采取在高热度微博下方转发并评论的方式，简述事情经过并要求对方添加自己的微信，发动留日的中国学生协助日本警方破案，还江歌一个公道。同时，一些新闻媒体也对此事进行了报道，知乎和百度贴吧上也出现了有关此事的帖子。

2016 年 11 月 24 日，日本警方在案情侦破上取得进展。2016 年 11 月 25 日，江母发表微博，使用“＃东京女留学生遇害案＃”话题，公开犯罪嫌疑人陈世峰的部分信息，并希望与认识此人的网友取得私信联系[①]。该微博取得了过千的转发评论数量，自此，“江歌案”开始在互联网上得到较多关注，一些时事大 V 开始对此事发表看法，网友的声音也越来越多。

2016 年 12 月至 2017 年 5 月中旬，有关“江歌案”的舆论基本处于断层状态。与一般的新闻相似，从事件发生、媒体报道至热度下降持续了约两个月的时间。其间，网友的情绪波动较小，看法偏向多元和分散，没有产生大批集中的情况。

当事人的呼喊

2017 年 5 月，江母在微博上接连发表《泣血的呐喊：刘鑫，江歌的冤魂喊你出来作证!》[②] 和《天理何在？人性何在？做人应该如何对待救命恩人?》[③] 两篇头条文章，转发评论量均达到几万，点燃了大众舆论。在第一篇文章中，江母公开了刘鑫的名字、身份证号和住处，引来刘鑫及其家人的强烈不满和抗议，最终该文因大量举报而

---

① 新浪微博@苦咖啡-夏莲 2016 年 11 月 25 日发布的微博，https://weibo.com/2143324323/Ej65eE3it?from=page_1005052143324323_profile&wvr=6&mod=weibotime&type=comment#_rnd1527686163074.

② 新浪微博@苦咖啡-夏莲 2017 年 5 月 21 日发布的微博，https://weibo.com/2143324323/F42FtuxFr?type=comment.

③ 新浪微博@苦咖啡-夏莲 2017 年 5 月 31 日发布的微博，https://weibo.com/2143324323/F5zfRxclk?from=page_1005052143324323_profile&wvr=6&mod=weibotime&type=comment.

被新浪微博删除。刘鑫本人以“刘鑫 123”（后更名为“刘鑫 6 _ 6”）的账号对江母发表的第二篇文章进行了回应，但得到的关注较少。

2017 年 5 月 26 日，江母公布了她和刘鑫父母的通话记录[①]。刘鑫家人的态度，尤其是其母“她命短，不是为俺闺女”的说法，在网络上引起了极大反响。自此，大部分网友开始了对江歌室友刘鑫的口诛笔伐，对江母的同情和对刘鑫的批判占据了当时舆情的主流。2017 年 8 月 14 日，江母在微博发表博文，希望征集签名以求判处陈世峰死刑[②]。该微博以 17 万的评论、28 万的转发和 37 万的点赞，引发了该案自发生以来的第一个网络舆论高潮。同时，一些网络写手和大 V 开始集中发表富有鼓动性的文章批判刘鑫。

自媒体的声音

2017 年 11 月 9 日，网络自媒体《局面》在微博发表了中国女留学生江歌被害案件系列专访的预告视频：“迟到 294 天的见面，3 分钟了解双方恩怨”[③]，转发评论点赞均过万，引起了广泛关注。2017 年 11 月 10 日至 13 日，《局面》的专访视频持续发布，转评量在几千到几万不等。对于专访的 25 条视频，几乎所有的热门转发及评论都是同情江母、谴责刘鑫的声音。

2017 年 11 月 12 日，头条文章作者“咪蒙”在其微信公众号上发表了文章《刘鑫江歌案：法律可以制裁凶手，但谁来制裁人性?》，呼吁人们支持江母，用舆论制裁刘鑫，还江歌一个公道。几天之内，多个微信公众号集中发帖，都以同情江母、谴责刘鑫为中心，5 篇以上文章达到阅读点赞量 10 万+的高热度。评论区的网友意见基本都是支持江母、谴责刘鑫，且观点进一步极端化，甚至有部分网友对刘鑫及其家人展开了严重的人身攻击。虽然也有不同意见出现，但支持者数量甚微。至此，“江歌案”的热度再次达到新的高度，互联网上的大众舆论也进入了群体极化的高潮期。

舆论发展的后半程

反对声音的出现与舆论极化的加剧

2017 年 11 月 13 日《新京报》在微博发表文章《江歌案：杀气腾腾的咪蒙制造

① 新浪微博@苦咖啡-夏莲 2017 年 5 月 26 日发布的微博，https://weibo.com/2143324323/F4O3Ezubd? from=page_1005052143324323_profile&wvr=6&mod=weibotime&type=comment.

② 新浪微博@苦咖啡-夏莲 2017 年 8 月 14 日发布的微博，https://weibo.com/2143324323/Fh41mrswq? from=page_1005052143324323_profile&wvr=6&mod=weibotime&type=comment.

③ 新浪微博@局面 2017 年 11 月 9 日发布的微博，https://weibo.com/6294930327/Fuj0W7POl? from=page_1002066294930327_profile&wvr=6&mod=weibotime&type=comment.

了网络暴力的新高潮》[①]，认为“咪蒙”在其影响力巨大的公众号里号召用舆论“处死一个人”，令人不寒而栗。对于案件，只有司法才能保证公正。13日至17日，“传媒老王”“杂乱无章”等网络大V也发文提出反对意见，认为“咪蒙”实质上是在煽动网民情绪，赚取流量，无益于案件公正处理，更无益于舆情。网友的“朴素正义感”不应被带偏。但这些帖子的热门转评都是反对作者、赞同“咪蒙”观点的。在对《新京报》文章[②]的评论中，直言想要支持这次网络暴力的评论收获3万赞，认为刘鑫“全家都有错，逼死她一家最好”的观点收获1.2万赞。这一时期，也出现了一批持反对意见、呼吁理性客观看待问题、反对煽动舆论和网络暴力的意见领袖。但网友态度普遍极端，对刘鑫的谴责升级至恶意中伤甚至谩骂和诅咒。群体极化进一步加深。

案件审理

2017年11月18日至12月4日，“江歌案”的相关讨论热度降低，舆论基本处于断层状态。自2017年12月5日起，由于案件开庭在即，热度慢慢回升。2017年12月11日，“江歌案”在日本开庭审理，澎湃新闻、凤凰新闻、局面、ING直播等多家媒体自媒体机构采用直播、视频等方式对此事进行报道。在到20日为止的庭审期中，网络空间里的舆论重点是对案情信息的分析，主流观点是希望判处陈世峰死刑。相较之前主要针对刘鑫的声讨和谩骂，此阶段网友和大V们的视线主要集中于庭审过程和每日披露的新消息，热门帖基本都是新闻媒体对于事件和庭审的报道，批判刘鑫的声音暂缓。

2017年12月20日，“江歌案”一审宣判，陈世峰被判处20年有期徒刑。当事人江歌的母亲江秋莲在接受采访时称，不能接受该判决结果。“对日本的法律很失望”，“法律到底在保护谁，我不能理解”，并表示会继续上诉。同日，刘鑫在微博发表《我是证人刘鑫！我不再沉默！》[③] 一文，解释自己之前的行为。宣判的消息传回国内，引起了极大反响，对该事件的各种观点声音频出，网络舆论高潮迭起。这一时期的观点和看法呈现多元化趋势，不再仅仅是左右“站队”的局面。呼吁理性反思的言论增加，但带有明显情绪偏向的帖子热度更高。舆论主流是对陈世峰的谴责和对江母的安慰，同时，网友对刘鑫的攻击也重新开始。

---

① 新浪微博@新京报2017年11月13日发布的微博，https://weibo.com/1644114654/FuWe1FvlN?from=page_1002061644114654_profile&wvr=6&mod=weibotime&type=comment.

② 同①.

③ 新浪微博@刘鑫6_6 2017年12月20日发布的微博，https://weibo.com/6257712939/FAwFl5SPt?from=page_1005056257712939_profile&wvr=6&mod=weibotime&type=comment.

余波

2017年12月25日之后，“江歌案”的舆论热度整体呈下降趋势。虽然案件当事人及部分参与者依旧维持着高参与度，但全网讨论热潮已经逐渐消退。这一时期参与讨论的人数较少，热门帖也只有几十到几百的转发评论量，与之前上万的转赞、评论不在一个层级。讨论内容更多呈现出对该案件的反思，意见多元。微博上呼吁理性的声音明显变多，并且不再只是以只有个位数的转赞、评论出现，而是开始出现可以集中反映群体观点的相对高热度帖子。同时，案件相关的引申、二次创作等也不断出现，甚至成为主流趋势。至2018年初，关于“江歌案”的较广泛讨论已经消失，该案件所引发的互联网舆论热潮也告一段落。

二、群体极化发生机制的归因分析

案件特殊性

作为一种群体现象，群体极化发生的基本前提之一是：存在一个人数足够多、在一段时间内相对稳定的群体。不同于面对面的现实交往，互联网世界社交网络松散性的特质使得在其中聚集达到群体极化要求的群体变得更为困难。因为要使该群体形成，首先要保证群体的核心话题或事件在一段时间内保持持续的热度，这在信息爆炸的互联网时代是不易的。在网络空间中，网络事件海量涌现，不仅数量巨大，更新也非常快。这种新信息浪潮的冲击对形成满足群体极化要求的群体的核心话题或事件提出了挑战，只有在一段时间内能够保持持续热度的话题或事件，才有可能使群体极化出现。

而“江歌案”客观上恰好满足了这一要求。一方面，案件呈现出相当错综复杂的情感网络，刘鑫和陈世峰之间的情侣关系、江歌和刘鑫之间的朋友关系、江母和江歌之间的母女关系基本代表了爱情、友情和亲情三种人类最基本的情感，这给网友提供了便利的带入条件。这一点也在多采用“我也经历过……”或“我家也是……”句式的网友评论中得到了验证。除此之外，事件当事人呈现出的强烈的撕心裂肺的情感宣泄，也进一步激起了网友相当广泛的共情。

另一方面，“江歌案”虽然本质上是一起中国留学生被害案件，但其中存在较多泛性的话题，发散和延伸的可能性给舆论提供了较广的讨论空间，例如，刘鑫的行为引发的对人性和道德底线的讨论，日本死刑标准引发的对于中日法律观念差异甚至惩罚式、修复式司法之争的讨论，等等。也正是在这些条件下，“江歌案”聚集了满足群体极化要求的群体，案件的舆情发展过程相对完整地呈现出了网络舆论场的分裂变化和舆论主流的群体极化过程。

信息封闭环境与舆论主流的隐形倾向

“江歌案”前期舆论发展的特殊性在于，因为法律问题，案件进展一直处于保密状态。人民网在案发两天后（2016 年 11 月 6 日）的新闻[①]中记录了如下情况：

> 援引日本警视厅中野警署的消息称，受害人头部遭利刃砍伤，伤口长达 10 厘米，案发前 15 分钟受害人曾报警公寓外有可疑人物。然而当地警方抵达后受害人已经倒地，头部血流不止，并在送往医院不久伤重不治而亡。……
>
> 江歌的母亲在江歌遇害后多次发微博表示自己无法接受女儿已经不在了，并在微博上说，“还我宝贝女儿！还我女儿。”[②]“梦中全是歌子血淋淋的伤口，痛得我喘不了气。”……
>
> 江歌的室友刘鑫目前只能跟着警察活动，不能擅自外出，但是表示“为了抓到犯人一定会坚持到底”[③]。

而从 2016 年 11 月 6 日人民网发布新闻到 2017 年 12 月“江歌案”开庭审理之前，由于案件侦破过程中的保密原则，没有任何官方媒体再次给出关于案件进展及细节的详细报道。因此，在“江歌案”的舆论前半程近一年的时间里，实际上几乎没有任何官方的新信息流入互联网，在客观上形成了一种信息封闭的环境。

除去官方媒体，社交网络上存在的、能了解到一手信息的只有当事人及其亲属——刘鑫和江母，她们实际上成为案件前半程中仅有的两个信息来源。不同于身处事外的新闻媒体，江母和刘鑫是案件的直接关系人，无论从情感上还是从身份立场上来说，都不可能呈现出完全客观的态度。在江母发表的热度最高、影响力最大的文章之一《泣血的呐喊：刘鑫，江歌的冤魂喊你出来作证！》中，语言基调是悲痛绝望和宣泄的：

> 我没有艺术细胞，不会演戏；我有做人的道德和底线，不会拿女儿的生命去说三道四，我没有能力去炒作。苦一辈人不能苦两辈人，这是我常常告诉自己的话。为了女儿，我愿意付出一切！我被生活压弯了腰，没有压断脊梁，因

---

① 王天琪，刘思佳. 中国女留学生在日本被害. 北京青年报，2016-11-06.

② 新浪微博@苦咖啡-夏莲 2017 年 2 月 2 日发布的微博，https://weibo.com/u/2143324323? profile_ftype=1&is_all=1&is_search=1&key_word=还我女儿#_rnd1527686937187.

③ 新浪微博@苦咖啡-夏莲 2017 年 6 月 6 日发布的微博，https://weibo.com/u/2143324323? profile_ftype=1&is_all=1&is_search=1&key_word=坚持到底#_0.

为女儿是我生命的支柱和韧带！眼看，我们的美好生活就要来临，一把屠刀杀死了我三代人三条生命！我女儿死得冤啊！死得屈啊！我的女儿很优秀，很争气！到日本不足一年完全凭借自己的努力考上了日本法政大学的研究生。我女儿的生命、我的生命、我妈妈的生命，都被人渣毁了！我们三代人的生命够不够？现在社会流传一句话：钱能解决的事都不是事。可惜啊，我没有钱，女儿没了，家没了，什么都没有了，什么都没有了，只剩下行尸走肉的一条贱命了。我没钱，更没权，没有任何社会背景。一切，只能我自己一个人去做。我是江歌唯一的亲人，如果我没有了，是不是江歌被害案的所有相关人员就可以高枕无忧了？案件发生在日本，中国法律就真的什么都做不了吗？

除此之外，文章主体部分有较多对于江歌家庭背景的叙述：

我把仅有的存款没有留给女儿做嫁妆，没有留给自己养老，而是送女儿出国留学……在婚姻破裂、前夫完全不负担女儿抚养费的情况下，我们没有被生活的苦难所打倒，我母女相互扶持、相互鼓励渡过了一次又一次的困难。一步一个脚印脚踏实地地走向美好的明天！眼看，我们的美好生活就要来临，一把屠刀杀死了我三代人三条生命！

而刘鑫的博文，如《东京留学生遇害案的一些事实》[①]，也是基于她的既定身份和立场进行的回应。文中刘鑫重点叙述了她和江歌的生活细节：

平时生活上我俩也是相互照应，能在国外找到老乡很难得，曾经又是校友，突然很有话题聊。我把三叔（江歌）当亲姐姐一样，三叔打工的地方是居酒屋，很累，几乎每天晚上回家都要在后背上贴膏药，我每次帮她贴完膏药之后，还帮她捶捶背。三叔去神户玩的那几天，我晚上睡觉手机音量都调最大，担心她在外面受委屈没人诉苦。我在拉面店打工的时候总跟前辈说我的姐姐有多好多好，我从来没有对身边的人说过她的坏话，这个所有认识我俩的人都心里清楚。跟三叔相处的时间久了，就发现她是一个非常容易悲观的人，常常会为一些事情打抱不平。外表大大咧咧，内心却很脆弱。住在一起，她经常抱怨在学校的不顺心、身边的前辈或者打工的前辈，我就听她发发牢骚，安慰安慰她。而我一般都是报喜不报忧，所以她总说：少女，你好幸运啊，你身边总是那么多好人帮你。谁在外面生活可能一帆风顺呢？她说，跟我一起住以后她喜

① 新浪微博@刘鑫6_6 2017年8月30日发布的微博，https://weibo.com/ttarticle/p/show? id=2309404146447053391979&mod=zwenzhang.

> 欢下了课或者打完工就赶紧回家，因为家里有人陪她，说我的性格能逗她开心。我觉得有人需要我，我很开心。

而文章后半部分对案发当日的情况及相关记录的说明，实际上是建立在对各种生活细节描述的背景之上的。可以看出，江母和刘鑫的叙述中主观色彩都十分浓重，所以这一时期的两个信息源都无法确保其客观性。

这一阶段网友的实际反馈却是信任江母而不信任刘鑫。究其原因：首先江母在微博上发声时间早，相比在2017年5月才在微博上做出回应的刘鑫，案发后一天就发微博求助的江母积攒了更多的关注量，影响力自然较强。其次，江母多次提及的“艰难的家庭情况”① 等相关信息，实际上是把对案件由事理判断引向道德判断。再次，毕竟江母是受害者的母亲。

在接触到关于江歌家庭更丰富的细节信息后，出于对弱势群体的同情心理，舆论主流中明显出现了一种隐性的立场上的倾向性，表现出对江母更多的同情和支持。而江母博文中情感色彩强烈的语句则加强了这种感染力，进一步强化了网友的共情。对文章《泣血的呐喊：刘鑫，江歌的冤魂喊你出来作证!》的评论情况也印证了这一点。在该篇文章的评论区中，除了提供法律援助信息的评论，其余热评均是对江母表现出不同程度的同情和安慰。同时，评论主流对持不同态度的网友表现出一种不认可与指责的态度，例如网友“解说月神”就因在评论区中表示“不请律师也不表示律师会影响到案子的判决的，慢慢等结果出来吧”，而被网友炮轰“人渣”“冷血”“轻描淡写的态度叫人恶心”②。

在《极端的人群：群体行为的心理学》一书中，桑斯坦提出，造成群体极化的原因之一是“封闭的社交网络”，即该社交网络“封闭了外界别样的信息，只让被认同的信息在群体成员间叠加，进一步推动群体成员对这些信息的信心和信任”③。在“江歌案”前半程的舆论发展中，客观上的保密制度造成的信息封闭状态，实际上起到了与桑斯坦提出的“封闭的社交网络”相似的作用。在此基础上，网友对江歌母亲的信任、同情和江母博文中的情绪及立场，又造成舆论主流向江母一方的倾向。最终，在没有客观新消息进入的“封闭的社交网络”中，对于江母隐性的同情作为相同意见循环流动，在舆论的单向集中当中逐渐表现为更加明确的态度与立

① 新浪微博@苦咖啡-夏莲2015年4月13日发布的微博，https://weibo.com/u/2143324323? profile_ftype=1&is_all=1&is_search=1&key_word=艰难的#_0.

② 新浪微博@苦咖啡-夏莲2017年5月21日发布的微博，https://weibo.com/ttarticle/p/show? id=2309404109636088259319&mod=zwenzhang.

③ 程岩. 群体极化、二阶多样性与制度安排：读桑斯坦《极端的人群：群体行为的心理学》. 环球法律评论，2011 (6).

场，并在进一步的循环中对群体极化起到加剧作用。

意见领袖的引导与同向观点的再生产

在“江歌案”前半程的舆论主流中，存在一种隐性的立场上的倾向性，表现出对江母更多的同情和支持。在这种先存立场的影响下，大众对于案件相关人物的形象实际上存在着先入为主的道德描绘与判断。在这种描绘和判断中，刘鑫似乎是毫无人性与道德意识的：“刘鑫作为一个人，丝毫不具备一个人应该有的人性，这辈子枉为人了，下辈子千刀万剐还债吧”①，“人性的丑恶在刘鑫及其家人身上展现得淋漓尽致”②，“世界上怎么会有如此厚颜无耻、狠毒的一家人”③。江歌则是善良无辜的天使：“优秀的姑娘，勤奋自律，善良谦和，品性高贵”④，“江歌真的美丽又优秀……她还那么孝顺，那么内敛低调”⑤，“多美好的女孩，多完美的母女”⑥。

可以看出，此时舆论主流对案件的态度，已经不是基于单纯的事理判断，而是基于某种标准的道德判断。在此基础上，大众对于与自身道德判断同向的意见实际上存在着一种期望，期望有更多相同的观点可以支持自身判断。』而作为以流量为生的自媒体，社交网络上的大V们对舆论主流的期待进行回应是一种具有必然性的行为。为了热度和阅读量，他们需要迎合网民大众，输出符合受众期待的、批判刘鑫、支持江歌和江母的意见，甚至需要主动发表极端观点。

在2017年11月12日至14日集中发表的多篇微信公众号文章中，具有代表性的原创文章的观点明显呈现出愈加极端的变化趋势，而文章的阅读量、点赞量也与其观点的极端程度成正相关的关系。最早发文的自媒体账号“东七门”虽然使用了《刘鑫，江歌带血的馄饨，好不好吃?》⑦作为标题，但是却在文章的后半部分表示“不鼓励我们像网上很多人一样，去骂刘鑫祖宗十八代，诅咒她去死。但也不支持就此置身事外，事不关己，高高挂起”，态度相对中立。接下来发文的公众号“送你一程”（原名“用心骂人”）也持相似观点，以“但没有勇气，也许你就是刘鑫这

① 微博网友@Laurentius小贼对原博的评论，https://m.weibo.cn/status/4038274425170014.

② 微博网友@中美律师合作计划对原博的评论，https://m.weibo.cn/1596329427/4113136204277519.

③ 微博网友@筱溪-H2O对原博的评论，https://m.weibo.cn/2143324323/4113271637912274.

④ 微博网友@芙予1995对原博的评论，https://m.weibo.cn/2143324323/4221012545210216.

⑤ 微博网友@德艺双馨老艺术家rw对原博的评论，https://m.weibo.cn/2143324323/4038986811510094.

⑥ 微博网友@荞悄-说对原博的评论，https://m.weibo.cn/2143324323/4076871890751079.

⑦ 东七门. 刘鑫，江歌带血的馄饨，好不好吃?.（2017－11－12）. https://mp.weixin.qq.com/s/CSvfRt-teteWfYTA803hUgg.

样的人”[①] 这样相对温和的态度作为整篇文章的收尾。

而第三个发文的公众号“她刊”则表现出更明显的立场和更强的煽动性：在警方证据未公布、案情和案发现场都没有可信证据支撑的情况下，不仅使用《江歌，你替刘鑫去死的100天，她买了新包包染了新头发》[②] 作为文章标题，还以“外面尖叫声、撕扯声混成一片，江歌喊着救命，喊着报警，而刘鑫关紧了门”形容事发现场。

最后发文的自媒体“咪蒙”更是直接将案件观点的极化程度推上新的高度：在这篇名为《刘鑫江歌案：法律可以制裁凶手，但谁来制裁人性?》的文章中，“咪蒙”以“善良限制了你的想象力”为缘由，将刘鑫彻底塑造成了“冷血，自私，愚蠢，不顾好朋友的生死的恶魔”。同时，她也提出了舆论发展的前半程最令人印象深刻的一个问题：“法律可以制裁凶手，但谁来制裁人性?”虽然在文章后面并没有诸如“那就让我们来制裁”一类的言论，但实际上，其中的暗示已经相当明显——违反了道德规则的刘鑫需要也只能被大众用舆论制裁。该文章的评论情况也印证了这一点：网友“麦兜响叮当”的评论“不单单要严惩凶手，在道德的高度上也要审判这狼心狗肺的一家人”获得2万点赞；网友“觅食大队长”的评论“从来没有想过会这么赞同一次网络暴力”获得3.9万点赞；而网友“杨乐多”的评论“法律可以制裁凶手，但谁来制裁人性？其实很简单，用人性，制裁人性”更是获得5.5万点赞。

拉扎斯菲尔德在《人民的选择》中认为，信息的传递是按照“媒介—意见领袖—受众”这种传播模式进行的。即观念总是先传向意见领袖，然后再由这些人传到人口中不那么活跃的部分。而在网络空间，尤其是社交网络空间，大量的意见领袖实质上就是自媒体从业者。基于上述舆论的供需关系，批判刘鑫、支持江母的意见在“江歌案”舆情发展前半程中表现为一种不断再生产的过程。这种同向意见的不断再生产，也进一步通过上述传播模式持续发挥影响，一方面推动着事件热度的升高，另一方面使主流观点态度不断单向集中，加剧群体极化。

证实性偏差

互联网为每个人提供了一个发声的平台，信息的产出和传播达到了前所未有的

① 送你一程. 刘鑫：“我都知道错了，你为什么还在这儿一直问?”.（2017-11-12）. https://mp.weixin.qq.com/s/Ny5mx1oXk-Jep_5C7tG69w.

② 她刊. 江歌，你替刘鑫去死的100天，她买了新包包染了新头发.（2017-11-12）. https://mp.weixin.qq.com/s/QFHaZEnX-QC-qoQQSENrhA.

速度，但是在信息传播的过程中，网民对事实的关注不可避免地会被情感左右。对于网络上出现的新闻事件，网民的评价更倾向于一种情感宣泄而不是客观思考，他们更愿意去寻找事件中符合他们内心设想的部分，而无视与自己预期不同的部分。这一现象最早在英国心理学家彼得·沃森（Peter Wason）的“2－4－6”实验中被发现并概念化，他发现人们倾向于证实而不是证伪，在求证不确定的观念时，人们更倾向于默认他们心中预设的真实性，并不断寻找证据①。

在“江歌案”中，网友最先接触到的是来自个人而不是官方的消息，江母最先发表的两篇极具情感鼓动性的头条文章《天理何在？人性何在？做人应该如何对待救命恩人?》和《泣血的呐喊：刘鑫，江歌的冤魂喊你出来作证!》一下子点燃了网友的正义感，声援江母、讨伐刘鑫的旋律就已经奏响了，而后，刘鑫的辩解博文不但没有替她减少谩骂，反而使她被网友评价为“从来没见过如此厚颜无耻之人，简直不是人能做出来的事”②。此时江母的发声是正义的发声，而刘鑫的辩解是狡辩和厚颜无耻，这样的舆情与事件开始时并无不同，只是程度在进一步加深。即使事件的更多值得推敲的细节已经出现在公众面前，大部分网民也是选择置若罔闻。

正如前文所说，“江歌案”是一个能够引起网友强烈共鸣的案件，这个案件不仅是一个热点事件，更是为网友提供了一个情感宣泄的出口。在这个事件中，网友根据江母最早发布的案件细节预设了真实性，在事件发展的过程中，他们不断地寻找证据去验证其假设的真实性，无论是通过当事人还是通过自媒体博主，无数人的声音汇聚在一起嗡嗡作响。在正式的法律审判之前，在事件发展的过程当中，网民大众早已按照自己的标准对刘鑫做了“宣判”。

三、动态视角：舆论整体的分化和舆论主流群体极化的内在变化过程

舆论主流的群体极化

作为一种群体现象，群体极化发生的基本前提之一是存在一个人数足够多、在一段时间内相对稳定的群体。在“江歌案”中，舆论的主流群体符合这一特征。所谓舆论的主流群体，是指代表舆论主流态度的、在数量上占总体中大部分的群体。

① 乔圣宸．后真相时代社交媒体网络舆论的证实性偏差研究．新媒体研究，2018（4）．

② 新浪微博@刘鑫6_6发表的《我是证人刘鑫！我不再沉默！（1）案发现场》下面的评论，https://weibo.com/6257712939/FAwFl5SPt? filter=all&root_comment_id=0&type=comment#_rnd1543738962976https://weibo.com/6257712939/FAwFl5SPt? filter=all&root_comment_id=0&type=comment#_rnd1543738962976.

但舆论的主流群体并非一个不变的群体，事实上，随着新信息或新观点的注入，该群体处在不断变化之中。以 2017 年 5 月至 11 月的舆情发展为例，2017 年 5 月，江母在微博上发表《天理何在？人性何在？做人应该如何对待救命恩人?》和《泣血的呐喊：刘鑫，江歌的冤魂喊你出来作证!》两篇头条文章，详细记录了案件背景、案发过程及案发后与刘鑫一家的接触过程，转发评论数均在 5 万左右。此时，舆论主流群体的态度是对刘鑫及其家人在道德方面的谴责：

@中美律师合作计划：人性的丑恶在刘鑫及其家人身上展现得淋漓尽致。刘鑫受到前男友骚扰，自己不敢面对不敢报警（怕对方曝光裸照），就请求江歌帮忙制止对方，在对方杀害江歌时，把门锁上，把江歌和凶手留在门外的过道里。其后又百般耍赖逃避，如此无耻行径真是令人发指①。

@又入迷途：人家的女儿江歌为了救你们的女儿刘鑫死于凶手的刀下，怎么会有脸说人家女儿命短？怎么有脸说凶手为什么不杀你女儿去杀人家的女儿？那是因为这个凶手是你女儿刘鑫的前男友，去找刘鑫时才会遇到江歌啊。那是因为你女儿刘鑫关着门在里面，凶手杀不到她啊。那是因为人家的女儿江歌太傻，在救你女儿刘鑫啊②。

@啊进击的宝宝：刘鑫父母现在拿着鸡毛当令箭，拼命地说是审判结果没下来，摆明了想推就推，想挪就挪，既然已经移交检察院，说明可以确认凶手就是陈世峰了，这两人真有心帮江歌妈妈 200 多天干吗去了？作为一个正常人，自己女儿好朋友的妈妈，两人同在异国留学，人家女儿去世了，案发时你女儿也在，难道不应该时不时多关注吗③?

2017 年 11 月 12 日，头条文章作者“咪蒙”在其微信公众号上发表了文章《刘鑫江歌案：法律可以制裁凶手，但谁来制裁人性?》，网友阅读点赞量达到 10 万+，网友呼吁支持江母，用舆论制裁刘鑫，还江歌一个公道。舆论主流群体的态度逐渐从道德谴责转变为希望通过舆论压力对刘鑫进行惩罚：

@homi 雅：如果凶手没有被判死刑，那么他出来以后，也不会放过刘鑫吧？刘鑫，她想要的结果，从江歌为她而死之后就不存在了。她朋友怎么还敢和她做朋友，不怕当替罪羔羊吗？我第一次参与网络暴力，第一次做口出恶言

---

① 新浪微博@苦咖啡-夏莲发表的《天理何在？人性何在？做人应该如何对待救命恩人?》下面的评论，https://m.weibo.cn/2143324323/4111158057296395.

② 同①.

③ 同①.

的键盘侠，感觉很沮丧。可除此之外，我不知道能做些什么。凶手，法律可以制裁，那么想置身事外的始作俑者呢？想起一句话，当神已无能为力，那便是魔度众生[①]。

@来一斤包子：最可怕的是这种心理素质强大不会被良心谴责，逃离在法律之外的恶人，这样的人只能让社会舆论跟随他们一辈子，如过街老鼠不得安生[②]。

@醒白白：今天一直在关注这个新闻，数度落泪。愿所有的善良不被辜负，愿凶手得到应有的惩罚。至于刘鑫，既然她那么自私只爱自己，那么在意公众形象，希望舆论淹死她[③]。

在这一过程中，"咪蒙"的文章为舆论注入了新的观点，使舆论主流群体的成员发生了变化：一方面，"咪蒙"的公众号拥有252万粉丝，庞大的受众群体增加了案件的传播广度，吸引了因为该文章而了解到案件、开始参与舆论的新成员。另一方面，舆论主流群体的态度从对刘鑫及其家人在道德方面的谴责转变为希望通过舆论压力对刘鑫进行惩罚，虽然处于群体极化的过程中，但并不是所有的群体成员都完成了在这一观点上的转变。一些之前谴责刘鑫及其家人、属于舆论主流群体的网友，在"咪蒙"的新观点注入后，并不认可通过舆论压力对刘鑫进行惩罚的做法，而是提出了与舆论主流群体相左的观点，实际上脱离了极化群体：

@张荆棘：我早上九点半看了《局面》的采访，然后十点多就发了一条把刘鑫形容成恶魔的微博。但到了下午，当我发现舆论失控的时候，大家企图绕开法律去制裁坏人的时候，我感到阴森可怖。像被雾霾笼罩一般，我说不出话[④]。

@郑飞：江歌是可怜的，刘鑫是可恨的。但是张贴别人全家的信息并不是正义的。我们可以把她的种种过错罗列出来，让人们自行判断。但是这种张贴信息本来就不合法，不要给我们认为正义的事情抹上黑点吧。还有就是希望凶手会被重判[⑤]！

@西四逗汁：这件事的最大受害者是江歌，第二大受害者是刘鑫。而犯罪者前者是陈世峰，后者是江妈。刘鑫没有做错任何事。江妈任凭自己臆想出来

① 微信公众号"咪蒙"发表文章下面的评论，https://mp.weixin.qq.com/s/EveEpVAz6vHb797AAVqjzA.
② 同①.
③ 同①.
④ 微信公众号"杂乱无章"，https://mp.weixin.qq.com/s/xadUPqOcd9XQJkxgmhYnkQ.
⑤ 同④.

的“事实”记恨刘鑫，并且做出超过合理合法范围的行为泄露刘家的私人信息，行为非常可耻，让我对失去女儿的妈妈这个角色完全失去了同情。我希望检察院追究江妈的法律责任[①]。

在事件整体的极化过程中，每一次新的信息注入都可以看作一次小的极化过程，不断有新的参与者加入也不断有旧的参与者脱离。“江歌案”舆论主流群体的极化过程不是一个固定不变的群体的单线性发展过程，而是一个不断变化的、有进有出的群体的多线性发展过程。

主流群体之外的多元话语

区别于舆论的主流群体，在“江歌案”的舆情发展中，实际上存在相当一部分非主流群体，并未经历群体极化的过程。这部分群体大多在一开始就对案件有着个性化的看法，以知乎上的提问及回答为例：

@匿名网友：江歌母亲（江秋莲）的表现有目共睹，我也不做评论了，比较好奇的是社会能够对她的行为宽容到什么程度。参照微博曝光刘鑫个人情况大多数人觉得理直气壮，曝光陈世峰姐姐的个人情况也觉得问题不大，和持不同意见的网友对喷诅咒对方妈死了，孩子死了，是个＊＊，看评论大家也接受。但是以死儿女为前提对个人行为的接受也是有一个上限的吧。比如手刃陈世峰，大家觉得没问题吗？砍刘鑫一条胳臂，打到瘫痪植物人，也一起手刃了，这些也可以接受？那么伤害刘鑫、陈世峰三代内直系血亲？或者扩大到刘鑫、陈世峰朋友同学？甚至砍几个嘲笑她的网友？我并不是说她一定会这样子做，只是想知道对她包容的底线应该在哪里[②]？

@匿名用户：我觉得她做得过分了，但又不过分。过分是指，站在客观的角度，她的很多言论和指责是没有道理的，甚至早期有些造谣。不过分是因为，我也是曾有很大仇恨的人，我觉得在巨大的仇恨面前，没有客观理智可言。我凭什么跟你客观理智地计算你到底该受到怎样的惩罚？我只想给你我所能给你的全部惩罚。易地而处，我如果是她，我既然杀不了陈世峰，也要暗地买凶杀刘鑫[③]。

这一部分在最开始就提出自己观点的网友，在案件发展中几乎没有经历群体

---

① 新浪微博@西四逗汁发布的微博，https://m.weibo.cn/3558627200/4179820038689467.

② 知乎，https://www.zhihu.com/question/264413113/answer/285344221.

③ 知乎，https://www.zhihu.com/question/264380162.

极化的过程。他们提出的不同观点是自身强有力的价值判断的结果，在最开始就在群体极化的群体之外。这种个体本身在价值观层面先存的、较为坚定的倾向性，实际上是“江歌案”中舆论分化的根本原因。后期随机访谈的结果也印证了这一点：

王超（化名）：对这个案子，我的态度比较中立，也没怎么变过。因为我觉得这个事件的罪魁祸首是陈世峰，不是刘鑫，所以不太能理解大家都谩骂指责刘鑫。媒体之所以把舆论都指向刘鑫，我认为是因为刘鑫和她家人的做法违反了中国人的道德观念，把刘鑫推到道德高地的风口浪尖可以博眼球赚流量。

李勇（化名）：我一开始就感觉这个案子又是一个媒体带节奏引领舆论的事情。仔细看一看媒体的报道，会发现里面有许多煽情的描写，譬如刻意描写江歌的好和陈世峰的恶。尤其是中间刘鑫出来的时候，整个舆论讨论的热点完全就是对刘鑫的道德批判。

杨林（化名）：我觉得这个事情因为我们没法接触到完整的证据链，所以不能多做评论。妈妈的女儿死了总是比较可怜的，然后，至于活着的女的（刘鑫），只能说死者（江歌）交友不慎，对于那个男的（陈世峰），就感觉毕竟他在国外会有一些不一样，所以最后也没能执行死刑，但是反正我觉得还是不能多做评论。

核心参与者与舆论主流的分离

不同于其他引发公众舆论的事件，在所谓的舆论主流和极化群体之外，在“江歌案”舆论发展的过程中，出现了一批非自媒体账号的核心参与者。他们划分为“蛆”[①] 和“小仙女”[②] 两个阵营，立场坚定，对案件极为关注，并发表大量的相关评论、原创文章等，甚至有人专门注册新的微博账号，仅作为参与“江歌案”相关讨论使用：

@慕予87：不蹭热点不加V，弃瓜提刀只为江歌！友情提醒：微博不比微信，决定抗击水军洗地蛆前，请务必确保自己和家人的信息安全[③]！

@最好不相见便可不相怨：本博收录所有与#留学生江歌被害案#有关的

① 蛆指案件中支持刘鑫的网友。

② 小仙女指案件中支持江母的网友。

③ 新浪微博@慕予87的微博简介，https://weibo.com/u/5363531730?is_search=0&visible=0&is_hot=1&is_tag=0&profile_ftype=1&page=2#feedtop.

文章。我们希望能够尽量展示事实，尽量还原真相。希望能够尽量弥合公序良俗受到的创伤，因为我们有父母，有儿女，也有朋友。我们希望能点亮“江歌事件”的善良的烛火，依次传递，以成燎原！我们希望人世间多一个江歌，少一个刘鑫。感谢所有为江歌执笔发声的媒体、网友！因为有你，善良不会被辜负，真相不会被掩埋！谨以此博作为送给江歌的生日礼物！大家可以转发，如果你的号是专门参与“江歌案”的，可以置顶，让更多人第一时间看到这些资料。收录了博文的朋友，有新作品麻烦圈我一下。有没有收录的好文章可以推荐。大家提一下意见，有不妥的我好修改。一周后关闭评论①.

值得注意的是，由于对案件舆论参与的投入度与普通网友不在一个层级，核心参与者与舆论主流实际上是相互分离的，他们有自己的圈子与群体。在这些群体中，舆论发展和前文展现的社交网络上对于“江歌案”的全民讨论呈现出不同的特点，观点极端，大量出现造词现象，对于自身和持反对意见的人均出现符号化构建倾向。

@自我救赎罪孽：《“水军”铭》　人不在多，同理则鸣。友不在广，同心则群。被诬水军，惟吾不惊。贼喊捉贼易，造谣成本轻。善良可成军，正义自结营。工农商学兵，灭狗蝇！无后顾之忧虑，无恐惧之前行。冷眼②无踪影，特调③不发声！圣贤曰：何水只有？#刘大脑袋④的甩锅日常#⑤

@慕予87：微博太多个人资料、照片一堆的小仙女拜托都靠墙站，在帖子下回复蛆的我发现一条删一条。参与“江歌案”后多恶心的蛆我都见识过了！都保护好自己啊，跪求！想战斗回去换上铠甲再来⑥！

@nine_tails_fox：有些人说那些仙*⑦只是蠢，而我是坏。我就没明白了：以前我的那些文章有没有攻击太后⑧？里面只是引用了信息传播理论和营销理论来写文章，那些仙*凭什么整日前来谩骂？而且仙*就像一团被人咀嚼过的口香糖，一旦粘在身上，甩都甩不掉，非要粘着你骂来骂去。让着不行，

① 新浪微博@最好不相见便可不相怨，https://weibo.com/u/3776512722.

② 冷眼指新浪微博博主@冷眼萌叔，https://weibo.com/u/2318377532.

③ 特调指新浪微博博主@特别调查员，https://weibo.com/u/3776512722.

④ 刘大脑袋指案件当事人刘鑫，用于支持刘鑫的网友中.

⑤ 新浪微博@自我救赎罪孽，https://weibo.com/6090319042/GevKY1kfA?from=page_1005056090319042_profile&wvr=6&mod=weibotime&type=comment.

⑥ 新浪微博@慕予87，https://weibo.com/u/2318377532.

⑦ 仙*也指案件中支持江母的网友，含贬义，支持刘鑫的核心参与者在攻击支持江母的网友时使用。

⑧ 太后指案件当事人江歌的母亲江秋莲，含贬义。

躲着不行，回骂两句，立刻说你死全家……

舆论消解之后的符号记忆

“江歌案”引发的是一场在社交网络中的全民讨论。在舆论停歇后，“江歌案”这个名词并没有被完全遗忘，相反，由于案件的影响广度，反而由瞬时的新闻变为符号化的概念，其中对于道德、人性、舆情讨论的内核实际上得到了保留。

> @米诺斯 jfkdmc：这个新闻让我想起了“江歌案”，这里有太多人无视真相，善良敌不过自私，人的传统的道德观、人生观和价值观都抛弃在了脑后，丑恶的嘴脸打上了实锤，人性的扭曲、道德的沦丧一览无余。“160 天，苏享茂从认识翟欣欣到死亡全记录—社会频道—手机搜狐”①。
>
> @皓皓妈咪：最近狂关注社会新闻，“江歌案”，小凤雅，你会看到这个世界上有多少打着善良旗号作恶的人，更可恶的是这群人还会感染周围一群人，跟着作恶并享受其中快感，无视引发的伤害。这个病应该叫“善良妄想症”②。
>
> @镇江食醋资深爱好者：“江歌案”里那些画恶心漫画的人真的是在啃人血馒头了，有些人的三观是真的不正、真的难以理解，活在重视道德的中华文化下却没受到一丁点熏陶和教化，真的是一件令人匪夷所思的怪事③。
>
> @特里尔的绿灯：短期来看，正志（政治）问题、社会问题从来都不是看逻辑的，支配社会运转的也不是逻辑而是情绪。贸易摩擦也好，王凤雅也好，弗里曼性骚扰也好，包括曾经的转基因话题、“药家鑫案”、“江歌案”等等，人群的反应就是情绪的反映。谁能支配社会情绪，谁在短期内就能产生最大的影响力。而这个影响力，极容易被投机者和野心家所利用④。

不仅如此，相当多的文化副产品也在舆论发展过程中被生产了出来。“蛆”“小仙女”等在语境下的新词义以及针对事件的众多二次创作，使“江歌案”已经不再仅仅是一个单纯的留学生被杀案件，而是成为社交网络上的共同记忆。正如《局面》栏目负责人王志安所言，“这个案子已经成为值得铭记的历史”⑤。

---

① 新浪微博@米诺斯，jfkdmc，https://m.weibo.cn/5699744897/4244241150172609.

② 新浪微博@皓皓妈咪，https://m.weibo.cn/2805082655/4245117554307297.

③ 新浪微博@镇江食醋资深爱好者，https://m.weibo.cn/5623255750/4244623918081711.

④ 新浪微博@特里尔的绿灯，https://m.weibo.cn/2273941470/4244396087811033.

⑤ 新浪微博@王志安，https://weibo.com/1670421223/G6fbtaPql?from=page_1005051670421223_profile&wvr=6&mod=weibotime&type=comment.

结 语

“江歌案”是中国互联网舆论场，乃至整个中国网络社会发展历史上的标志性事件之一。之所以这么说，不仅仅是因为“江歌案”引发了现象级的互联网舆论热潮和全民大讨论，更是因为其舆论发展过程中出现了群体极化和舆论分化等独特现象。一方面，这体现了中国互联网在快速全民普及的过程中呈现的不成熟性。例如，网络意见领袖具备了超出想象并且难以控制的巨大情绪价值和隐形引导能力，网民开始意识到自身潜在的巨大力量却往往缺乏理性运用的能力，在眼球经济驱动下出现了种种自媒体乱象，等等。但是另一方面，从动态视角来分析舆论主流群体极化的内在变化过程，我们发现，很多网民开始有了反思的自觉，尤其是在事件发展后期，多元话语出现，舆论整体分化，与舆论主流分离的核心参与者不断发言、抗争，以及舆论消解之后，符号记忆和价值内核被保留下来。这些现象反映了中国互联网舆论场有走向理性的希望萌芽，中国网民并不应该被过早地贴上“乌合之众”和“娱乐至死”的标签，中国网络社会正在摸索着一步步走向成熟，这也正是“江歌案”有其标志性意义的原因所在。

当然，我们也不能过分乐观。现实情况是，群体极化现象确实在中国很多网络事件中屡见不鲜。在现阶段，为了减少群体极化现象的发生，我们可以尝试从以下几个层面努力：第一，个体层面。网民应当学会在大数据时代的信息轰炸下运用理性进行信息的鉴别筛选，保持清醒的头脑，遵守道德底线，理智发言；不能在情绪的驱使下，被舆论“牵着鼻子走”。第二，媒体监管层面。相关部门应当加强对于网络信息的管理，对于信息的真实性应当进行及时的、有效的核实，及时发布完整正确的信息，避免武断、片面的信息传播，努力营造一个开放、健康的网络环境。第三，政府层面。深入完善网络监察机制，对于发布不良信息、不真实信息的媒体进行及时整治，宣传良好的网络风尚。

参考文献

[1] 陈胜. SNS 环境下网络团购中群体极化现象研究. 长沙：中南大学，2013.

[2] 程岩. 群体极化、二阶多样性与制度安排：读桑斯坦《极端的人群：群体行为的心理学》. 环球法律评论，2011 (6).

[3] 郭光华. 论网络舆论主体的“群体极化”倾向. 湖南师范大学社会科学学报，2004 (6).

[4] 何斌，杨华. 网络讨论的品质对群体极化的影响. 新闻知识，2011 (4).

[5] 乔圣宸. 后真相时代社交媒体网络舆论的证实性偏差研究. 新媒体研究，2018 (4).

[6] 宋佩霖. 网络舆情群体极化现象研究. 广州：华南农业大学，2016.

[7] 陶文昭. 互联网群体极化评析. 思想理论教育，2007 (17).

[8] 王天琪，刘思佳. 中国女留学生在日本被害. 北京青年报，2016-11-06.

[9] 魏永征. 群体智慧还是群体极化：于欢案中的舆论变化及引导. 新闻记者，2017 (11).

[10] 沃尔特·李普曼. 公众舆论. 阎克文，江红，译. 上海：上海人民出版社，2002.

[11] 相喜伟，王秋菊. 网络舆论传播中群体极化的成因与对策. 新闻界，2009 (5).

[12] 张登云，徐恒丰，梁妍. 自媒体环境下医患舆情群体极化现象分析：以“陕西榆林产妇坠亡案”为例. 视听，2018 (11).

[13] 郑燕. 网民的自由与边界：关于微博公共领域中言论自由的反思. 社会科学研究，2012 (1).

[14] 东七门. 刘鑫，江歌带血的馄饨，好不好吃?. (2017-11-12). https://mp. weixin. qq. com/s/CSvfRtteteWfYTA803hUgg.

[15] 咪蒙. 刘鑫江歌案：法律可以制裁凶手，但谁来制裁人性?. (2017-11-17). https://mp. weixin. qq. com/s? _biz=MzU2NTQzMjQ2NA==&mid=2247490042&idx=1&sn=a7db478ed09424c50129eae012ca6453&chksm=fcba8005cbcd09138b55af0ff738febf837492f32553b473daf81d8beb99b21c7153b1bc08fd&scene=38#wechat_redirect.

[16] 送你一程. 刘鑫：“我都知道错了，你为什么还在这儿一直问?”. (2017-11-12). https://mp. weixin. qq. com/s/Ny5mx1oXk-Jep_5C7tG69w.

[17] 她刊. 江歌，你替刘鑫去死的100天，她买了新包包染了新头发. (2017-11-12). https://mp. weixin. qq. com/s/QFHaZEnX-QC-qoQQSENrhA.

[18] 微博网友@德艺双馨老艺术家对原博的评论，https://m. weibo. cn/2143324323/4038986811510094.

[19] 微博网友@芙予1995对原博的评论，https://m. weibo. cn/21433

24323/4221012545210216.

[20] 微博网友@苦咖啡-夏莲发表的《天理何在？人性何在？做人应该如何对待救命恩人?》下面的评论，https://m. weibo. cn/2143324323/4111158057296395.

[21] 微博网友@刘鑫 6 _ 6 发表的《我是证人刘鑫！我不再沉默！（1）案发现场》下面的评论，https://weibo. com/6257712939/FAwFl5SPt? filter=all&root_comment_ id = 0&type = comment # _ rnd1543738962976https://weibo. com/6257712939/FAwFl5SPt? filter=all&root_comment_id=0&type=comment#_rnd1543738962976.

[22] 微博网友@荞悄-说对原博的评论，https://m. weibo. cn/2143324323/4076871890751079.

[23] 微博网友@Laurentius 小贼对原博的评论，https://m. weibo. cn/status/4038274425170014.

[24] 微博网友@筱溪-H2O 对原博的评论，https://m. weibo. cn/2143324323/4113271637912274.

[25] 微博网友@中美律师合作计划对原博的评论，https://m. weibo. cn/1596329427/4113136204277519.

[26] 微信公众号“咪蒙”发表文章下面的评论，https://mp. weixin. qq. com/s/EveEpVAz6vHb797AAVqjzA.

[27] 微信公众号杂乱无章，https://mp. weixin. qq. com/s/xadUPqOcd9XQJkxgmhYnkQ.

[28] 新浪微博@皓皓妈咪，https://m. weibo. cn/2805082655/4245117554307297.

[29] 新浪微博@局面 2017 年 11 月 9 日发布的微博，https://weibo. com/6294930327/Fuj0W7POl? from = page _ 1002066294930327 _ profile&wvr = 6&mod = weibotime&type=comment.

[30] 新浪微博@苦咖啡-夏莲 2015 年 4 月 13 日发布的微博，https://weibo. com/u/2143324323? profile_ftype=1&is_all=1&is_search=1&key_word=艰难的#_0.

[31] 新浪微博@苦咖啡-夏莲 2016 年 11 月 25 日发布的微博，https://weibo. com/2143324323/Ej65eE3it? from = page _ 1005052143324323 _ profile&wvr = 6&mod=weibotime&type=comment#_rnd1527686163074.

[32] 新浪微博@苦咖啡-夏莲 2017 年 2 月 2 日发布的微博，https://weibo. com/u/2143324323? profile_ftype=1&is_all=1&is_search=1&key_word=还我女儿#_rnd1527686937187.

[33] 新浪微博@苦咖啡-夏莲 2017 年 5 月 21 日发布的微博，https://weibo.com/2143324323/F42FtuxFr? type=comment.

[34] 新浪微博@苦咖啡-夏莲 2017 年 5 月 26 日发布的微博，https://weibo.com/2143324323/F4O3Ezubd? from = page _ 1005052143324323 _ profile&wvr = 6&mod=weibotime&type=comment.

[35] 新浪微博@苦咖啡-夏莲 2017 年 5 月 31 日发布的微博，https://weibo.com/2143324323/F5zfRxclk? from=page_1005052143324323_profile&wvr=6&mod=weibotime&type=comment.

[36] 新浪微博@苦咖啡-夏莲 2017 年 6 月 6 日发布的微博，https://weibo.com/u/2143324323? profile _ ftype=1&is _ all=1&is _ search=1&key _ word=坚持到底# _ 0.

[37] 新浪微博@苦咖啡-夏莲 2017 年 8 月 14 日发布的微博，https://weibo.com/2143324323/Fh41mrswq? from = page _ 1005052143324323 _ profile&wvr = 6&mod=weibotime&type=comment.

[38] 新浪微博@刘鑫 6 _ 6 2017 年 8 月 30 日发布的微博，https://weibo.com/ttarticle/p/show? id=2309404146447053391979&mod=zwenzhang.

[39] 新浪微博@刘鑫 6 _ 6 2017 年 12 月 20 日发布的微博，https://weibo.com/6257712939/FAwFl5SPt? from = page _ 1005056257712939 _ profile&wvr = 6&mod=weibotime&type=comment.

[40] 新浪微博@米诺斯 jfkdmc，https://m.weibo.cn/5699744897/4244241150172609.

[41] 新浪微博@慕予 87，https://weibo.com/u/2318377532.

[42] 新浪微博@慕予 87 的微博简介，https://weibo.com/u/5363531730? is_search=0&visible=0&is_hot=1&is_tag=0&profile_ftype=1&page=2#feedtop.

[43] 新浪微博@特里尔的绿灯，https://m.weibo.cn/2273941470/42 44396087811033.

[44] 新浪微博@王志安，https://weibo.com/1670421223/G6fbtaPql? from=page_1005051670421223_profile&wvr=6&mod=weibotime&type=comment.

[45] 新浪微博@西四逗汁发布的微博，https://m.weibo.cn/3558627200/4179820038689467.

[46] 新浪微博@新京报 2017 年 11 月 13 日发布的微博，https://weibo.com/1644114654/FuWe1FvlN? from=page_1002061644114654_profile&wvr=6&mod=weibotime&type=comment.

[47] 新浪微博@镇江食醋资深爱好者，https://m.weibo.cn/5623255750/4244623918081711.

[48] 新浪微博@自我救赎罪孽，https://weibo.com/6090319042/GevKY1kfA?from=page_1005056090319042_profile&wvr=6&mod=weibotime&type=comment.

[49] 新浪微博@最好不相见便可不相怨，https://weibo.com/u/3776512722.

[50] 知乎，https://www.zhihu.com/question/264380162.

[51] 知乎，https://www.zhihu.com/question/264413113/answer/285344221.

第六章　认同与赋权：网络粉丝的文化再生产——以《创造101》节目为例

引　言

2018年4月21日，由腾讯视频、腾讯音乐娱乐集团联合出品，企鹅影视、七维动力联合研发制作的大型组合青春成长节目《创造101》正式在腾讯视频播出[①]。该节目由黄子韬担任女团发起人，召集了来自不同娱乐公司的101位女练习生，通过节目中的任务、训练、考核，让练习生在明星导师[②]的训练下成长，最终选拔晋升11位女练习生为《创造101》女团的正式组合成员，由专业娱乐公司包装打造出道。节目开播后，不仅获得了青年群体的喜爱从而取得了较高的收视率，而且也获得了社会大众的关注从而引发了一场全民参与的网络狂欢。腾讯视频平台数据显示，《创造101》上线一个月，节目播放量即已超过19亿，在腾讯综艺节目榜单中位列大资本、大平台、大制作综艺节目《奔跑吧》和《极限挑战》之间，排名第二。在节目互动方面，《创造101》观众总弹幕数超83万，节目播放量突破48亿，微博累计阅读量超120亿，相关子话题阅读量超210亿。这些数据说明了《创造101》作为一档网络综艺节目的成功，也印证了社会大众对节目的关注和期待。

作为一档网络综艺选秀节目，不同于之前的电视综艺选秀节目，《创造101》将节目的话语权、选择权和决定权更多地留给观众，更加强调节目与观众的互动，而

① 对节目的定位，参见《创造101》的百度百科介绍，https://baike.baidu.com/item/创造101/22435864?fr=aladdin。

② 按照女团成员的基本职业素养，节目组将导师分为三类，其中张杰、陈嘉桦担任声乐导师，胡彦斌担任唱作导师，罗志祥和王一博担任舞蹈导师。

不是由节目组决定节目的流程和选手的去留。因此，在《创造 101》中，观众被称为"101 女团创始人"，"我们将由你们创造!"也成为节目中女练习生们的开播口号。新的节目模式培育了新一代的粉丝群体，站队、抱团、打榜、投票、应援等粉丝行动展现出了粉丝的力量，并开启了"粉丝权力"的新时代。粉丝不再仅仅是台下为偶像摇旗呐喊的观众，而是成为参与偶像养成并决定偶像命运的重要力量。在《创造 101》节目中，"山支大哥"孟美岐、"国民初恋"吴宣仪、"村花"杨超越、"地狱使者"王菊以及"嘻哈女孩"Yamy 等在粉丝的广泛参与下不仅保持着较高的话题度，而且也获得了其他练习生所不可企及的资源。可以看出，新的网络环境和粉丝参与渠道正在引发一种新型的娱乐造星模式，其中，粉丝将起到举足轻重的作用。

2018 年 6 月 23 日，《创造 101》节目成功收官。"101 女孩"中，孟美岐、吴宣仪、杨超越、段奥娟、Yamy、赖美云、紫宁、杨芸晴、李紫婷、傅菁、徐梦洁 11 人，从 457 家公司的 13 778 名练习生中脱颖而出，获得成团资格，并于当天组成"火箭少女"组合正式出道。《创造 101》节目也以 46.7 亿的网络播放量成为年度排名第四的综艺节目[①]，获评"第十九届中国视频榜"年度综艺[②]。

可以看出，《创造 101》的成功不仅仅是一场网络选秀类综艺节目的成功，也是一场粉丝参与娱乐偶像生产、亚文化渗透主流文化的胜利，展现了网络时代的青年文化和粉丝价值。在这一过程中，媒介与大众、资本与粉丝、粉丝与偶像之间展现了错综复杂的关系，不仅展现了粉丝在网络空间的文化再生产与认同建构，也体现了粉丝社群对粉丝文化的规训过程。詹金斯曾说，粉丝是所有新媒介技术的最早使用者和推广者之一[③]。我们通过对粉丝、粉丝文化和粉丝社群的研究，即可以预视网络时代的个人、文化和组织。因此，本章以网络综艺节目《创造 101》为例，从社会学的视角出发，分析网络粉丝、粉丝文化和粉丝社群的文化认同与实践。

一、网络时代的粉丝：粉丝的画像与结构

2005 年湖南卫视主办的《超级女声》横扫全国，迅速掀起一股平民娱乐化的风潮。2005 年也被称为中国粉丝元年，《超级女声》总决赛李宇春以粉丝 350 多万的短信投票数压倒性夺冠，更成为新一代粉丝崛起的体现。《超级女声》节目颠覆

---

① https://baijiahao.baidu.com/s?id=1617578651900499731&wfr=spider&for=pc.

② 2018 中国视频榜揭晓《风味人间》获特别大奖.(2018-11-20). http://www.chinanews.com/cul/2018/11-20/8681618.shtml.

③ 亨利·詹金斯．大众文化：粉丝、盗猎者、游牧民：德塞都的大众文化审美．湖北大学学报（哲学社会科学版），2008（4）.

了传统明星生产的规则[①]，通过以观众支持率为主、评委评判为辅的淘汰形式决定选手的排名晋级，从而使观众成为节目的重要参与者。美国传媒调研机构“盛华商通”所做的市场调研显示，2005 年观众对《超级女声》最大的关注点即在于节目新颖的“人人可以参与的形式”。新型选秀节目的赛程赛制重视观众在节目中的主动性和话语权，增强了观众在观看节目时的存在感和使命感，在网络时代不断拓宽的传播渠道和沟通渠道之下，新型选秀节目正在催生新一代中国粉丝。

谁是粉丝

所谓粉丝，不同于传统意义上的“追星族”，不是指广义上体育赛事或娱乐节目的爱好者，而是指更狭义上对所喜爱之物、之人在经济、时间和情感三方面具有“超常投入”[②] 的群体。

所谓经济投入，是指粉丝的购买行为，即粉丝愿意为所喜爱之物、之人花费的经济费用。粉丝的消费产品不仅包括偶像的代言产品，也包括偶像的周边产品[③]，甚至包括为偶像打榜投票的费用。对于粉丝而言，他们认为“你花钱我花钱，偶像就能赚大钱”。2015 年，鹿晗成为首登《时尚芭莎》杂志单人封面的男明星，此期杂志以 1 秒钟突破 1.5 万册、17 秒钟达 2.5 万册、35 秒钟破 3 万册，最终限于库存封顶 3.2 万册的销售成绩，创下《时尚芭莎》有史以来最好销售纪录。因此，“集资应援”也成为粉丝经济投入的重要方式，即粉丝为支持自己喜欢的偶像，通过应援活动倒逼媒体和社会大众关注。在《创造 101》节目中，为了给偶像投票，粉丝多次发起集资，在短短 3 个月的时间内，粉丝即公开集资超过 4 000 万元，C 位出道的孟美岐粉丝集资总额更是超过 1 200 万元。

所谓时间投入，是指粉丝为偶像投入的时间成本，即粉丝愿意花费时间为所喜爱之物、之人承担宣传、应援等工作。粉丝的时间投入不仅仅包括观看偶像拍摄的影视作品、图片海报以及综艺节目支持偶像，还包括接机、拍图、修图、制作视频、翻译、撰写宣传文字等工作。发端于韩国娱乐的粉丝“应援文化”已经表现为中国粉丝常见的群体性行为。粉丝通过网络建立起围绕明星信息和资源的应援站

---

① 在传统明星生产规则中，明星作为文化产业的一个重要元素，是被娱乐工业生产出来的“产品”。明星往往因为所参演的电影、电视剧，或所演唱的歌曲等获得主流媒体关注，媒介结合市场需求生产明星。因此，明星是娱乐工业迎合市场而生产出来的“产品”，明星的生产是自上而下式的，资本和媒介是主导力量，粉丝只是明星这一“产品”的消费者。

② 刘伟，王新新．粉丝作为超常消费者的消费行为、社群文化与心理特征研究前沿探析．外国经济与管理，2011 (7).

③ 明星周边产品往往由网络粉丝社区制作销售，包括台历、相册、手幅、小卡、透卡、贴纸、钥匙扣、扇子、玩偶、空调毯、环保袋、化妆包、手机壳、鼠标垫、灯牌、T 恤、帽子、卫衣等。

子，并通过集体的力量为偶像提供应援活动。站子的应援活动往往需要粉丝较长时间的投入，而这也成为粉丝身份的重要标识。《创造 101》粉丝 DGS 说："作为粉丝就是要做一些事情的，要不然和普通观众有什么区别。再说，我们做的这些事情只要对她们好，我们就非常愿意，每位粉丝多做一点，她们的路就会更好走一点。"《创造 101》节目作为一场偶像养成系的选秀节目，目的即在于动员粉丝参与偶像的生产过程，"101 女团，由你创造"，因此在赛程赛制上即为粉丝的参与和投入设置了渠道，doki、小红书等打榜投票渠道为粉丝的应援提供了平台。在《创造 101》节目中，为了让高颖浠能够在《别人家的小孩》这首歌中拿到 C 位，其粉丝后援会一度创下了每分钟 1 600 票的投票纪录。

所谓情感投入，是指粉丝与偶像之间往往建立起较强的情感联系，粉丝对所喜爱之物、之人往往寄予某种非物质的、符号化的和人格化的情感。在粉丝与偶像的关系中，偶像通常被认为是粉丝的心理投射，粉丝将自己的理念和人生梦想或某一时间段的回忆寄托在偶像身上，对偶像投入情感并试图通过自身的参与和努力将寄托在偶像身上的梦想实现。在《创造 101》节目中，黑色直发、清淡素颜、笑容天真烂漫、浑身散发着天然萌又气息亲切的吴宣仪被粉丝称为"超级甜姐儿"，以其拥有的"初恋脸"成为"新一代直男的最爱"。而业务能力强、综合素质高、御姐气质全开的孟美岐则被粉丝称为"山支大哥"，成为新一代女性"拼命三娘"的代言人。对于粉丝而言，追星成为一种创造认同、共享意义的生产实践，情感成为这种实践的重要联结方式，成为情感经济①的重要一环。

艾瑞咨询 2016 年 4 月发布的《2016 年中国粉丝追星及生活方式白皮书》（以下简称《白皮书》）显示，中国娱乐明星粉丝在近年来一直保持稳定增长，2014—2015 年"网红"粉丝数量更是从 1.0 亿增长到 3.1 亿②。那么，谁是中国的粉丝？

《白皮书》通过分析新浪微博 6 000 万余名粉丝用户发现，中国粉丝 34.8%是学生，22.0%是企业白领，12.3%是企业基层管理人员，10.5%是专业技术人员，6.6%是自由职业者，4.8%是国家公务员，4.6%是企业中高层管理人员。而从年龄上来看，中国粉丝以"90 后"为主，21～25 岁占 39.4%，"95 后"（16～20 岁）占 28.8%，"85 后"（26～30 岁）占 17.3%。从性别来看，女性粉丝是主流，占 76%。因此，可以看出中国粉丝主要是"85 后"的年轻女性，她们以学生为主，也包括企业白领和管理人员。

---

① 杨玲．粉丝、情感经济与新媒介．社会科学战线，2009（7）．

② 艾瑞咨询．2016 年中国粉丝追星及生活方式白皮书．（2016-04-24）．http://www.199it.com/archives/465806.html.

谁是《创造101》节目的粉丝呢？2018年5月26日，新浪娱乐试图利用《创造101》公布的第二次点赞排名前七位练习生（孟美岐、吴宣仪、Yamy、杨超越、紫宁、段奥娟、强东玥）的微博粉丝数据制作出《创造101》节目的粉丝画像。新浪娱乐分析发现，《创造101》节目的粉丝主要集中在国内二、三、四线城市，尤其是四线城市占比较大，而一线城市相对较少；年龄主要集中在17～30岁，其中“95后”比例较大；从性别来看，女性粉丝多于男性粉丝，吴宣仪、杨超越、段奥娟、强东玥获得较多男性粉丝青睐，占比均逼近四成，而孟美岐、Yamy、紫宁则获得较多女性粉丝喜爱；从教育水平来看，《创造101》的粉丝多数拥有大学以上的学历。同时，2018年6月23日，《创造101》决赛之夜的网络直播观看数据也显示，在1 044万的直播播放量中，男女观众比例为4∶6，其中57%的是“90后”，20.3%是“80后”，18.3%是“00后”，3.5%是“70后”[①]。可以看出，“90后”的年轻女性是《创造101》节目的主要粉丝群体，她们具有大学以上的学历，与中国粉丝的总体画像具有一致性。

粉丝的结构

粉丝是具有很强辨识力和内外区隔的群体[②]。因为投入的经济、时间和情感不同，粉丝群体并不是一种均质化的存在，而是呈现出差异性。总体而言，按照付出程度的不同，粉丝可以分为核心粉丝、普通粉丝和路人粉丝三类[③]。

所谓核心粉丝，是指对所喜爱之物、之人具有较强情感投入，“有宗教般感情”的粉丝，他们往往具有较多的经济投入和时间投入。在《创造101》节目中，核心粉丝聚集在“打投组”，其主要任务是提升偶像的关键数据。腾讯视频doki、微博、小红书、微视是《创造101》关键数据的四大投票通道，这些关键数据不仅决定着练习生们的资源，而且也决定着练习生们在节目中的去留。因此，为了给偶像争取机会和资格，粉丝会集中人力、物力、财力对投票资格进行分配，每人领取特定的任务进行买卡、投票和留言。在他们看来，“如果你不努力，也许偶像就会往下掉了”。因此，核心粉丝具有以下三个特征：首先，核心粉丝往往是粉丝行动和粉丝组织的发起者或管理者，他们具有较高的等级和较强的号召力，能够对其他粉丝进行领导或管理。其次，核心粉丝具有较强的购买力，对偶像的周边产品全盘买单。

① https：//user.guancha.cn/main/content？id=22656&s=fwzxfbbt.

② John Fiske. The Cultural Economy of Fandom//The Adoring Audience：Fan Culture and Popular Media. London：Routledge，1992：30-49.

③ 王艺璇. 网络时代粉丝社群的形成机制研究：以鹿晗粉丝群体“鹿饭”为例. 学术界，2017（3）.

再次，核心粉丝是偶像及其行为的解读者，能够对偶像的价值和行为进行符合社会规范和粉丝期待的解读，从而有利于社会传播和社群认同建构，以影响和感染其他粉丝。正如德塞都认为的那样，粉丝是积极的“盗猎者”，他们对他人的“领地”肆意袭击，掠走对于粉丝有用或愉悦的内容①。

那么在中国粉丝中，谁是核心粉丝呢？《白皮书》的数据显示，中国狂热粉丝中 27.6%为企业中高层管理人员，18.1%是企业业主/个体户，13.1%是企业基层管理人员，11.3%是国家公务员，7.1%是专业技术人员，7.0%是企业白领，6.6%是自由职业者，5.7%是学生。

所谓普通粉丝，是指位于核心粉丝的外围，对偶像具有一定的情感和时间投入，但在经济投入上要少于核心粉丝，对偶像的周边产品进行选择性买单的粉丝。虽然普通粉丝对偶像也有情感上的投入，参与偶像的活动，但是在购买产品时会考虑自身现行条件进行买单。在《创造 101》节目中，普通粉丝主要聚集在“宣传组”，主要任务是投票和控评②。普通粉丝不是粉丝活动的组织者，而是粉丝活动的积极参与者，他们如核心粉丝一样，在腾讯视频 doki、微博、小红书、微视四大投票通道为偶像投票，也如核心粉丝一样需要在微博、贴吧等社交平台进行控评。但他们对于偶像代言的产品或周边产品，或者为偶像打榜应援的经济投入较少，会考量自身的经济实力而决定投入多少。

所谓路人粉丝，指的是对所喜爱之物、之人的情感投入较少，缺乏情感联结纽带，经济投入和时间投入较少的选择性买单者。路人粉丝对偶像活动的参与率较低，且表现出的购买力也较低，是理性的消费者，在选择产品时更多的是考量产品的性能、价位等而不是偶像的代言。虽然路人粉丝的参与率较低，但是他们却是粉丝中数量最多也最为重要的一部分。因为核心粉丝和普通粉丝虽然影响力较大，但是数量较少，难以形成具有较大社会影响力的群体。而路人粉丝虽然情感联结较弱，但是数量庞大，购买量也最大。因此，在粉丝内部，核心粉丝的目的就是通过粉丝社群扩大普通粉丝的数量以影响路人粉丝的行为，最终提升偶像的商业价值和社会影响力。

二、网络粉丝的价值：粉丝力量大

自 2005 年《超级女声》开始，粉丝在偶像工业中即开始从被动的受众转变为

① 亨利·詹金斯. 大众文化：粉丝、盗猎者、游牧民：德塞都的大众文化审美. 湖北大学学报（哲学社会科学版），2008（4）.

② 所谓控评，是指在社交平台发现有自己偶像的负面评论时，需要将其反馈到粉丝社群，由粉丝社群将相关言论朝有利于偶像的方向引导。

积极寻找内容并参与偶像生产流程的"阅听人"，从而对偶像的养成和发展，以及对品牌的营销和推广都具有重要影响。相关数据显示，从平均购买力来看，品牌粉丝的消费力比非粉丝人群高出约30%；而从品牌线上营销活动的转化率来看，各行业品牌粉丝转化率更是明显高于非粉丝人群，最高甚至可达近5倍。例如，小米在1.7亿"米粉"的支持下，5年即销售了1.6亿部手机；苹果公司在10亿"果粉"的狂热拥护下，公司市值连续5年全球第一[①]。粉丝对品牌和产品如此，对偶像亦是如此。2011年杨幂主演的小成本国产惊悚悬疑电影《孤岛惊魂》以黑马之态创造了当年国产惊悚片的票房纪录，也让整个电影行业第一次被粉丝的力量震撼。《孤岛惊魂》首映当日，预售票在一个小时内售罄，抢票激烈程度堪比北京电影节展映，不少影院临时增加排片，影片首周票房即突破了5 000万元。《孤岛惊魂》最终以400万元投资拿下近亿元票房，展示了粉丝对电影票房的超强助推能力。粉丝的力量不仅体现在其购买力上，甚至体现在偶像的资源和工作安排上。2014年，粉丝因为不满经纪人董可妍对李易峰的经营策略，发起了要求公司解雇董可妍的活动，不久李易峰所在的公司公开宣布"广大粉丝所反映的问题一定妥善解决"，而后通过正式合约途径将李易峰的经纪人董可妍解雇了。

《创造101》的节目模式延续了传统选秀节目的基本设定，但将节目的选择权和决定权交给了粉丝。"101女团，由你创造!"节目将定义偶像的权利交给了观众，通过和粉丝的实时互动，让粉丝深度参与101女团的偶像养成过程。在粉丝的参与下，《创造101》从娱乐节目变成社会现象，从亚文化圈渗透进主流文化。粉丝、偶像、资本、社会大众共同参与，掀起了一股全民参与的浪潮。

粉丝作为超常消费者

粉丝所具有的超常消费行为是他们区别于普通消费者的关键特征[②]。根据搜狗联合音悦台2016年7月28日发布的《中国粉丝追星大数据报告》，62.9%的粉丝每月为偶像消费500元以下，但有2.8%的粉丝每月会为偶像消费5 000元以上。《白皮书》还指出，53.4%的粉丝消费集中在周边和纪念品，49.9%的粉丝消费目的是演唱会/见面会门票，28.4%的粉丝把金钱用于线上打榜投票。因此，索恩（Thorne）和布龙（Bruner）总结认为粉丝的超常消费行为主要表现出以下四个特征[③]：

① 逸创云客服. 粉丝的力量究竟有多大.（2016-07-27）. https://www.sohu.com/a/107831065_389532.

② 刘伟，王新新. 粉丝作为超常消费者的消费行为、社群文化与心理特征研究前沿探析. 外国经济与管理，2011（7）.

③ Thorne S，Bruner G C. An Exploratory Investigation of the Characteristics of Consumer Fanaticism. Qualitative Market Research，2006，9(1).

（1）内在沉迷：粉丝会花费大量的资源、时间和精力，并从中获得极大的乐趣。

（2）外在沉迷：粉丝抱有极大的热忱表达、表现自身对所喜爱之物、之人的热情，如在网络社群中发帖、应援、打榜、操控数据，购买专辑、图书或纪念品等。

（3）收藏与占有：粉丝是“完美的消费者”，喜欢收藏与占有所喜爱之物、之人的周边产品，并通过收藏与占有相关物品来提高自身作为粉丝的辨识度，显示自己作为粉丝的身份，以此提升自己在粉丝社群中作为资深粉丝的地位。

（4）社交互动：粉丝作为亚文化的践行者，渴望与其他具有相同喜好的粉丝进行社交互动，以此获得粉丝社群的认同。

2005 年，《超级女声》在开播的两个多月里，迅速在全国范围内掀起了一股平民娱乐化的风潮。在比赛过程中，粉丝逐渐形成规模，自发组织和运作，主办方设置的短信投票模式使粉丝“爱 TA 就要给 TA 花钱”的观念深入人心。由此，消费成为粉丝标榜身份的基本标识。而随着互联网的迅速发展和粉丝在娱乐工业中的深入参与，一个由粉丝主导的“粉丝经济”模式[①]在明星制造产业链中开始出现，并成为其中的重要环节。为偶像投票应援、买节目冠名商赞助的相关产品、买周边同款、支持代言音乐影视作品等粉丝消费行为成为粉丝的常规化行为，这些常规化行为与造星选秀节目相融合，即创造出由资本主导、粉丝参与的网络造星新模式。总之，粉丝经济营造了一种粉丝参与造星产业的途径与方式，使粉丝经济的受益方从节目平台扩展到广告客户、电商和粉丝服务平台。

首先，粉丝经济的兴起、粉丝的消费行为是资本运作推动的。对于依托明星产业而存在的广告客户、电商和粉丝服务平台而言，明星是被消费的商品，而粉丝就是潜在的市场，生产商品是为了从市场中获取收益。因此，开发、调动粉丝的消费能力，提高其消费水平是以广告客户、电商和粉丝服务平台为代表的资本方在产品设计或明星培养中的直接目的。2013 年 8 月，“罗辑思维”微信公众号推出微信会员收费制度，短短 6 个小时，5 500 个会员名额被全部抢光，创收 160 万元，开创了互联网的一个销售神话。因此，对于资本方而言，了解粉丝的潜在需求，定制粉丝专属的产品，让粉丝加入品牌的塑造过程，是资本推动粉丝经济的重要形式。《创造 101》作为典型的偶像养成系的网络选秀节目，带有强烈的粉丝经济的特征，即了解粉丝需求，调动粉丝参与，发展粉丝经济，获取粉丝收益。《创造 101》总制片人马延琨指出，资本投资商[②]为节目制作及后期的女团运营投入资金超过 6 亿元，

① 蔡骐．社会化网络时代的粉丝经济模式．中国青年研究，2015（11）．

② 《创造 101》的合作品牌包括 OPPO、七度空间、小红书、中华牙膏、英树、康师傅冰红茶等。当然，还包括爱奇艺与腾讯两个网络视频平台。

巨大的资金投入是为了使节目更具可观性，与粉丝进行更强有力的互动，使粉丝成为《创造 101》的制作者、参与者、消费者。

其次，粉丝经济的兴起，也源于网络为粉丝参与偶像制作流程提供了渠道，使得粉丝成为造星工业的第三种力量。在传统的造星模式中，粉丝是受众，是被动接受明星信息、作品的观众；而在网络空间中，粉丝能够共享偶像的信息和作品，能够通过网络集结起来，形成规模庞大、结构严谨、行动力极强的粉丝社群，聚集资源、提供平台、深度参与。在《创造 101》节目中，根据规则，参与节目的练习生谁能抢得最终出道的名额取决于观众投票。每位普通用户每天有 11 次投票机会，会员有 121 次，额外投票需购买定制卡。捆绑平台会员的投票方式使得粉丝们不得不开启疯狂购买会员卡和账号的模式，《创造 101》节目的粉丝 XLE 说："利用粉丝后援会的集资在淘宝买号（指视频网站账号），然后负责人在 QQ 投票群里发号，只允许投自家爱豆（偶像），然后截图反馈到群里。"为了购买定制卡点赞确保自己支持的练习生能够入围，粉丝们疯狂地组织各类众筹、募资。2018 年 6 月 23 日决赛，众筹平台摩点网发布的数据显示，粉丝在摩点上为《创造 101》各位练习生的集资总额超过 2 000 万元，共有 21 万人参与。据统计，决赛当天，集资额排名前 11 位的选手，粉丝氪金[①] 数总额高达 4 125 万元左右，这还不包括部分粉丝的个人集资和一些"小站子"未公开的集资数额[②]。《创造 101》节目的粉丝 XLE 说："买专辑、买见面会的票、制作灯牌、送礼物是基本的，还有在地铁站、公交站、机场、高铁站投放大屏广告，反正有人群聚集的地方就可以宣传应援。"

粉丝作为明星产业的第三种力量

伴随着网络技术革新，粉丝参与明星制造产业流程获得了技术支持和平台保障，而随着粉丝大规模、高强度持续参与，其逐渐成为造星产业环节中除经纪公司包装、媒介传播之外参与造星的第三种力量。

在传统造星模式中，粉丝是被资本和媒介规训的对象。詹金斯指出，作为最积极的受众，粉丝总是试图对媒介娱乐工业施加影响，为此粉丝通过社群连接起来以改变面对文化生产和流通中强势商业和资本的无力感，并通过有组织的活动来表达自己的主张和诉求；然而，媒介集团并不欢迎参与娱乐工业的粉丝，它们需要的是

---

① "氪金"原指在网络游戏中的充值行为，放在粉丝群体中，就成为为心仪选手集资投票等付费行为的代名词。

② 粉丝经济嬗变：创造 101 谁在圈钱?. 南方都市报，2018－07－03. http://news.163.com/shuangchuang/18/0703/11/DLPM7SR7000197V8.html.

老老实实接受既定制作内容的受众。为了激发、维系和控制粉丝，媒介集团往往通过建立官方的粉丝机构来规范粉丝的行为，并以此推销产品或粉碎负面留言[①]。在这种模式中，粉丝是被规训的对象，粉丝代表的只是少数狂热受众，粉丝接收的信息和传播的内容是被资本和媒介筛选过的。缺乏与资本和媒介沟通的渠道，粉丝只能选择被动接受，其意见和建议不具有普遍性，只有在内部的粉丝社群中他们才有机会表达自身的文化偏好和文化诉求。

因此，在传统媒介主导的娱乐工业时代，明星的生产遵循着媒介娱乐的工业化生产流程。明星在资本的支持下通过“演绎作品—大众媒体关注—话题营销”的制造路径被生产出来。就像工业流水线上的产品一样，明星在资本的助力下通过以作品为基础、以策略性营销为手段的方式获得社会大众的关注，并吸引粉丝进行消费。因此，自上而下的造星模式，使得缺乏内容生产工具和商业参与渠道的粉丝在媒介娱乐的垄断之下成为被资本收编的对象。

互联网技术的发展和网络媒体环境的改善为粉丝参与新型造星工业提供了可能。詹金斯曾说，粉丝是所有新媒介技术的最早使用者和推广者之一[②]，能够利用新媒介技术作为参与并发挥作用的工具。2010 年 2 月，作家韩寒在其新开通的微博中发布了第一条微博，内容只有一个字“喂”，迅速获得了数万条评论和大量转发。自此，动辄百万级的微博阅读量让韩寒成为当时微博界举足轻重的明星。以韩寒、徐静蕾、姚晨等为代表的一大批明星艺人，在网上对当时的热点事件进行评论，对个人的近期动态进行通报，对粉丝关注的问题进行回应，这些都成了热点。“明星是谁”尽管还是由资本和媒介决定，但是广大粉丝已经拥有了对明星的评论权和选择权。

此后，随着传播渠道的拓宽和沟通渠道的增加，粉丝开始通过网络选择由谁来当明星，并通过主动创造话题来博取资本和媒介的关注，从而对传统造星模式发起挑战。互联网造星平台“偶像计划”的创始人何怡说：“传统的渠道包括电视、影视，意味着谁掌握渠道，这个渠道给谁曝光，他就会被捧成传统的明星，但移动互联网让渠道去中心化，现在可以创造一个公平的体系后，让粉丝用户去参与造星。”因此，在网络中，粉丝通过微博、微信等工具拥有了参与造星的权利，由被动接受内容等待资本收编的受众，变为积极参与生产并进行反收编的行动者。他们在网络空间聚集起来了纪律严明、分工明确、行动力极强的粉丝社群，对内为成员提供意

① 杨玲．粉丝、情感经济与新媒介．社会科学战线，2009（7）．

② Henry Jenkins. Textual Poachers: Television Fans and Participatory Culture. New York: Routledge, 1992: 24-49.

义生产和认同建构，动员和规范成员有序参与，对外代表粉丝群体与其他组织或人群进行互动和交流①。因此，造星模式也由传统的“演绎作品—大众媒体关注—话题营销”的路径，转变为“兴趣引导—话题营销—情感渗透—大众媒体关注”的路径②，即粉丝将明星的话题营销与资本运作结合起来，倒逼社会大众和媒体关注，完成明星生产流程。

新型造星模式的兴起是《创造 101》等网络选秀综艺节目得以流行的前提。因为《创造 101》等选秀综艺节目是一种明星养成系的综艺模式，传统综艺呈现的是已经具备市场并具有相关艺人技能的明星，养成系的综艺模式是将普通练习生经过系统培养和层层选拔而逐渐培养成具有艺人技能的偶像。对于粉丝而言，在养成系的综艺节目中，他们不仅能看到偶像的努力与成长，而且可以发挥粉丝力量参与偶像的制造过程，陪伴偶像成长并给予偶像力量。中国传媒大学电视学院教授张绍刚说：“她们不是唱得最好的，也不是跳得最好的，她们身上甚至于有瑕疵，有明显的缺点，但是粉丝知道，随着我的成长，她们也在成长，甚至可能是我的努力在帮助她成长，然后当大家一步一步地都变得更好的时候，她们之间的黏性会极大地加强，这就是养成。”

养成模式起源于日本，有几种模式。20 世纪七八十年代的养成模式是“杰尼斯模式”，这一模式封闭训练大量男生，再将他们推出；而后以日本 1988 年成立的 SMAP 男子团体为代表，“杰尼斯模式”进入新的阶段，稚嫩的小男生直接在节目里表演，养成过程从幕后转到台前。2005 年，由日本制作人秋元康策划的日本女子偶像团体 AKB48 开创性地通过电视以外的剧场演出加互联网的方式，让粉丝面对面地见证一群原本缺乏专业素养的女孩慢慢成长为偶像的过程。国内少女团体“偶像学园”的总制作人钱琳说：“这样的模式，既养成偶像，又养成粉丝，打破偶像遥不可及的形象，并且养成的过程变成了商业模式，这对娱乐产业具有颠覆意义。”

《创造 101》即是中国娱乐工业中养成系的典型综艺节目，参加选拔的 101 个女孩以练习生的身份开始，以 11 个女孩的成团出道结束。《创造 101》节目的价值即在于给予这些练习生们平台和资源，邀请粉丝助力一起扶助她们成为明日明星。例如“村花”杨超越，之所以参加《创造 101》节目是“冲着 2 000 元包吃住”，虽然不具备成熟女团成员所应具备的舞台表现力和唱跳能力，但是在粉丝的支持下，杨超越在《创造 101》节目结束时名列前三，并成为最后 11 个幸运女孩之一成功出

① 王艺璇．网络时代粉丝社群的形成机制研究：以鹿晗粉丝群体“鹿饭”为例．学术界，2017（3）．

② 杨玲．粉丝、情感经济与新媒介．社会科学战线，2009（7）．

道。对于杨超越而言，“粉丝给我投的，我就坐那儿”。对于粉丝来讲，杨超越“就像是来大城市打拼的普通年轻人，101 是她改变人生的机会，我们希望帮助她圆梦”。养成系的综艺节目发挥了粉丝的力量并颠覆了传统的造星模式，成为粉丝参与造星的重要载体。

三、粉丝社群：网络粉丝的认同建构

学界一般用“粉丝社群”来指称粉丝自发形成的社会组织，粉丝社群是粉丝基于共同爱好而形成的趣缘共同体。在社群中，成员往往标榜自己的粉丝身份并形成文化认同与组织认同。粉丝社群的形成源于粉丝的社会属性，作为一种亚文化的实践者，粉丝渴望与其他具有相同爱好的个人与群体进行社交互动，并通过建构自己的文化环境，找到文化的认同感与合法性。同时，粉丝建立社群的另一个原因即在于粉丝的辨识与区隔，对于粉丝来讲，因为所喜爱之物、之人的差异，文化世界往往被区分为“我们”和“他们”两个世界，粉丝需要通过社群区隔不同的粉丝群体，也需要通过辨识来形成情感性联盟，找到无拘无束在一起的感觉。因此，粉丝社群满足了粉丝身份标榜和认同建构的双重文化功能要求。

粉丝社群的网络化

粉丝力量的崛起得益于媒体环境的改善，更得益于网络技术赋予新一代粉丝的权利。作为“85 后”的年轻粉丝，他们是从小就生长在网络环境中的“原住民”，了解网络环境，熟悉网络文化，明了网络规则，掌握网络技能。新一代粉丝的网络属性促成了粉丝社群的网络化，粉丝社群成为规训粉丝行为、建构粉丝文化、组织粉丝行动、建设粉丝帝国的重要组织化平台。

首先，网络粉丝社群是一个组织化程度较高的社群。不同于传统的追星族，网络粉丝社群在结构上呈现组织化的特征，具有严密的分工、完整的组织规范和制度化的规划安排。在网络粉丝社群中，不同类型的粉丝被整合进不同的社群。根据粉丝参与程度和等级的不同，粉丝可以划分为不同类型，不同类型的粉丝需要被整合进不同类型的粉丝社群中，享有不同类型的粉丝权利，履行不同类型的粉丝义务。例如在小米的粉丝社群架构中，既有热衷于开发系统和主题的核心粉丝，也有赞同小米美学的普通粉丝，还有对小米一直向往的路人粉丝。不同类型的粉丝，整合在不同类型的粉丝群体中，让小米的粉丝社群更为清晰和完整，几乎每一个类型的粉丝都可以找到自己的细分兴趣社群。但这些不同类型的粉丝社群并不是相互平行的，而是可以相互交叉的：路人粉丝可以不断进化为核心粉丝。因此，粉丝社群往往呈现为稳定的金字塔结构，保持了整个社群的活力。在《创造 101》节目中，最受关注并成功出道的 11 个女孩分别都有自己的粉丝社群，而 11 个女孩所组成的女团——火箭少女吧的粉丝社群则作为总粉丝社群，统筹《创造 101》节目不同类型的网络粉丝社群。

其次，网络粉丝社群不仅是一个组织化程度较高的社群，还是一个纪律严明的社群。如前所述，虽然网络粉丝社群在结构上有不同的类型，但每种类型之间存在一定的联结关系，这种联结关系依靠制度和规范予以维系。作为在结构上组织化程度较高的社群，其内部往往具有比较明晰的组织规划和制度框架，用以规范粉丝的行为和加强社群的联结。当前，在以明星为中心形成的粉丝社群中，百度贴吧往往成为社群的核心，由贴吧制定的规范和章程是规范粉丝网络行为的重要制度安排。火箭少女吧，是《创造 101》的主要贴吧，贴吧置顶的信息是贴吧的规章《入吧必看》，第一条即对吧规给予了说明：

（1）首先请无条件遵守百度贴吧协议。

（2）严禁发布带有种族偏见、宗教问题、政治问题、地域问题等帖。

（3）禁止激烈争吵甚至辱骂，若出现此不文明现象，删帖处理，严重者封。

（4）严禁发布任何黑小姐姐的帖子，一经发现，删帖处理。

（5）禁止挑拨本吧与其他贴吧间的关系，一经发现，删帖处理。

（6）禁止恶意挖坟，挖坟者封号一天警告。

（7）禁止主题内容为空白无意义，如有违反一律先警告再删帖。

（8）本帖禁止回复，发现一律删除。

在吧规之后，是火箭少女吧的入吧申请、删帖申恢、删帖封禁举报等信息。通过这些制度规范，贴吧规范着社群的粉丝行为，维持了社群之间的关联，并维系着网络粉丝社群作为一个整体的完整性。

再次，网络粉丝社群是一个行动力极强的社群。如前所述，网络粉丝社群是一个组织化程度较高、结构比较完整、内部有制度规范约束的网络组织，粉丝对社群具有比较高的参与度和认同度，从而使网络粉丝社群成为一个行动力极强的网络组织。粉丝社群的行动力主要体现在社群的组织能力、协调能力和整体购买力上。在《创造 101》播放过程中，截至 2018 年 6 月 23 日决赛当天中午 12 时，众筹平台摩点网发布的数据显示，粉丝在摩点上为《创造 101》各位练习生的集资总额超过 2 000 万元，共有 21 万人参与。有媒体计算，为了送孟美岐 C 位出道，比赛期间，仅在粉丝互动平台 Owhat 上，粉丝募集的资金就接近 500 万元；如果集合所有应援平台的数据，粉丝发起的集资总额大概为 1 200 万元[①]。同时，在粉丝社群外部，粉丝为传播明星和社群的正能量，往往自发参与或组织公益活动，以获得社会公众的认可。例如，《创造 101》孟美岐的粉丝社群为感谢偶像给予的“光和美”，在 2018 年孟美岐生日时说：“给我们的精神力量让我们更加热爱生活，我们想把从心而发的爱报予这个有你的美好世界。”为此，粉丝社群关爱贫困家庭、环卫工人、困难老人，为他们送去物质与精神的慰藉，以孟美岐的名义参与捐赠活动，帮助社会弱势群体。网络粉丝社群展现的粉丝行动力，使得粉丝正在从“脑残粉”化身为“有力量的青年”，把追星变成一种爱的释放，引发社会公众放下偏见重新看到粉丝传递的正能量[②]。

粉丝与社群建构

从 2005 年的《超级女声》到现在的《创造 101》，全民选秀时代的到来培育了粉丝，也为粉丝提升组织能力、加强规范参与提供了平台和经验。粉丝是台下摇旗呐喊的观众，更是选秀节目中艺人命运的决定者。粉丝成为娱乐工业中的第三种力量，不仅得益于新型的综艺节目安排和网络环境，也得益于粉丝所建构的庞大粉丝社群。网络技术使粉丝在造星过程中获得了话语权，并依托网络粉丝社群参与偶像生产制造的流程，这不仅使粉丝获得了极大的心理满足，也使粉丝社群成为粉丝聚集的载体。强烈的使命感使粉丝与偶像结成“命运共同体”，粉丝通过粉丝社群的行动帮助偶像获得更多的机会和资源以登上更大的舞台。因此，粉丝社群是建构粉丝文化、发挥粉丝作用的基础。

在《创造 101》的网络粉丝社群中，“孟美岐 LoveMQ 应援团”是孟美岐最大的粉丝社群之一，目前已有粉丝 23 万多人。社群的主要工作是每日转发孟美岐的相关内容，也就是粉丝所谓的宣传“带节奏”。粉丝社群的转发和重新解读，使孟美岐的相关信息能够进行合乎粉丝预期与社会规范的传播，以获得粉丝和社会大众的了解与认可。而当孟美岐及其工作室没有足够内容时，粉丝社群需要为其创造微博话题以获得网络关注。因此网络粉丝社群内部细分出超级话题组、宣传组、打榜投票组、前线组、视频组、翻译组、美工组、微管组、净化组等不同组别，每一组别由不同粉丝构成以承担不同的职能。例如，打榜投票组是投票的主力，负责为孟

① 粉丝经济嬗变：创造 101 谁在圈钱?. 南方都市报，2018-07-03. http://news.163.com/shuangchuang/18/0703/11/DLPM7SR7000197V8.html.

② 王艺璇. 悖论的合法性：网络粉丝社群对粉丝形象的再现与生产：以鹿晗网络粉丝社群为例. 中国青年研究，2018 (6).

美岐在各个投票网站打榜投票。他们每日 3 次分别在 9 点、12 点和 24 点为孟美岐打榜投票，以使孟美岐的相关信息能够冲上各网站排行榜热门，增加孟美岐的曝光度。虽然粉丝社群的日常投票任务名目繁多，包括诸如新浪明星榜、微博微信明星权力榜、百度百科明星人气榜等等，但通过粉丝社群的细致分工，打榜投票组能够在各个榜单中为偶像争得一席之地。钱琳说："粉丝真是操碎了心，但在这些投票平台的票数越高，偶像或许就越容易被品牌方、被剧组看见吧。"

在网络粉丝社群的内部构成中，有一个重要的组别是净化组。净化组的主要职责是在各个平台发现黑化偶像、污蔑偶像等的相关信息，并组织粉丝社群的力量对这些信息予以投诉和净化。在明星的粉丝中，存在一种叫"黑粉"的粉丝类型，他们专门关注明星的缺点与不足，并恶意挑拨明星之间以及明星与粉丝之间的关系。他们将明星的缺点与不足甚至是自己的片面解读放大并通过网络表达在网络社交平台上。为了减少"黑粉"对明星的影响，网络粉丝社群的净化组负责在网络社交平台上对这些负面信息进行净化，将与明星相关的缺点、不实信息通过不停刷屏的正面宣传帖淹没。

因此，网络粉丝社群是粉丝聚集接受社群规范约束并承担相应职责义务的网络组织，对于粉丝而言，网络粉丝社群还是建构粉丝认同、提升粉丝参与度的共同体。因为粉丝是一个标榜身份以彰显区隔的个体，喜好不同对象的粉丝之间往往具有非常明显的区隔与标识，而在网络粉丝社群内部，则是具有同一偏好、价值取向的同属性个体，这样就缩短了粉丝之间的社会距离。因此，在网络粉丝社群内部，粉丝之间往往以"家人"相互称谓，用类亲属化的关系来表征粉丝社群中粉丝之间的关系。网络粉丝社群成为粉丝加强认同感和归属感的重要平台。

可以看出，粉丝建构的网络粉丝社群，对内为成员提供意义生产和认同建构，动员和规范粉丝有序参与，对外代表粉丝群体与其他组织或人群进行互动和交流。网络粉丝社群已经不同于传统粉丝群体，是依托网络媒介建立起来的新组织形态；网络粉丝社群也不同于其他非正式的网络群体（如微信群等），具有严密的组织结构、正式的制度规范和细致的社会分工。网络粉丝社群的这些特性使其具有极强的行动力和影响力，也使其成为粉丝相互关联的意义共同体。

资本与社群建构

明星作为一种娱乐产品，是资本运作的结果，这种运作也参与到了粉丝社群的建构中。《创造 101》中的 13 778 名练习生分别来自 457 家娱乐公司。从《创造 101》第一期开始，公司的标签即伴随着参赛的练习生。她们按照公司相继入场，公司的规模、实力影响着练习生在节目中的表现和人气。例如，来自乐华娱乐的孟美岐和来自可米领誉的 Sunnee，二人的造型从节目开始都选择了浅色系漂染的发色，但是因为节目录制时间比较长，从第一期开始录制到最后节目播放，中间经历了 3 个多月，Sunnee 的头发颜色也在节目中慢慢由浅色变黑，由于可米领誉主要是通过剧集帮助艺人完成从 0 到 1 的孵化过程，而没有把练习生训练模式作为重点培养机制[①]，因此 Sunnee 的头发在节目中逐渐变色，影响了 Sunnee 在节目中的表现。而反观来自乐华娱乐的同样是浅色系头发的孟美岐，从第一期节目开始其头发一直保持着完美的状态，这与乐华娱乐的资源和艺人管理是分不开的。乐华娱乐是在女团领域积淀较多的公司，主要业务包括乐华音乐、乐华经纪、乐华影视和乐华综艺四大板块，其所拥有的 TOPIDOL 造星计划更是集公司资源打造最顶级的偶像新人，具有完整的练习生培养产业链。因此，资本是偶像养成系的重要力量，不同偶像背后的资本是有差异的。

在《创造 101》节目中，练习生背后的经纪公司根据实力的差异，可以划分为五个层次：第一层次是具有成熟培养体系和强大资本支持的经纪公司，包括华谊兄弟、欢瑞世纪等百亿市值的上市公司，也包括环球音乐、芒果娱乐和乐华娱乐等；第二层次是虽在名望和资本等方面相对第一层次弱小，但在资源方面具有一定积累的公司，如心喜文化、拉近网娱等公司；第三层次是“网红”公司，如陌陌直播、青藤文化、中樱桃等，它们通过直播培养了一批“网红”和女团品牌，具有一定的平台和粉丝基础；第四层次是具有一定实力和资本的新锐公司，如香蕉娱乐，注册资本高达 1 亿元，尽管其目前还没有成型的国产女团，但早在 2015 年成立之初，就签下了韩国女团 T-ARA 帮助其在中国的运营；第五层次是新生力量类，如齐鼓文化、花开半夏文化传媒、极创引力等公司。

练习生背后资本力量的差异，影响着他们在节目中的表现、资源和机会。在《创造 101》节目中，共有四方参与运营的主体：经纪公司、腾讯视频平台、品牌赞助商和粉丝。其中，经纪公司投入资源培训练习生使其具备艺人的能力，最终通过流量和代言获得商业利益；腾讯视频平台通过练习生参加选秀节目与经纪公司瓜分艺人资源，也可以通过选秀节目中品牌赞助商的赞助获得商业收益；品牌赞助商借助腾讯视频平台和明星获得流量和销量，从而获得商业收益；粉丝是经纪公司、腾讯视频平台和品牌赞助商的消费对象，也是通过投票、应援和募资等方式与经纪公司共同经营明星产业的第三种力量。在四方参与力量中，经纪公司是明星生产体系

① 韩玥. 专访领誉传媒 CEO 周昊：用标准化生产中国的偶像. (2018－04－29). http://baijiahao.baidu.com/s? id＝1599049423654882818&wfr＝spider&for＝pc.

中的主导力量，《创造 101》总制片人马延琨曾在开播发布会上透露，将为节目制作和为期 2 年的女团营运投入超过 6 亿元资金。《创造 101》女团火箭少女赖美云的经纪人文文透露："我们的投入都是百万量级的，主要是艺人培训、整体造型与宣传费用这几部分。固定团队大概是 15 个人，包括经纪、宣传、视频平面、造型、艺管等等不同的专项负责人全体都参与到了相关工作中。"

巨额的资本投入和完整的培养体系使得资本与明星以及资本与粉丝的关系成为偶像生产过程中的重要关系。为了增强粉丝的可控性，资本往往参与粉丝社群的建构。例如，在《创造 101》节目中，为增强粉丝的参与，腾讯视频在节目赛制安排中决定将根据粉丝在特定渠道的投票结果确定练习生在节目中所演唱的歌曲。为了给偶像获得体现其实力的歌曲，孟美岐的粉丝按照歌曲的类型认为其适合演唱 *Shiny* 这首歌，于是孟美岐粉丝的打榜投票组开始组织力量为她投票。而与孟美岐同一家公司的练习生吴宣怡的粉丝也选中了 *Shiny* 这首歌。两人在腾讯视频 doki 里的粉丝对比为：孟美岐 173 万，吴宣怡 174 万。两人微博粉丝对比为：孟美岐 163 万，吴宣怡 154 万。两人的粉丝数量旗鼓相当，但因为吴宣怡粉丝更具行动力，吴宣怡在争夺 *Shiny* 的投票过程中一直处于领先的位置。落后的孟美岐粉丝内部逐渐分裂成两派：坚持投 *Shiny* 派和换投《不负青春》派。投票策略上的争议引发了其他粉丝对孟美岐粉丝的群嘲，也加剧了粉丝内部的不合。其后援会会长引咎辞职，导致整个打榜投票组处于瘫痪状态。为了扭转这种混乱的局面，乐华娱乐的运营团队与孟美岐和吴宣怡的粉丝后援会商议，孟美岐退出对 *Shiny* 这首歌的争夺，转而选择歌曲风格也比较适合孟美岐的《我就是这种女孩》，而吴宣怡粉丝后援会号召粉丝为孟美岐投票。可以看出，在网络粉丝社群的建构中，资本依然发挥一定的作用，为粉丝社群提供资源，规范粉丝与偶像的关系。

四、赋能：网络粉丝社群的文化再生产

正如我们在前文中所论述的，在粉丝群体中，年轻女性占绝大多数。波伏娃说，女人不是天生的，而是被建构的[①]。文化是形塑女性的重要力量，杂志、报纸等传媒载体所从事的正是一种女性文化的建构工作，它们受制于所处时代的不同力量，成为一部社会对女性的观念史。刘胜枝[②]认为，随着女性传播载体由依赖政府向依赖市场转变，其对理想女性的定义也遵循了同样的演变过程：理想女性从以国

① 西蒙娜・德・波伏娃. 第二性. 陶铁柱，译. 北京：中国书籍出版社，2004.

② 刘胜枝. 被建构的女性：对当代女性杂志中女性形象的文化研究. 青年研究，2006（6）.

家为本位、以劳动为实现形式向以个体为本位、以消费为实现形式转变。如今，网络作为一种新的传媒载体，特别是在年轻女性的主动参与之下，正在建构一种新的女性文化。

王菊：我想要这个机会！

专业女团源于日韩，经过第一、二、三代和第四代女团的发展，日韩已经形成了标准的女团文化和体系，年轻、美丽、性感等外貌特征成为对女团成员的基本要求。在《创造 101》节目中，争取成团资格的练习生们也以日韩女团的标准打造自己，不仅展现作为年轻女孩的活力和朝气，也提升自身作为女团成员所应具有的唱跳能力。而在这些女孩中，王菊是一个例外，“长相魁梧，皮肤黝黑”的王菊并不具有标准女团成员的外貌，但是王菊却在粉丝社群的营销之下，在标准化的女团文化之外，衍生出独具现代女性特色的“王菊现象”，并掀起一股全民参与的现代女性文化生产狂潮。

王菊，英模公司的外勤经纪人，《创造 101》节目组到英模公司选人的时候，王菊带着模特参选并“在同事们的玩笑声中报了名”。1992 年出生的她在《创造 101》参赛选手中并不具有竞争优势。“长相魁梧，皮肤黝黑”，被网友认为是选手中“最不适合做偶像女团的练习生”。因此，在节目中王菊的存在感很低，得到的镜头和表现机会也较少，在初赛中即被淘汰。

王菊的反转是从人气选手 Sunshine 组合的 ABBY 退赛之后开始的，为了补位，王菊得以重返《创造 101》的舞台。“她放弃的，是我梦寐以求的机会！”但重返后的王菊表现仍然欠佳，在第二轮人气投票后，王菊位列 55 名之后面临淘汰。为了增强节目与粉丝的互动，《创造 101》节目组设置了一个复活环节，将选手分为 7 组，表演结束后 7 名队长可以从自己队伍里选择一名被淘汰的队员复活。根据节目设置，在每位队长选择之前，每位面临淘汰的练习生都有机会表达自己的想法以争取继续留下的机会。这场节目成为王菊圈粉的开始。因为，在面对这一难得的机会时，隐忍、克制、谦让和温良恭俭的传统女性文化使一些面临淘汰的练习生选择了退让。例如：

陈怡凡说：“如果我没有被选的话，我会出去给你点赞的，我也不想看到你那么为难的样子。”

周雪说：“我觉得因为我做得不好，所以我觉得很对不起。”

蒋申说：“就是其实走了的话也没有关系。”

根据康奈尔的性别气质理论，性别气质作为社会意识形态的重要组成部分，会随着历史、地域、文化和社会的变迁而改变。性别群体内部也会因权力关系、生产关系、情感关系等维度被分割成不同的小群体，并形成不同类型的男性气质和女性气质。因此，康奈尔将男性气质分为四种类型：支配型男性气质、从属型男性气质、共谋型男性气质和边缘型男性气质。这些男性气质在不同表达方式之间存在着等级秩序，处在秩序顶端的是支配型男性气质，是男权用来保证男性统治地位和女性从属地位的形构。支配型男性气质通过意识形态工具、结构性权力甚至暴力等方式在国家、社会生活中处于支配地位，符合所处历史时期和社会文化的需求，并经过集体的结构性权力认可和授权。与支配型男性气质相对应的是从属型男性气质，居中者是共谋型男性气质，持有这种男性气质者占群体中的大多数，他们既参与分享霸权男性气质带来的父权红利，又无须成为父权制的排头兵，承担父权制压迫扩张过程中带来的风险和焦虑。边缘型男性气质是性别与其他社会结构，如阶级或种族等相互作用而发展出来的一种男性气质①。

在对男性气质分类的基础上，康奈尔认为，男性气质和女性气质是一种社会建构，是在“话语中形成的”，“性别的常识性知识绝不是恒定的，而是在不断变化的实践中的理性认识，通过这些实践，性别建构就在日常生活中‘形成了’或‘完成了’”②。因此，不同时代对于男性气质和女性气质的要求并不是固定的，而是随着时代的变迁而变化的。在网络时代，特别是在女权运动和消费文化的影响下，传统的隐忍、克制、温良恭俭的女性文化也在发生改变，自信、独立、向上的女性文化正在兴起，并逐渐得到社会的接纳认可。

因此，在面临选择时，隐忍、克制、温良恭俭的练习生选择了退让，同时观众也对她们选择了忘却。而自信、独立、向上的王菊选择了争取，在其他女孩哭成一片时，王菊保持着笑容，选择了在节目中“向前一步”，她说：“其实这个节目就是一直层出不穷的惊喜和意外，而且命运之轮又转到了我跟倪秋云③这边。之前我们两个人争那个 rap（说唱）的分段也是，所以我这次的态度跟上次一样，我还是为自己争取，因为我还是想留在这舞台上，我还有梦想没有完全实现。”王菊所代表的新女性文化符合网络时代的女性追求，正如队长 Yamy 所说：“王菊就是一个来就来了，来了就要奋力地做下去，不管别人说什么的人。”因此，王菊留了下来，并获得了越来越多粉丝的喜爱和支持。

在随后的节目中，粉丝搜索出了与王菊相关的信息，发现王菊之前也是甜美、

---

① 方刚. 康奈尔和她的社会性别理论评述. 妇女研究论丛，2008（2）.

② 康奈尔. 男性气质. 柳莉，张文霞，张美川，等译. 北京：社会科学文献出版社，2003：7.

③ 倪秋云，《创造 101》的参赛选手。

乖巧、瘦小的女孩。在节目中，编导问王菊是否还想回到以前的样子，王菊回答说："不想回去。因为其实当时你不知道自己心里美的标准是什么，自从我做模特经纪以来，就是做自己，就是我自己的信条。这个行业，还是有很多美黑的，这种口味的话，你喜欢的会非常喜欢，你不喜欢的可能就归类为'这是时尚吗?'我的人生握在自己的手里，精神独立，我觉得太重要了!"

王菊的自信与独立，以及其对于女性文化和女性形象的理解与定义，在价值多元、审美多元的网络社会迎合了女性的自我期许：外貌中的白瘦是一种女性的美，自信也是一种女性的美，黝黑和粗壮也可以是一种女性的美。王菊说："有人说我这样子的不适合做女团。可是做女团的标准是什么？在我这里，标准和包袱都已经被我吃掉了。而你们手里握着的是重新定义中国第一女团的权利。"女性文化和女性形象已不再强调外貌的美，独立的人格和有趣的灵魂更为重要。因此，率真、自信、大胆和独立的王菊给传统女性文化带来了冲击。以女性为主要构成的粉丝群体开始赋能，通过粉丝社群展开了一场新型女性文化的再生产运动。

"送菊出道"运动

王菊的粉丝可以分为两类，一类是"欧美圈"①的粉丝，另一类是"LGBT 人群"②。两类粉丝喜欢王菊的原因各不相同。

"欧美圈"的粉丝喜欢王菊的原因首先是外在的。《创造 101》作为一款来自韩国的偶像选秀节目，在审美上具有一定的同质性，即以吴宣仪和孟美岐为代表的传统女团偶像呈现出的是精致的外表、纤瘦的身材和娴熟的业务能力，标准化的练习生训练使得她们形成了符合社会期望的舞台表现能力。她们作为标准化的形象模板是《创造 101》其他练习生效仿的目标，在其他练习生身上也能看出吴宣仪和孟美岐的影子。而王菊在这一群练习生中却是一种特别的存在。从第一期节目开始，外表偏向欧美、身材没有其他选手纤瘦、唱跳没有其他选手标准的王菊，完全打破了人们对于女团偶像的惯性思维。"土黑壮"的"菊姐"自然不符合主流审美对于女团偶像和"小姐姐"的审美标准。然而，虽然浓妆、美黑、"爆炸头"、壮实的身材与传统意义上甜美乖巧的女团成员标准格格不入，但王菊不逢迎、不讨好，不以别人的标准要求自己，展现出了挑战传统标准的自信与勇气。即使处于被选的位置，王菊依然能够勇敢、正当地表达自己，这与"欧美圈"认同的欧美文化相一致。王菊的

① "欧美圈"指的是喜欢欧美影视文化的人。

② "LGBT"是女同性恋者（lesbians)、男同性恋者（gays)、双性恋者（bisexuals）与跨性别者（transgender）的英文首字母缩写，LGBT 人群除了狭义地指同性恋、双性恋或跨性别族群，也广泛代表所有非异性恋者。

粉丝WCDS说："从某种程度上，我周边所有选择王菊的，不仅是新生代的乐观和自嘲、跟风和黑到深处自然粉，还是一种投射。这实际上象征着女权本身没有意识到的自发力量，以及当代对所有少数群体权益的呐喊发声。"

王菊的另一类粉丝是"LGBT人群"，他们喜欢王菊的原因首先是内在的和象征意义上的。在《创造101》节目中，王菊所呈现出的独立、自信、坚强的个性特质获得了"LGBT人群"的喜爱和共鸣。因为对于性少数群体而言，王菊在《创造101》节目中所面临的困境与他们在现实社会中所面临的困境具有相似性。王菊所在的《创造101》的环境是一个以传统女团偶像为主流的选秀节目，王菊作为一种特别的存在与主流形成了对抗。而这种困境在性少数群体中，则表现为少数性别偏好群体与主流社会的对抗。面对这种对抗，王菊在《创造101》中的态度是不躲避、坚持、勇敢地面对，这种对主流的抵抗，很容易获得性少数人群的共鸣，因为在这些性少数人群中，他们也需要如同王菊一样勇敢地和主流对抗的"斗士"。

王菊的粉丝群体通过一场粉丝社群的造星运动，实现了现代新型女性文化的再生产。在节目初始，王菊在101名练习生中排名第96，是节目中的"小透明"。2018年5月26日，《创造101》赞助商英树发起了一场粉丝支援的"打call"活动：在2018年5月26日至2018年6月13日限定时间内，粉丝可以为喜欢的选手点赞投票，其中对于"打call"榜票数排名第一的选手，赞助商将为其包下一列地铁作为其形象展示的机会。

为了支持王菊，王菊的粉丝——"陶渊明"[①]们展开了一场"送菊出道"的粉丝运动。这种运动不同于以吴宣仪和孟美岐等为代表的传统偶像的"粉丝打榜"模式，他们有组织、有计划、有技巧地通过网络粉丝社群有秩序地打榜，而"陶渊明"们的粉丝打榜行为甚至形成了一场全民参与的网络狂欢，获得了社会大众的关注和参与。

首先，不同于其他粉丝群体设置明晰的粉丝社群边界以区分"我们"与"他们"，王菊的粉丝模糊了粉丝社群的边界，将核心粉丝、普通粉丝、路人粉丝以及社会大众通过相互影响的方式变为支持王菊投票打榜的力量。"陶渊明"们创造了类似"菊姐上地铁，土创做一姐"的打榜口号，并制作出易于传播的"王菊语系"，使"菊话宝典"成为网络粉丝社群重要的传播和应援方式。所谓"菊话宝典"，是粉丝自造的成语、段子和口号，甚至连带"菊"的微信群名也成为整个"王菊语系"中的一个元素，例如：

---

① "陶渊明"是王菊粉丝的名字，诗人陶渊明一生独爱菊花，同时菊花也被陶渊明赋予了精神独立的超时代意义，因此，王菊的粉丝把自己比作"陶渊明"，把王菊比作"菊花"，以此表达粉丝对王菊的喜爱。

你不投 我不投 王菊老师怎么红
你搞好 我搞好 菊姐就能追风跑
你努力 我努力 菊姐就能出奇迹
你偷懒 我偷懒 菊姐就得丢饭碗
你拉票 我拉票 菊姐安心睡大觉
你勤奋 我勤奋 菊姐不再招人恨
你大吵 我大吵 菊姐眼泪刷刷掉
你团结 我团结 菊姐就能走花街

这种戏谑和自嘲式的“菊话宝典”传播方式，具有极强的传播力和感染力，在核心粉丝和普通粉丝的策划之下，路人粉丝以及社会大众被动员参与到了粉丝的行动中，形成了全民参与的打榜狂欢，越来越多的“菊外人”[①] 加入到为王菊打榜的行动中。

其次，如前所述，王菊在《创造 101》节目中是一种特别的存在，与主流对于女团偶像和“小姐姐”的审美相异，喜欢王菊的无论是“欧美圈”的粉丝还是“LGBT 人群”，在主流社会中都是边缘化的存在，面对来自主流社会的对抗。王菊的粉丝 WOD 说：“孟美岐就像是班级里踏踏实实、勤勤恳恳的第一名，吴宣仪是老师宠爱、同学喜欢的甜甜班花，杨超越是平时平凡无奇但关键考试走大运的人，而王菊是噙着眼泪在课桌底下偷偷攥起拳头的每一个努力、勤奋又依旧平凡普通的我们。”因此，在面对非议和对抗时，王菊的粉丝选择的不是对抗，而是先道歉而后继续“安利”：“菊粉多说对不起，王菊才会了不起；对不起，对不起，你骂我，我骂你，不如我们在一起。”“有人 diss[②] 菊姐、骂菊粉怎么办？没关系、没关系，对不起、对不起，菊姐粉丝不骂你，只用菊语讲道理，粉丝一句对不起，菊姐真的了不起，粉丝多说对不起，只为菊姐对不起，常怀感恩在心里，祝你健康又如意。”

与传统粉丝疯狂、无序的形象相比，王菊粉丝这种理智、隐忍和克制的追星方式获得了社会大众的认可，而粉丝通过这种有序、理智的参与为支持王菊打榜投票争取了更多的资源和机会。相关的网络粉丝社群数量越来越多，规模越来越大。然而，这种增长并不是无序的增长，而是有着非常严格规范的应援纪律、统一的文案宣传、丰富多元的传播手段。在向社会宣传渗透的同时，内部统一的昵称体系、统

① 所谓“菊外人”，是粉丝用语，用来指称不知道王菊是谁，也没有看过《创造 101》，但是已经被“给王菊投票”相关信息包围的人。

② diss 为网络用语，是 disrespect（不尊重）或 disparage（轻视）的简写，是 hiphop 文化发展的产物，指的是诋毁或侮辱的意思。

一的打榜口号、统一的数据跟进和舆论反馈，充分反映了粉丝传递的良好形象。

最后，除了利用网络粉丝社群自身资源扩展传播的广度以外，“陶渊明”们还充分利用其他平台、作品、人物的文本，通过粉丝社群的解读将它们与王菊联系在一起。例如，粉丝将“欧美圈”对于热门电影的解读，用故事化的叙述方式扩展为为王菊投票的信息。“《复仇者联盟 4》最新花絮释出！灭霸打出响指后世界人数瞬间减半化作飞灰！镜头一转，原来蜘蛛侠、洛基等人并没有死，只是被无限手套传送到另一个平行世界。抵达新世界的超级英雄们在逐渐了解这个看似一模一样但给人诡异感觉的世界时发现所有这个世界的人背后都印有一串字母，‘GWJTP!’曾学过中文的洛基在耗费 130 天后终于解出其中真意，原来竟是‘给王菊投票!’”

通过“菊话宝典”、道歉姿态以及“安利”文案三部曲，网络粉丝社群实现了社群内容的解读和社群文化的生产，吸引了越来越多的网民参与到“送菊出道”的粉丝行动中。微信、微博、豆瓣等社交平台密集地出现“王菊”或者以“菊”为关键内容的语录、口号、表情包等应援产品。2018 年 5 月 29 日，王菊在小红书和英树的排名荣登榜首，一度领先第二名吴宣仪 60 万票。王菊因此获得了英树提供一列地铁作为形象展示广告位的资格，在百度指数中的排名也日环比增长了 453.32%。

结　语

伴随着网络社会的崛起，粉丝借助网络媒介开始主动参与资本主导的明星生产流程，而不再是造星产业被动收编的对象。粉丝也不再是一个个分散个体的代名词，而是借助网络媒介连接起来的群体，他们通过互联网聚集起来形成了规模庞大、纪律严明、分工明确、行动力极强的网络粉丝社群，从而成为除经纪公司包装、媒介传播之外参与造星的第三种力量。

首先，因为等级、地域、投入程度等方面的差异，粉丝群体并不是一种均质化的存在。按照付出程度的不同，粉丝可以划分为核心粉丝、普通粉丝和路人粉丝三类。核心粉丝是网络粉丝社群的发起者，是粉丝应援、宣传、打榜等社群活动的主导者；普通粉丝是网络粉丝社群的参与者，往往是网络粉丝社群内部职责的承担者，负责具体的应援、宣传、美工、投票等任务；而路人粉丝是网络粉丝社群需要感染和影响的对象，以增强其与明星和社群之间的关联性。因此，网络粉丝社群成为一个核心粉丝发起、普通粉丝参与以影响路人粉丝的网络组织，这一组织具有组织化的特征，并成为造星产业中的重要力量。

其次，粉丝借助网络粉丝社群成为参与造星产业的第三种力量。在传统媒介主导的娱乐工业时代，粉丝是被资本和媒介规训的对象，作为消费者很难有机会和途径表达自身的文化偏好和娱乐诉求。同时，作为娱乐受众，他们也很难参与娱乐工业体系。因此，在传统媒介娱乐工业时代，明星的生产遵循着媒介娱乐的工业化生产流程："演绎作品—大众媒体关注—话题营销"。即明星的生产首先是通过演绎的作品获得大众媒体的关注，而后在资本助力下通过策略性营销获得大众和粉丝的关注。而在网络时代，网络媒介为粉丝的聚集提供了基础，粉丝在网络空间形成了网络粉丝社群，并通过网络粉丝社群参与造星流程，形成了"兴趣引导—话题营销—情感渗透—大众媒体关注"① 的造星逻辑，也就是说，粉丝可以将明星的话题营销与资本运作结合起来，倒逼媒体和社会大众关注，形成新的造星模式。

再次，网络时代的粉丝社群具有组织化的特征。与传统的追星族不同，网络时代的粉丝通过社交网络聚集起来，形成了规模庞大、分工明确、纪律严明的网络粉丝社群。这些粉丝社群以"站子"为基础，以贴吧为中心，不仅规模庞大，还具有层级性。通过严密的分工，粉丝社群形成了打榜投票、美工、应援、超级话题等不同组别，正式的运作规则和完善的功能使网络粉丝社群具有极强的行动力。网络粉丝社群具有重要的功能，对内发挥为成员提供行动规范、意义生产和认同建构的作用，动员和规范粉丝有序参与；对外则代表粉丝群体与其他组织或人群进行互动和交流。

最后，网络粉丝社群的力量不仅体现在它是造星产业的第三种力量上，还体现在其文化再生产的能量上。网络粉丝群体以年轻女性为主，他们通过网络粉丝社群建构起一种新型的女性文化。在《创造 101》中，独立、自信、坚强的王菊代表了一种不同于传统女性形象的新女性文化，粉丝通过网络粉丝社群的话题营销倒逼社会大众和媒体关注，引发了一场"送菊出道"的网络狂欢，实现了网络时代新女性文化的再生产运动。

参考文献

［1］Henry Jenkins. Textual Poachers：Television Fans and Participatory Culture. New York：Routledge，1992.

［2］John Fiske. The Cultural Economy of Fandom//The Adoring Audience：

① 杨玲. 粉丝、情感经济与新媒介. 社会科学战线，2009（7）.

Fan Culture and Popular Media. London：Routledge，1992.

［3］Thorne S，Bruner G C. An Exploratory Investigation of the Characteristics of Consumer Fanaticism. Qualitative Market Research，2006，9（1）.

［4］蔡骐. 社会化网络时代的粉丝经济模式. 中国青年研究，2015（11）.

［5］方刚. 康奈尔和她的社会性别理论评述. 妇女研究论丛，2008（2）.

［6］亨利·詹金斯. 大众文化：粉丝、盗猎者、游牧民：德塞都的大众文化审美. 湖北大学学报（哲学社会科学版），2008（4）.

［7］康奈尔. 男性气质. 柳莉，张文霞，张美川，等译. 北京：社会科学文献出版社，2003.

［8］刘胜枝. 被建构的女性：对当代女性杂志中女性形象的文化研究. 青年研究，2006（6）.

［9］刘伟，王新新. 粉丝作为超常消费者的消费行为、社群文化与心理特征研究前沿探析. 外国经济与管理，2011（7）.

［10］王艺璇. 悖论的合法性：网络粉丝社群对粉丝形象的再现与生产：以鹿晗网络粉丝社群为例. 中国青年研究，2018（6）.

［11］王艺璇. 网络时代粉丝社群的形成机制研究：以鹿晗粉丝群体“鹿饭”为例. 学术界，2017（3）.

［12］西蒙娜·德·波伏娃. 第二性. 陶铁柱，译. 北京：中国书籍出版社，2004.

［13］杨玲. 粉丝、情感经济与新媒介. 社会科学战线，2009（7）.

［14］艾瑞咨询. 2016年中国粉丝追星及生活方式白皮书.（2016-04-24）. http://www.199it.com/archives/465806.html.

［15］2018中国视频榜揭晓《风味人间》获特别大奖.（2018-11-20）. http://www.chinanews.com/cul/2018/11-20/8681618.shtml.

［16］粉丝经济嬗变：创造101谁在圈钱?. 南方都市报，2018-07-03. http://news.163.com/shuangchuang/18/0703/11/DLPM7SR7000197V8.html.

［17］韩玥. 专访领誉传媒CEO周昊：用标准化生产中国的偶像.（2018-04-29）. http://baijiahao.baidu.com/s?id=1599049423654882818&wfr=spider&for=pc.

［18］逸创云客服. 粉丝的力量究竟有多大.（2016-07-27）. https://www.sohu.com/a/107831065_389532.

第七章　时间、痕迹与网络的考古学：对抗信息遗忘的互联网记忆*

引　言

人们常用信息爆炸来形容互联网中瞬息万变的信息流动。随着现代通信工具的应用，社会成员不得不应对更加复杂的信息环境，处理更加复杂的信息。在这样一种注意力成为稀缺资源的网络社会中，争夺注意力成为各方行动主体重要的行动策略，在商业广告竞争、意识形态竞争、政治宣传中占据重要的地位。在争夺注意力的战斗中，网络热点的此起彼伏塑造出一种时间瞬时性的现象。众多的网络热点事件随着时间的流逝，消失在人们的注意力之外，构成了互联网世界中的信息遗忘现象。然而，辩证地来看，伴随着网络社会中的快速遗忘，也产生出一种平衡遗忘的记忆机制。本章所关注的，恰恰是互联网在制造信息爆炸的同时自发产生的一种对抗遗忘的现象，即网民对互联网行动痕迹的重新挖掘构成人们对互联网行动历史的集体记忆。这些行动在当下中国的互联网空间中体现在“网络挖坟”现象及其扩展活动上。

一、网络时间的永恒性与信息行动的痕迹

在网络社会中，对抗遗忘的记忆机制建立在互联网特有的时间机制之上。无论是遗忘还是记忆，都与时间的线性流逝相关。在通常意义上，随着时间的线性发展，

---

* 本章部分内容发表于《福建论坛》（人文社会科学版）2019 年第 11 期，内容有改动。

事件会在物理空间中终结，作为记忆主体的社会成员，对于事件的记忆也随时间发生变化。在大多数情况下，人们对于事件会逐渐淡忘，消失的事件的影响力也逐渐递减。根据认知心理学的研究，在若干时间段后人们重新回忆起特定的事件时，往往不仅重新唤醒了过去的客观事实，而且在主观上重新组织起了关于当时的记忆，因此，记忆的模糊、偏差和重构都是一种不可避免的心理现象。

然而，在论及网络社会中的记忆和时间问题时，卡斯特从社会哲学的角度明确提出了一种具有启发意义的新时间概念——“网络社会中永恒的时间”（timeless-time）。在卡斯特看来，网络社会中的时间不同于前互联网时代的时间，具有一种永恒性①。在网络空间中，既不存在开始，又没有一个绝对意义上的终结。康德将时间与空间视为人类的一种先天的认知图示。在不同的社会历史时期，人们对时间的感知也是不同的。在传统的农业社会时期，时间可能表现为一种循环的时间，例如昼夜的交替、四季的周而复始，呈现出一种轮回的特性②。在对一些原始部落的人类学考察中，原始部落的成员关于时间的集体认知又有所不同，例如关于季节、劳作与时间的特殊认知③。而在工业社会时期，大量关于时间的社会学与人类学研究揭示出在人类工业化进程中钟表时间的出现，以及随之产生的时间精确性与时间的商品化的问题。时间也成为国家、组织进行纪律规训与权力控制的重要手段④。在关于时间的当代社会理论中，社会理论学者往往更关注社会运行加速带来的瞬时性，无论是对时间压缩的论述，还是对时间碎片化的论述，都与全球化、信息化带来的新的时间特征密切相关⑤。在互联网世界中，信息流动的空前速度给人们带来了日常生活中关于时间瞬时性和时间碎片化的体验。

从卡斯特的角度出发，在网络社会中的瞬时性时间发展到一定程度就出现了时间的永恒性。在网络中运行的事件，往往不受线性时间的约束，在传统事件终结之后，互联网上的时间却始终延续。卡斯特提出了这一时间的现象和概念，却并未对网络社会的永恒时间进行更进一步的论述。时间的形式与社会成员的记忆和认知密切相关，这种永恒的时间不仅仅是一种客观的时间现象，更是一种影响到社会成员集体认知和集体记忆的现象。

卡斯特并未言明为什么会产生所谓的互联网中的永恒的时间，我们在本章中尝

① 曼纽尔·卡斯特．网络社会的崛起．夏铸九，王志弘，等译．北京：社会科学文献出版社，2001：429.

② 安东尼·吉登斯．社会的构成：结构化理论纲要．李康，李猛，译．北京：中国人民大学出版社，2016：32-33.

③ 约翰·哈萨德．时间社会学．朱红文，李捷，译．北京：北京师范大学出版社，2009：216.

④ 同②137.

⑤ 哈尔特穆特·罗萨．加速：现代社会中时间结构的改变．董璐，译．北京：北京大学出版社，2015：70.

试从行动在互联网空间的流逝来解释互联网时代这样一种时间的永恒性。在前互联网时代，大部分行动发生在真实的物理空间之中。真实的物理空间构成行动发生的情境或者场景。行动的产生、发展与终结在物理场景中有可能会留下痕迹，这取决于行动的类型。那些目的本身就是留下痕迹的行动，例如建造一座高楼，刻下一座石碑，会让行动的影响比较明显地留在物理空间中。而大部分行动，尤其是社会交往的行动，往往不会在物理空间中留下明显的痕迹。例如面对面的会面活动，一旦行动结束，会面的场景随之终结，行动完结后不会在物理空间中有明显的留存。无论是对参与行动的双方，还是对行动的第三方观察者而言，行动最终都将永远地在物理层面消失，只留在人们的心理记忆之中。

互联网时代的行动与之不同，随着信息技术的发展和日常应用，曾经发生在传统物理空间中的行动逐渐发生在互联网空间之中，行动发生的情境发生了变化。例如，传统的购物活动发生在市场这一社交场景之中，双方交易后，除非刻意地记录，交易的具体过程会在物理空间中消失。而诸如互联网购物活动之类的行动发生在网络市场中，每一步的浏览记录、购买记录、金钱交易记录、发货记录都留存在互联网的服务器、电脑之上。这些具体的痕迹，并不会因为购物活动的结束而消失，除非刻意地删除，一般会在很长的时间段内保留在网络空间中。在这样的场景变化中，发生在网络场景中的行动并不会因为行动的结束而在空间中消失，而是相对永恒地将痕迹留在网络场景中。

我们进一步比较传统的线下社会行动和网络化的社会行动可以发现，后者在实质上是一种对传统线下活动的数字化—还原行动。与传统的线下活动相比，网络空间中的行动以信息流的方式展开，将所有的物理场景还原成信息流，再将信息流通过网络（中介）进行传递，最终通过计算处理，将信息流还原成人们可以感知的熟悉场景。在本质上，网络空间中的行动以信息流编码—传递—还原的过程展开。信息流在信息中介（互联网）中的传递，一定会留下痕迹，这种痕迹是难以随着时间线性演进而消失的。这样一种过程至少带来两个层面的影响：首先，整个行动的过程是一个可以被编码和提取的信息流，这在理论上为第三方对行动的监控带来新的可能性。其次，对于行动的时间意义而言，整个行动的过程以信息流的形式存在，在整个行动过程中的多个环节都可以以数据的方式将行动进行保存。这也意味着行动完成之后，其痕迹数据在理论上可以永远存在于网络空间之中，行动的再现等同于信息流的再次还原。而在传统社会互动的物理场景中，除非刻意记录，行动的过程往往就消逝在物理空间中。

随着网络社会的发展，越来越多的传统现实空间中的社会行动从线下转化到线上，例如集聚、公共讨论、电子政务办公、远程教学、社交、恋爱、商品交易等等。这就使得以信息流动形式展开的社会行动类型越来越多，比重越来越大。在一定程度上，这些社会行动始终在网络空间中存在，即使在行动主体意图终结行动后，这些行动的数据痕迹也留存在网络空间中，保留着一种可以在未来重现的状态。行动在时间的绵延中并未在真正意义上消失和终结，最终形成了网络空间永恒的时间机制。

二、“网络挖坟”与“扒一扒”——互联网中的痕迹搜寻行动

网络社会中独特的时间机制，是网络社会中新的集体记忆建构的重要前提。正是这种时间机制的存在，才使得看似容易产生遗忘的互联网世界产生出一种对抗遗忘的记忆机制。在时间的维度上，尽管此起彼伏的网络热点事件让人们几乎无暇记忆，但是互联网上曾经发生的行动并未真正终结，只是需要行动者重新追溯，并且组织起行动的痕迹。社会成员自发的行动策略，是网络社会中对抗信息爆炸和信息遗忘的最关键一环。这些行动策略在中国互联网中，集中体现在“网络挖坟”现象上。

“网络挖坟”的由来

作为一个网络名词，“网络挖坟”被百度百科定义为“对比较老旧的文章或帖子进行回复导致旧帖重新被顶在帖子列表的前列，该词一般用于百度贴吧或其他社交论坛中”[①]。“挖坟”这一概念最早出现在百度贴吧、天涯论坛类的网络论坛（BBS）中。在大部分网络论坛规则下，网络论坛的帖子按照最后回复的时间进行排列。一般而言，一旦某个帖子的讨论结束，这个帖子随即被新的主题帖子取代。网络论坛中的时间顺序符合常规的线性时间排列，呈现出时间上的有序性。但是，如果有些用户对老旧的帖子进行刻意的回复，可以使得过去的帖子重新回到新的时间点上，打破原有的线性时间秩序。

图 7-1 表示了论坛中的正常帖子的线性时间排列顺序与“挖坟”后的时间顺序。

A B C D E F G H I……

H A B C D E F G I……

图 7-1　正常帖子的线性时间排列顺序与“挖坟”后的时间顺序

---

① 百度百科，https://baike.baidu.com/item/挖坟/153631?fr=Aladdin.

我们可以看到，在图 7-1 中，由于“挖坟”者的存在，已经被淹没在信息海洋中的帖子 H 被重新回复后回到了时间线的最前端，引起了其他网民的注意。但是，如果仅仅是对过去的帖子进行简单回复，而这个帖子并没有得到其他网民的回应，则其并不能保持在时间线的前列。H 帖子之所以可以保持在最新的状态，是因为其不断引发新的网民关注和讨论。

为什么 H 帖子可以被不断地关注？这就涉及“挖坟”的意图与意义问题。当“挖坟”者的意图是刻意破坏论坛的时间秩序时，这种“挖坟”是一种恶意“挖坟”，必须通过不断地自我顶帖，雇用或者召集相应的支持者来完成，这种恶意的“挖坟”一般不具有特殊的价值。当“挖坟”者的意图是发现过去的帖子和今天特定事件的关联时，这种“挖坟”可称为有意义的“挖坟”，其内在的意义会吸引新的讨论，使得已经过去的事件在新的时间点上产生新的关注度。这种过去和现在产生联系的意义，往往来自过去的网络文本与当下之间的某种关联：或者是准确预言了现在，或者是和现在的状况产生了矛盾，或者是可以成为现在某种网络行动的证据。

我们以天涯论坛上著名“神帖”之一《驳雪亮军刀“中国 GDP 2030 年超过日本”论》为例。论坛原帖发表于 2005 年 1 月 4 日，作者为“海木石”，这一文章可以视为“中国崩溃论”的网络代表作之一。其主要内容是驳斥天涯网友“雪亮军刀”关于中国 GDP 将超越日本的预言。“雪亮军刀”在文章中写道：“根据年增长率来计算，我拿日本目前 GDP 4.6 万亿美元和中国 GDP 1.4 万亿美元，及我在网上查到的，日本年增长 2003、2004 年度实际 GDP 分别为＋0.2％和＋0.9％（日本大和证券数字）及保守下调后的中国年增长 7％的数据计算，中国的经济总量有希望在 2030 年前后追平日本”[①]。

当时，“海木石”在网帖中对此进行了批判与驳斥，认为中国国内的“政权合法性危机”“增长模式”等问题，最终将导致中国发展走向停滞，难以追平日本：“论证引用了大量的数据，也有很多出处，看似逻辑严整，其实漏洞多多。的确，按照目前各自的增长速度，中国在 2030 年超过日本的 GDP 也许不是什么难事。但是，军刀兄似乎忘记了一个根本的前提，就是中国必须保持现在的增长速度，而日本则必须继续‘沉睡在失去的十年’中。我们姑且不论日本现在的经济复苏和以后可能出现的经济高增长，就说我们中国有什么条件继续保持现在的增长速度。”[②]

---

① 驳雪亮军刀“中国 GDP 2030 年超过日本”论（转载）.（2014－04－29）. http://bbs.tianya.cn/post-worldlook-1099291-1.shtml.

② 同①.

二人的网络论战发生在2005年，之后的历史事实和历史进程对这一网络事件的发展产生了决定性的影响。中国的GDP总量在2010年即超越日本，截至2017年，中国GDP总量为82.71万亿元，是日本的近3倍。不同于前互联网时代的书面论战，网帖构成了一个在时间序列上不断延续的开放文本。正是由于现实的历史进程，网友开始在原来的帖子上不断地回复，形成一种持续多年的“挖坟”现象。由于“海木石”的原帖被历史事实所驳斥，网友不断地到原始帖子进行“打脸”，对“海木石”的原始言论进行讨论和嘲讽。2005年看似结束的网络事件在网络空间和时间中被一直延续。为了维持论坛的正常时间秩序，天涯论坛官方不得不对原始帖子进行封锁处理，禁止网民对原帖进行浏览和回复。

但是网民的“挖坟”并不会因为简单的删帖或者封锁就宣告结束。由于互联网特定的空间结构——无数个网络接收终端的分散式分布，这一网络论战的痕迹——网帖的文本可以同时被无数网民浏览，文本的痕迹在理论上也可以被无数网民保存。因此，哪怕仅有少数网民对当时的文本进行了保存，也使得文本可以继续保留。在原始帖子被删除以后，仍然有不少网友通过再次发帖的形式使得原始帖子的内容继续存在，这一事件仍然在其他网友的发帖中被继续转载和讨论。以下为一些具有代表性的网帖：

2014年《驳雪亮军刀“中国GDP 2030年超过日本”转载》。

2014年《发一个鞭尸帖，很好玩，〈驳雪亮军刀“中国GDP 2030年超过日本”论〉转载》。

2016年《国观有多少同志记得当年的〈驳雪亮军刀“中国GDP 2030年超过日本”论〉》。

我们可以看到，当年“海木石”和“雪亮军刀”等网友的争论行动，其痕迹永久地保留在了网络空间之中。因为现实历史的时间演进使得当年的争论产生了相对清晰的结果，与“海木石”的行动痕迹形成鲜明的矛盾，所以后来的网友对这一矛盾的挖掘并不是无意义的，一般用来支持自己当时的观点或者态度，例如当某段时间“中国崩溃论”的声音再度出现时，论战者往往会重新挖掘出十几年前的预言，与现实进行对照。

另一个在天涯论坛上持续较长时间的帖子名为《深度解析“韩寒挑战方舟子”一战究竟谁赢了?》[①]（下面简称“深帖”），涉及2012年韩寒与方舟子的论战。2012年1月份，知名IT评论博客“麦田”指出，著名作家韩寒的作品疑为他人代

① 深度解析“韩寒挑战方舟子”一战究竟谁赢了?. （2012-01-21）. http://bbs.tianya.cn/post-free-2366245-1.shtml.

笔，随后方舟子加入论战，成为质疑韩寒找他人代笔的主力。韩寒则在博客上对质疑者进行回应和反驳。这一事件在2012年引发了极大的网络讨论热潮，而天涯、博客都成为当时网友争论的主战场。因为“深帖”发表在天涯论坛上，所以天涯坛成为当时支持韩寒的网友与批判韩寒的网友直接交锋的战场。

在“深帖”中，质疑韩寒的网友不断地贴出新的证据来试图证明韩寒的被代笔行为，也从各个方面挖掘出韩寒以及其父韩仁均的写作经历。而挺韩派网友则在帖子中使用各种手段进行辩护。随着方舟子与韩寒网络论战事件的演进，“深帖”累积的回复量也在不断地增加。其后，“方寒大战”逐渐平息，结果是双方未分胜负。新的互联网热点事件很快出现，绝大部分网友的注意力被吸引到新的热点事件上。然而，“深帖”中的回复并未结束，由于缺乏新的证据挖掘，帖子中的回复逐渐成为一种情绪的发泄和非理性的声讨，回复的主力也逐渐成为反对韩寒的网友群体。帖子曾经在2012年不知出于何种原因关闭过，但是随后又恢复了可以正常回复的状态。

截至2019年2月，“深帖”已经累计点击量2 451万次，回复186万多条，累计1 8000多页，时间从2012年1月21日19点54分开始，一直延续下来。这种累积不断的回复和顶帖，构成了一种横跨多年的累积的文本。每当涉及韩寒的新闻出现，例如2019年韩寒新执导的电影上映时，这一帖子都会被部分网友重新讨论，进行“挖坟”式的回复。

值得注意的是，在2012—2019年期间，每当“深帖”由于部分原因无法打开或者回复时，就会有网友发表新的名称相近的帖子，让帖子的主题以其他的名称或者形式延续下去。这样的一种时间和争论痕迹的延续，打破了网络论坛的线性时间秩序，使得一些尚未终结的公共议题被不断地重新提出，随时可能成为新的热点。2012年，看似已经平息的韩寒方舟子大战风波可能已经被大多数网友所遗忘，被数量巨大的热点信息所替代，但是由于网络空间的特殊性质，得以成为一种潜在的网络记忆。一旦未来的某一天人们重新审视曾经的议题，类似“深帖”之类的论战记录就可能成为一种网络考古学的对象。

“网络挖坟”的扩展：痕迹的网络搜索

随着网络技术的演进、移动互联网和新型社交媒体的兴起，传统网络论坛的访问热度逐渐降低。最初，“网络挖坟”是对论坛类的帖子进行挖掘，网络论坛中的网帖记录下了言语争论的痕迹。网络空间中的行动并非仅仅是网络争论行动，也并非仅仅发生在论坛类的情境下。随着更多的行动在网络中留下痕迹，网民对行动痕迹的挖掘也不仅仅限于网帖，还拓展到微博类的社交平台、商业平台、政务平台，内容也扩展到发言记录、聊天记录、媒体的新闻报道、政府的网络公告等诸多方面。一切可以通过互联网进行记录和传播的行动痕迹和证据，都有可能成为网络考古学的对象。

网络流行语中较为常见的动词“扒一扒”，最初用来指对娱乐明星过往的历史进行娱乐性的资料收集，后来逐渐延伸到对网络中诸多热点问题和现象进行资料的搜索和历史的回顾。从事这些行动的除了相对专业的网络媒体外，还有大量的非专业网友、网络自媒体运营者，他们通过各种平台对过去的事件痕迹进行追溯。网络空间中大量的历史遗迹如同散落的档案一样分布在网络空间中，可以通过搜索引擎、网络截图等诸多方式进行再现。

2016 年，在中国互联网领域的热点事件“抵制赵薇事件”中，因为演员、导演赵薇在电影作品中起用疑似支持“台独”的戴立忍和反华的水原希子，引发网民的广泛抗议和抵制。这一事件既包含了娱乐因素，又体现了特定背景下民众集体的爱国主义情绪。在这样一种抵制的网络集体行动中，参与的网民所使用的搜集证据手段，正是得益于网络空间中痕迹的相对永恒性，当事者过去的网络行动和网络言论的痕迹，在经过很长一段时间后重新被发掘，对新的社会现实产生重要的影响。

在对赵薇的过往历史进行追溯时，网络民众使用的主要手段是对其过去行为的网络报道痕迹进行收集，涉及赵薇在 2001 年经历的“军旗装事件”[①]、赵薇与著名的伪气功大师王林交往的事件、赵薇夫妇在股市的资本运作问题等等。而对戴立忍和水原希子进行追溯时，所使用的痕迹材料是两位演员过去在社交平台上的公开发言，既包括戴立忍在“反服贸事件”中的公开言论，也包括水原希子在 Facebook 上的反华言论等等。这些过往的言语和行为，并没有因为时间的流逝消失在物理空间，而是被永久地保留在网络中，哪怕当事人自己删除，也可能被其他人以网络截图或是其他形式保存。

2018 年，在引起民众巨大反响的涉及公共卫生的疫苗安全事件中，网民做出的反应不仅仅是表达情绪，还有很多网民自发地在互联网上搜寻涉事企业和相关政府部门在过去的网络行为痕迹，例如涉事公司曾经被查出产品不合格的时间、地方政府相关部门在网络上公示的采购行为、事发前监管部门的历史监管措施等等。这些曾经发生过的企业行动和政府行动在网络上留下了种种痕迹，一旦遇到特定的激发事件，就会成为民众进行挖掘和整理的历史素材，使得过去和现在产生一种交叉

① 2001 年，赵薇在美国曼哈顿为《时装》杂志拍摄照片，因身着日本军国主义服装引发国内外舆论的强烈批评。事后，赵薇对此进行了道歉。

影响的叠加效应。尤其是当过去的行为存在着明显的不合理性时，当下的挖掘又构成了对过去的历史性批判。

图 7-2 包含了当“网络挖坟”进一步扩展时，网民进行网络痕迹和档案挖掘的行动类型。

行动类型	行动发生情境	行动性质
网帖	BBS	言语行动
社交平台言论	微博、微信朋友圈、Facebook、Twitter	言语行动
交易截图、数据	电商平台、金融平台	经济行动
政府公告	政府官网、电子政务平台	政治行动
新闻报道	新闻网站	多重行动

图 7-2　网民进行网络痕迹和档案挖掘的行动类型

延迟的惩罚效应

在现代社会中，舆论关注的热点转换非常迅速，一些事情常常淹没在海量的信息流中不为人所知。“挖坟”与痕迹搜索的网络考古学所具备的另一种功能就是将曾经不为人所知的痕迹发掘出来。而这些在过去发生的事情，特别是负面的行动，并不会随着时间的流逝而终结，往往在被发掘出来后，当事人受到一种迟来的惩罚。

在 2019 年的“翟天临涉嫌学术不端事件”中，演员翟天临在上学期间的学术痕迹，被广大网友进行了集中的发掘，最终人们发现其在上学期间存在着学术不端的现象。2019 年 1 月 31 日，演员翟天临在微博上贴出北京大学博士后站的录用通知书，其宣传团队和粉丝开始转发并宣传其学术能力，被网友称为“学霸人设”。而一些网友看到这一宣传之后，开始搜索翟的学术成果。知乎上出现网友提问：“为什么翟天临博士毕业了，却没有公开发表的论文?”随后，陆续有网友在中国知网上搜索出翟天临发表论文的记录，以及北京电影学院关于发表论文才能毕业的文件的图片等材料。

早在 2018 年 8 月 26 日，曾经有网友在翟天临网络直播时提及知网的问题，翟天临随口回应“不知道知网”。2019 年 2 月这一直播视频迅速在微博、虎扑等网站上流传，引发了大量网友围观质疑。翟天临迅速成为微博、百度热搜话题。知乎、微博以及虎扑等网站上不断有网友对翟天临的学术经历进行搜索。网友陆续发现翟天临论文抄袭的证据、不符合北京电影学院学位授予资格的证据，以及 2006 年山东高考的数据，证明其本人宣称的高考成绩与 2006 年真实成绩不符等等。2 月 15

日，教育部新闻发言人对“翟天临涉嫌学术不端事件”进行官方回应。其后，授予翟天临学位的北京电影学院、录用翟天临为博士后研究人员的北京大学对“翟天临事件”进行处理，最终撤销翟天临博士学位，取消其导师博士生导师资格，撤销翟天临博士后入站资格。

在这样一个事件中，翟天临在上学期间所从事的学术不端行为，包括抄袭论文、违规毕业等等，都在互联网上留下了行动的痕迹。虽然这些行为未必直接发生在互联网空间中，但是网络空间和现实空间的结合产生了一种新的痕迹。理论上符合毕业要求的博士生应当在中国知网等学术类网站上留下相应的网络行动痕迹——发表论文，这一痕迹的缺失，意味着出现了不正常的现象。而翟天临已经发表的论文、学位论文，当时所在学校的规章制度文件，在互联网直播平台上涉及知网的视频等都可通过特定的渠道上传到互联网上，成为在网络空间中跨越时间流动的数据。

一旦出现某一个偶然事件，使得翟天临作为博士和博士后的学术能力和学术资格受到广泛关注，过去一切的网络信息就成为一种过去的行动痕迹，等待网友去搜索和发掘。由于种种原因，当事人当时并未受到应有的惩罚，但是当遭遇数量巨大的网友挖掘时，原本的历史就会被重新还原和构建。在这样一种过程中，围观和参与搜索的网络民众，抱有一种探究真相和追求公平正义的心态，对原本应当接受惩罚但未受到惩罚的行动者进行揭露和批判。最终，时间并不能掩盖其当时的所作所为。

在这样一种跨越时间的延迟惩罚过程中，由于种种原因，在行动发生之时，行动者可以通过信息的隐蔽完成一种传统的潜规则式的行动。潜规则，意味着一种灰色的和半公开的状态。所谓半公开，从信息的角度来看，意味着在任何社会形态中，这些行动都并不能完全隐藏自身，一定有着所谓内部的其他行动者知晓行动的动机和过程。但是，出于特定的目的，这些隐蔽的行动并不能面向所有的社会公众，而是局限在一定的范围内。网络社会特有的信息流动机制和信息记录机制，使得这些半公开的行动始终存在着被记录和被传播的可能性。

在互联网的信息爆炸的时代，如果缺乏特定的触发点，这些痕迹尽管存在，也会淹没在海量信息之中，并不为公众知晓。但是，一旦这些信息重新成为舆论热点，所有的信息检索资源会集中到相同的主题之上，人们对信息的渴求会激发对历史时间点上的信息检索，形成一种追溯历史的考古学。随着网络公众号、网站编辑、资深网友等具备专业或者准专业信息搜集能力的行动者的介入，曾经的潜在的行动痕迹就会在互联网空间中重新出现，并且迅速传播。过去的行动似乎穿越了时间的阻隔，在当下的时间点上再现，同时这也完成了一种对过去的非正当行为的审判和惩罚。

值得注意的是，并不是所有的潜规则行为都能够被揭露出来，但是潜在的被揭露出来的可能性，使得不符合社会合法性的行动的风险越来越大。网络社会中的行动成为一种暂时没有时间终点的行动。对于违反社会合法性规范、违反社会公平正义的行动，在传统的社会中，人们朴素的愿望是"善有善报，恶有恶报，不是不报，时候未到"。在前互联网时代，这种延迟的行动惩罚机制成功的可能性相对较小，因为行动的痕迹随着时间在流逝，关于行动的记录也未必是客观存在的，而且这些记录也仅仅局限在相对较小的社会空间范围内。而在网络社会中，行动的痕迹相对永恒地保存，这些痕迹的信息可以在网络中公开地传播，使得行动的痕迹在理论上超越了时间与空间的界限，也造就了一种延迟的惩罚效应。某些隐蔽的不正当行动即使在发生时没有引发公众的关注，一旦未来的某一天因为有些因素被公众关注并且引发集体挖掘时，就会超出时间的限制受到社会公众的惩罚。

网络历史档案的删除与反删除

网络考古学是一种对行动痕迹的挖掘和搜索技术，其最终的实现，依赖于一个重要的前提，即网络行动痕迹的保留。在正常的互联网空间中，痕迹是一切网络行动所必然留下的产物。理论上，在网络空间中发生的信息流动是以代码流动的形式存在的。所有的网络行动在本质上被还原为代码，记录在互联网空间中，包含着以下几种可能：信息保存在本地计算机的工作存储设备中，信息保存在网络中的无数个工作存储设备中，信息被同时从本地和网络中各个设备中删除。

在不连通互联网的情况下，保留在本地计算机中的行动痕迹，类似于纯粹个体的信息行动，不与其他社会成员发生关联。在这种情况下，删除本地信息处理设备中的信息记录，就可以消除曾经的个体信息行动的痕迹。但是，正如同在社会生活中，具有社会意义的行动是与其他行动者发生关联的社会行动，在互联网时代，更多的有意义的行动是通过互联网与其他社会成员相互关联的信息互动。当网络社会行动发生在互联网空间时，其过程中发生的信息传递和交换就会发生在多个网络终端中，信息分布的范围就逐渐扩大，信息传播的结构就会更加复杂。如果试图删除信息的历史痕迹，就需要同时删除多个终端的历史记录。如果某种网络信息行动是一种需要公开的、面向更多社会成员的社会行动，那么删除这种信息行动的痕迹所需要涉及的终端就进一步增加。信息行动涉及的社会成员（信息终端）越多，删除起来困难就会越大。

在相对个体化的简单网络交往行动中，点对点交往的行动痕迹——信息记录主要保存在交互双方的信息处理设备上，同时保存在第三方信息平台的处理器上。当然，还存在一种可能，信息在传播的过程中被其他具有技术能力的行动者（例如黑客）所监控和记录。这种简单的点对点信息交互情况在人们日常信息交流中占大部分。例如，与朋友通过社交软件进行聊天，与同事通过软件进行工作上的信息传递，在网络商场中进行购物，与商品的出卖方发生一对一的信息交换。这种类型行动的信息痕迹删除对于个体行动者而言，困难在于在通常情况下，其仅仅具有删除己方设备信息痕迹的能力，无法掌控互动对象和第三方服务器平台的信息痕迹。

在网络论坛、微信朋友圈、微博、新闻网站发布信息等信息行动，理论上是一种面向全体网络成员的信息广播。这种在网络公共空间的言语行动或者其他信息发布行动，其痕迹更加难以删除。而由于网络对话的开放性，这些行动在经历长时间之后，仍然可以被重新对话和查证。面对此种类型的信息广播，仅仅删除信息发布的原始来源，并不能完成对其信息的删除。信息网络的客观结构决定了信息一旦扩散到无数的设备终端，就会在设备终端中保留，删除原始的信息，或者删除某一个信息的重要节点，或者删除某些终端接收的信息，并不能实现对整个网络结构中信息的删除。因此，这种类型行动的历史档案，往往分散在无数个信息节点上，一旦某些行动成为热点话题，需要接受“延迟的惩罚”，原本散落在网络空间中的信息会因为多个节点同时的网络搜索，重新拼凑成原始的信息。

在微博类的信息发布平台上，一些网络名人的言论一旦发布，就会被成千上万名网友所看到，形成上述典型的一对多的信息广播结构。而对于某些不当的言论，事后发言人可以将其删除，但是无法删除这些言论在无数个网络终端中的痕迹。理论上，只要在无数的网络接受设备中有一个设备保存了这些言论的痕迹，这些言论就会继续在网络结构中传递。信息的可复制性和传递的高效率性，决定了这种言论的痕迹很难从网络空间中被彻底抹去。类似的网络行动痕迹的不可删除性，还存在于很多互联网电子政务系统、互联网公告平台中。

围绕散落在网络空间中的行动痕迹，删除与检索构成了一对相互对立与冲突的行动。一方面，删除信息的痕迹是为了避免留下某些行为的证据，清除一些互联网中的记忆。另一方面，网络检索信息者试图挖掘散落在网络空间中的信息痕迹，用以构建其特定的互联网记忆，来实现一些现实的目的。最终，网络空间的信息分布结构使得信息的删除和信息的搜索处在不对等的难度上。尤其是当广泛的社会民众参与到某一项集体信息的挖掘中时，信息删除行动已经难以抵挡全民网络考古的压力。

三、网络考古学与历史书写的平民化

在《知识考古学》中，福柯提出对档案的搜集和研究是重新审视我们习以为常的真理和知识的重要手段，对知识的考古学意味着对“真理体系何以可能”进行批判性的反思①。而在网络空间中对行动痕迹的搜索和整理，构成了另一种意义上的考古学。对于网络历史的散落痕迹的考古，则意味着对权力精英和知识精英给定的网络社会时代的真理和评价进行反思。大众自发地对互联网历史的建构，并不是建立在诸如福柯这种知识分子的话语权力基础之上，而是建立在网络民众对互联网档案的集体挖掘之上。

在前互联网时代，对抗遗忘的主要行动策略是记录，表现为对档案的保存和对历史的书写。无论是涉及个人生活经历的日记，还是国家政治层面的官方记录，都是一种对抗遗忘、保留记忆的行动。关于记忆，人们只能选择阅读历史的记载，或者通过后世的考古来发掘时间流逝的印记。这些活动几乎毫无例外地由权力精英与知识精英完成，建立在严密的学科专业分工之上，具有较高的准入门槛。历史书写的话语权掌握在权力精英和知识精英的手中。大众的集体记忆尽管可以通过口述、野史、器物、个体化的记录传播，但是其影响力难以超越官方正统的记忆。而在互联网时代，当几乎所有的互联网行动都会以信息流的方式留下痕迹时②，对过去的记忆就产生了新的可能性。

当大众文化与互联网特有的时间机制遭遇，当越来越多的行动在互联网上以信息行动的方式展开时，对信息行动进行追忆以一种近似全民狂欢的形式展开。互联网的信息记录和信息检索技术，极大地降低了历史行动痕迹搜索的难度。尽管在特定的网络热点事件中我们看到，推动全民互联网集体记忆的往往是专业的网络媒体或者网络公众号的运营者，但是我们仍然可以看到普通网民自发地聚合过往的信息，构成关于特定议题的历史图景，进而影响到当下乃至未来的互联网议题。在这样一个过程中，搜索引擎、截图工具、收藏夹、计算机运行日志等成为了基本的记忆工具。

搜索引擎。其一般通过对网页内容的自动抓取和保存生成数据结果，使得具有初级计算机应用能力的民众可以通过关键词检索轻松搜索到历史上的新闻报道、网

---

① 米歇尔·福柯．知识考古学．谢强，马月，译．北京：生活·读书·新知三联书店，1998：140.

② 网络考古学的边界取决于现实社会中以信息流为形式展开的行动（X）占所有行动（Z）的比例：X/Z。随着网络社会的发展，越来越多的行动以信息方式展开，X 所占比重会逐渐增大。

络公告等相关数据，是一种最快捷的唤起过去的工具。

截图工具。当在社交平台或是特定网页上的言论或者资料有可能被删除或者屏蔽时，通过网络截图可以保留网络上的页面被删除前的瞬时状态，将其保存在本地计算机中，以备在未来的某个阶段重新使用。

收藏夹。对特定的网站内容和地址进行保存，使得网页相对永恒地留存在本地计算机上。

计算机运行日志。本地计算机运行日志和服务器计算机运行日志都可以自动记录下计算机曾经运行的数据计算，除非刻意删除，都可以还原原有的数据操作。在最新的微软个人计算机操作系统中甚至添加了时间线功能，可以重现曾经进行的计算机操作。

对网络社会中的个体而言，相对便捷简单的数据痕迹搜集工具的普及，使得具有初步知识能力和研究能力的普通网民获得了与历史上的考古学家类似的考古能力。只是考古学家的考古领域在现实物理和地理空间之中，而网民的考古领域限定在网络空间中。而传统的历史学家有选择性记录的历史文本，在网络空间中转化为行动的数据痕迹，被自动地相对永久地保留在网络服务器、网络中的某些节点上。这种保留不仅是帝王将相史，而且几乎无差别地涉及网络上一切以信息流展开的行动。

互联网领域这样一种书写历史的方式和历史痕迹挖掘主体的转变，意味着人们的集体记忆方式发生了重大的变化。

首先，对抗遗忘的能力，不是掌握在少数人的手里，而是分散地掌握在无数民众的手中。按照马克思主义的唯物史观，人民群众是历史的真正创造者。但是在某些时候，历史记忆的重建是具有选择性的，那些不被记录的行动就会消失在物理空间之中，从而出现了鲁迅笔下所描述的记忆遗忘。而网络社会到来后，网络空间中的行动具有永恒性，在理论上可以被无数的网民进行行动痕迹的挖掘和还原，真正实现了人民群众既是历史的创造者，又是历史的主动记录者和书写者。

其次，网络空间中的任何行动主体在进行网络行动时都不得不考虑行动在未来可能产生的影响。在前互联网时代，人们关于“时间最终可以平息一切”的日常生活经验，在网络时代有可能遭遇出乎意料的变化。尤其对于国家权力部门而言，网络空间中的行动结束，并不意味着事件的终结，应当充分考虑到行动造成的长远影响。

最后，网络空间中集体记忆的建构涉及民众对国家、社会的集体认同，涉及民众对网络时代的生活历史的重新理解和评价。在这样一种永恒的时间机制和人民群众主导的记忆建构过程中，更多的行动需要在网络中永久地接受时间的检验，那些经受住检验的记忆最终构成了网络时代人民认同的基础。

结　语

在一个信息爆炸，我们时常体验到信息过载、疲于应付的网络社会中，既存在着复杂多样的注意力争夺策略，又存在着微妙的平衡信息遗忘的机制。在很多时候，人们常常对网络社会热点事件的集体遗忘感到焦虑，但是实际上，网络社会的记忆机制已经悄然发生变化。那些并未构成热点的事件或者已经消失的热点，并没有真正地在网络空间中消失，而是以一种痕迹和档案的形式留存在信息终端或者信息节点上。由于在网络社会中，行动更多地以信息流的方式展开，信息流的痕迹性、可重复还原性，使得行动的重现更加便利。物理空间中的心理遗忘可能意味着真正的遗忘，而网络社会中的遗忘是所有痕迹彻底消失。但是网络社会特有的物理结构又导致真正的痕迹消失难以实现。即使在信息节点上删除相应的数据，已经分散在无数终端的数据内容也不能真正被删除。

这样一种在历史上从未出现过的痕迹永存的网络空间，一种由大众主导的网络痕迹挖掘和组织记忆的活动，将很有可能对网络空间中历史的书写方式产生长远的影响，使得历史书写从庙堂走向江湖，也使得网络空间中的行动者不得不接受更长时间的反思性监控。无论是行动在时间绵延中被重新发掘引发的影响叠加效应，还是最终关于行动的历史评价被重新组织和建构的具体机制，都有待于未来进一步深入探讨。

参考文献

[1] 安东尼·吉登斯. 社会的构成：结构化理论纲要. 李康，李猛，译. 北京：中国人民大学出版社，2016.

[2] 哈尔特穆特·罗萨. 加速：现代社会中时间结构的改变. 董璐，译. 北京：北京大学出版社，2015.

[3] 曼纽尔·卡斯特. 网络社会的崛起. 夏铸九，王志弘，等译. 北京：社会科学文献出版社，2001.

[4] 米歇尔·福柯. 知识考古学. 谢强，马月，译. 北京：生活·读书·新知三联书店，1998.

[5] 约翰·哈萨德. 时间社会学. 朱红文，李捷，译. 北京：北京师范大学出版社，2009.

[6] 百度百科，https://baike. baidu. com/item/挖坟/153631? fr=aladdin.

[7] 驳雪亮军刀“中国 GDP 2030 年超过日本”论（转载）.（2014－04－29）. http://bbs. tianya. cn/post-worldlook-1101905-1. shtml.

[8] 深度解析“韩寒挑战方舟子”一战究竟谁赢了?.（2012－01－21）. http://bbs. tianya. cn/post-free-2366245-1. shtml.

附录　2017—2018 年度重要网络社会事件

《旅行青蛙》手游兴起

《旅行青蛙》是由日本 Hit-Point 公司全新推出的放置类游戏，从 2017 年 12 月初上线以来热度只增不减，并且在中国的火爆程度也引发了诸多网友的热议。该款游戏主打佛系、治愈风格，很好地抓住了游戏玩家的牵挂心理，给玩家以长期的、惊喜式的游戏体验。在游戏过程中玩家无须具备高超的游戏操作技能，只需要进行一些简单的操作，诸如收割院子中的三叶草，给青蛙准备食物、礼物等。对游戏中的主角青蛙，玩家似乎并没有过多干涉的权力，但是，在游戏过程中对青蛙行踪的牵挂、收到其带回礼物的喜悦则构成众多玩家游戏的乐趣。在网络论坛中，很多玩家表示这款游戏有一种莫名的治愈感，让人内心放松的同时，还会有“为人父母”的代入感，产生挂念、惦记的感觉。而整个游戏可爱的“萌”画风也是吸引游戏玩家的一大亮点，诸多玩家将青蛙“带回”的照片发布到其他的社交媒体之中也加快了游戏热度的提升。由于游戏本身只提供日语版本，游戏中的操作、语言也在互联网上为玩家广泛讨论。与此同时，围绕游戏本身，也衍生出一系列游戏周边、同人产品，旅行青蛙的表情包也在一段时间内广为传播。但到了 2018 年的 2—3 月，伴随着春节的来临，整个游戏的热度开始下降。(付堉琪)

“Me Too”运动席卷海内外

自 2017 年《纽约时报》曝光了好莱坞资深制作人哈维·温斯坦的性侵丑闻后，

美国女演员艾莉莎·米兰诺在 Twitter 上发起了“Me Too”运动，鼓励所有被性骚扰或侵犯过的女性分享自己的经历。这一运动很快在全球得到大量响应。2018 年 1 月初，华裔女博士罗茜茜在网上实名举报，北京航空航天大学教授陈小武曾性骚扰包括她在内的多名女学生。事件曝光后，陈小武被撤职，中国对于这起性侵丑闻的迅速反应和强硬处理获得了称赞，此后受害人主动披露的高校性侵事件接二连三，“Me too”之声就此扩散开来。不同于美国“Me Too”运动始于多少已为社会暗悉的演艺圈，中国则是始于相对鲜为人知的学术圈，由此掀起的回响与批判也有其独特性、深刻性。中国的类似运动面临着比其他地方更大的挑战，一方面是因为中国尚未形成关于性骚扰的完善的法律体系，中国家庭、学校以及企业在性教育方面经常忽视相关方面的指导；另一方面则是因为在过去的 30 年里，尽管社会的态度发生了深刻的变化，但传统的性别角色观念仍然根深蒂固。总而言之，性别平等的议题在网络时代应获得更多关注。（盛强）

鸿茅药酒惹争议

2017 年 12 月 19 日，广州医生谭秦东在美篇 APP 上发布名为《中国神酒“鸿毛药酒”，来自天堂的毒药》的帖子，从心肌的变化、血管老化、动脉粥样硬化等方面，论述鸿茅药酒对老年人造成的伤害。12 月 22 日，内蒙古鸿茅国药股份有限公司一员工受公司委托报案，称多家公众号对鸿茅药酒恶意抹黑，造成其市场经济损失难以估量，严重损害公司商业信誉。2018 年 1 月 10 日，谭秦东被内蒙古凉城警方跨省抓捕，经媒体传播后，引发网络上的高度关注与热议，网友纷纷质疑跨省抓捕的合理性。4 月 17 日，内蒙古自治区人民检察院通报该案件事实不清、证据不足，指令凉城县人民检察院将该案退回公安机关补充侦查并变更强制措施。当日，谭秦东被取保候审。而后鸿茅国药发布《企业自查整改报告》。企业进行停业整顿，官网下线，各大媒体停播鸿茅药酒广告。5 月 17 日，谭秦东发表道歉声明。当天，鸿茅国药在微博上发表了声明接受谭秦东本人所做的致歉声明，并撤回报案及侵权诉讼。此后，鸿茅药酒的广告陆续在多家地方卫视复播，在零售终端的销量已经从最低谷的 20%回升到 35%左右。而关于鸿茅药酒的药效，以及是否存在虚假宣传的讨论仍在继续。（杨乔乔）

2018 年新型勒索病毒事件

2018 年出现了多起新型勒索病毒事件。2018 年 1 月，GandGrab 勒索家族首次出现。2018 年 2 月，多家互联网安全企业截获了 MindLost 勒索病毒。2018 年 3 月，GlobeImposter 勒索病毒家族再次引发较大范围的疫情，某杀毒软件厂商监测到了“麒麟 2.1”的勒索病毒，Crysis 勒索病毒爆发。2018 年 12 月 1 日，一个以微信为支付手段的勒索病毒 UNNAMED1989 在国内爆发。勒索病毒引发诸多社会问题。2018 年 2 月 24 日清晨，某省儿童医院多台服务器因感染 GlobeImposter 勒索病毒出现系统瘫痪状况。2018 年 8 月，台湾积体电路制造（台积电）在 3 日晚遭电脑病毒 WannaCry 入侵，损失惨重。2018 年 9 月，山东国土资源专网遭到勒索攻击，影响了部分地市相关部门工作的正常开展。2018 年 11 月，台湾合晶科技电脑感染勒索病毒 WannaCry，造成产线瘫痪，工厂全部停产。2018 年 12 月 8 日，一款 Petya 勒索病毒的仿冒者出现，针对半导体行业发起攻击，导致国内多家半导体企业中招。据 360 互联网安全中心发布的报告，2018 年共监测到受勒索病毒攻击的计算机 430 余万台（不含 WannaCry 数据及海外数据），平均每天有约 1.2 万台国内计算机遭受勒索病毒的攻击。该攻击量较 2017 年度有所减少，但总体态势依然比较严峻。（田志达）

《偶像练习生》等偶像养成类真人秀在网上热播

2018 年 1 月 19 日，由爱奇艺出品的中国首档偶像男团竞演养成类真人秀节目《偶像练习生》在网上首播上线。节目模仿韩国艺人培养选拔模式，从国内外经纪公司中推荐选拔 100 位练习生，在四个月中进行封闭式训练及录制。节目记录了他们训练的过程和竞演的舞台，并根据他们每一次竞演后网络观众的投票结果层层淘汰。2018 年 4 月 6 日，在最后一期节目中，票选出最终优胜的 9 人，组成了名为“NINE PERCENT”的全新偶像男团正式出道。节目的热播使得“pick”（在节目中的含义为票选、支持）和“C 位”（在节目中的含义为舞台中最中间、最重要的位置）等词语成了流行的网络语言。同时，节目也引发了粉丝参与的热潮。粉丝在偶像还是素人时就参与养成活动，并通过自身开展的点赞、打榜、投票等在网络社交平台上的应援活动扩大偶像的影响力，在参与的过程中助推偶像 C 位出道。在粉丝的狂热参与下，节目在网络讨论中获得了巨大流量，得票第一的选手蔡徐坤也成为新一代流量明星的代表人物。2018 年 4 月 21 日，由腾讯出品的偶像女团养成节目《创造 101》开播，再次引发网络关注与热议。伴随着网络偶像养成节目的热播，“全民造星”时代到来。（林傲耸）

南京紫金山日军军服拍照事件

2018年2月20日晚，网友“上帝之鹰 _ 5zn”在微博发帖称：又见身着日本军服的跳梁小丑，这次拍摄地点是南京的紫金山，在那里拍这个意味着什么，我就不说了，可怜抗日先烈的英灵，被某些不孝的儿孙无情践踏。“上帝之鹰 _ 5zn”微博配图显示，两男子着日本军装摆拍合影，他们头戴军帽，其中一男子手持军刀，另一男子拿着带刺刀的步枪，上面绑着日本“武运长久”旗。此微博消息引发广大网友热议，绝大多数的网友情绪激动，认为他们在亵渎烈士英灵。2018年2月21日19时33份，“侵华日军南京大屠杀遇难同胞纪念馆”官方微博发文，对这种不齿行径表达严厉谴责和愤慨！民族伤痕决不容拿来当玩笑！2018年2月23日下午南京玄武警方通过官方微博发布通报称，警方于2月22日晚分别在四川达州、江苏句容将涉案违法行为人唐某、宗某抓获，依法对涉案违法行为人唐某、宗某分别予以行政拘留15日的处罚，而在23日晚网友“上帝之鹰 _ 5zn”在微博宣称自己遭到精日分子的人肉搜索。2018年3月2日南京玄武警方通过官方微博发布通报称，对在微博上发文威胁、侮辱网友“上帝之鹰 _ 5zn”及其家人的丁某予以行政拘留7日的处罚。公民个人的行为切莫挑战国家与民族的尊严，在公共场所和公共网络空间的一切行为都不能逾越法律的底线。举报违法犯罪行为是宪法、法律赋予公民的基本权利，受到宪法、法律的保护。（田志达）

Facebook用户数据泄露丑闻

当地时间2018年3月17日，《纽约时报》《观察者报》等媒体曝光称，超5 000万Facebook用户信息未经用户授权被政治数据公司“剑桥分析”（Cambridge Analytica）获取并利用。该公司通过分析这些用户的行为模式、性格特征、价值观取向、成长经历，有针对性地推送信息和竞选广告，以影响美国选民在竞选中的投票，此举引发了公众愤怒。3月25日，扎克伯格在6份英国报纸和3份美国报纸上，为5 000万Facebook用户信息被泄露一事道歉。3月28日，Facebook宣布未来6个月终止与多家大数据企业合作，以更好地保护用户隐私。4月4日，Facebook首席技术官迈克·斯科洛普夫（Mike Schroepfer）在其官网发布声明，确认已有8 700万Facebook用户个人资料被泄露，涉及用户主要在美国，遭到网友痛斥。6月27日，安全研究员英迪·德·科凯莱尔（Inti De Ceukelaire）透露，另一名为“Nametests. com”的应用程序已暴露超过 1.2 亿用户信息。9 月，Facebook 再次通告，黑客控制并利用超 40 万账户，获得 3 000 万 Facebook 用户账号信息。受前述数据泄露丑闻影响，Facebook 公司已损失数百亿美元。同时，大数据时代个人隐私保护引发国内外网民广泛关注。（肖尊军）

摩拜被美团收购

2018 年 4 月 3 日晚，摩拜召开股东大会，经董事会投票通过，最终以 27 亿美元被美团全资收购。4 月 4 日，美团 CEO 王兴正式宣布收购摩拜，并表示摩拜将保持独立品牌、独立运营。摩拜单车创办于 2015 年初，2016 年 4 月在上海上线第一辆单车，以绿色出行和共享理念迅速得到民众和资本的青睐。共享单车作为生活服务和出行的交汇之处，其背后的用户流量和出行数据成为争夺的焦点。美团收购摩拜经历了一个漫长的拉锯过程，在摩拜单车与 ofo 单车的业务扩张竞争和资本争夺过程中，美团在收购还是投资之间徘徊不定。在 ofo 通过股权与债券方式获得阿里巴巴集团融资后，摩拜与 ofo 的合并之路就此终结。在美团提出收购意愿后，滴滴也加入战局，试图收购摩拜。美团和滴滴对共享单车的看法和战略规划并不一样，滴滴从出行出发，希望通过投资来建构一体化出行方案。而美团从生活场景出发，希望通过收购实现线上线下场景联动。在大股东腾讯的调节下，美团收购摩拜完成，国内共享单车形成新的格局，划分出背靠腾讯和美团的摩拜、阿里巴巴系的 ofo 和哈罗单车、滴滴系的小蓝单车和青桔单车。（聂石重）

滴滴顺风车事件

2018 年，滴滴顺风车先后出现了两起重大安全事故，引发社会广泛关注。2018 年 5 月 5 日晚，空姐李明珠完成航空任务后在郑州市连云港区乘坐滴滴顺风车，惨遭司机杀害。该案发生后，滴滴第一时间发布道歉微博，并下线了顺风车业务。数日后，顺风车功能再次上线。同年 8 月 24 日 13 时，浙江乐清 20 岁女孩赵培辰乘坐顺风车由乐清前往永嘉上塘，途中在微信群发出求救信息，随后失联。其好友七次联系滴滴，客服称在 1 小时内回复，未果。16 时 22 分，赵培辰好友朱某某至上塘派出所报案，民警通过朱某某手机向滴滴客服表明警察身份，希望了解赵培辰所乘顺风车车主及其车辆信息，滴滴客服回复安全专家将会介入，要求继续等待。随后，滴滴客服先后向该所民警、赵培辰亲友反馈该订单已于 14 时 10 分取消，赵培辰并未上车，并拒绝提供顺风车司机相关信息。17时30分许，该案移交乐清派出所，民警以接警电话与滴滴进行联系，声明情况紧急后滴滴公司同意加急处理。18时13分，乐清警方收到滴滴公司提供的车牌与驾驶员信息，立刻展开搜捕，于8月25日凌晨4时许抓获犯罪嫌疑人。嫌疑人交代了对赵培辰实施强奸并杀害的犯罪事实，警方于7时许在一山区寻获赵培辰尸体。8月28日，滴滴发布道歉声明，并称在安保措施未获用户认可前无限期下线顺风车业务。两起恶性刑事案件的发生，折射出滴滴近年来在业务迅速发展背后存在的重大安全隐患和经营管理漏洞。（周孟珂）

严书记女儿事件

2018年5月11日，成都本地知名博主“成都网友小张”爆料，金苹果爱弥儿幼儿园班上有个女孩打同学，老师将给她单独安排座位的决定误发到了家长微信群里。随后女孩家长李某在群里威胁说：“陈老师，你马上在全班当着所有师生给严××道歉，否则我通知你们集团领导来给我解释你对严书记的女儿说这话什么意思!!!”随后，李某在家长群里宣称：老师已经被开除。当日，涉事幼儿园即否认开除陈老师，称幼儿园一切正常。一时间引发广大网友关注的是：“严书记”是谁?是谁让“严夫人”那么嘚瑟的?5月12日，网上出现一封“严书记”写给四川省委组织部的情况说明，他在情况说明里表示自己已和李某离婚五年，孩子归李某带，因此他本人对一切问题都不知情。但是5月13日，又一组来自家长群的截图令广大网友对5月12日的情况说明产生疑问，网络热议升级。5月14日，四川省纪委监委网站发布消息：四川省纪委监委已关注到网友反映“严春风舆情”相关情况，已介入调查核实。5月18日，据四川省纪委监委消息：广安市委副书记严春风涉嫌严重违纪违法，接受纪律审查和监察调查。11月，经四川省委批准，省纪委监委对广安市委原副书记严春风严重违纪违法问题进行了立案审查调查，当月严春风被依法予以“双开”处分。12月27日，据最高检网站消息，四川省广安市委原副书记严春风（副厅级）涉嫌受贿罪一案，经四川省人民检察院指定管辖，由德阳市人民检察院依法向德阳市中级人民法院提起公诉。（田志达）

崔永元“炮轰”范冰冰事件

2018年5月29日，崔永元在微博上发布：“猜猜看：一个人演一出戏，为什么要签两份合同？行话，这叫一小一大双合同。小的不怕曝光，因为本人号称价值千万。而大合同是五千万。1＋5＝6 天呐，这也不行那也不干，就拿走六千万元人民币。现在问题来了，那五千万为什么要偷偷摸摸拿？怕啥？还有，拿下六千万元以后，这哥们儿只在片场演了……4 天。”后来知道，崔永元的这段话暗指的是范冰冰，变相揭露范冰冰偷税漏税。其实，崔永元的揭露不是只将矛头指向范冰冰，还揭露了娱乐圈内“一阴一阳大小合同”的行业规则。消息一出，便引起网民群众的热议，网民群众一边倒地支持崔永元，当然也有部分明星的粉丝对崔永元进行了回击。随着事件的急剧升温，《北京日报》等官媒也对此事进行了报道，并力挺崔永元。2018 年 6 月 3 日，国家税务总局责成江苏等地税务机关调查核实有关影视从业人员“阴阳合同”中的涉税问题。可以说，随着事件发酵形成的舆论压力已惊动了政府有关部门，这标志着事件的性质发生了根本性变化，且随着政府部门的介入，可能演变为对娱乐圈的一次大清理，而崔永元“炮轰”范冰冰事件也许只是导火索。在此，我们对事件本身不做任何评论，只是想说明当今互联网及网民的力量是巨大的。原本只是一个线上的事件，不同群体在网上展开激烈讨论，但在短短的 3 天时间里，事件已经引起官媒的关注，且旗帜鲜明地摆明自己的立场。随后事件就引起了国家税务部门的关注，事件的性质已经发生了根本性变化。一个事件从线上走到线下，甚至对其讨论从私领域进入到公领域，且越来越多的群体、主体参与到网络中来，网络及网民在其中发挥了巨大作用，事件的结果对政府行动和政府决策产生了极大影响，甚至可能为某一行业带来重大改变，成为影响决策的重要力量。互联网的发展也许会为社会的发展进程带来革命性影响。（张帅）

2018 年个税改革

2018 年 6 月 19 日，《中华人民共和国个人所得税法修正案（草案）》提请第十三届全国人大常委会第三次会议审议，内容包括起征点、综合征税、专项附加扣除和税率结构。6 月 29 日，这一草案在网上公布，公开征求社会意见。个税草案的公布引起了网友广泛关注，尤其是对其亮点的讨论，主要包括三点：首先，提高起征点、扩大低档税率范围，减轻了中等以下收入群体的实际税务负担，优化调整了税率结构；其次，增加了有关子女教育、继续教育、大病医疗、住房贷款利息和住房租金等与群众生活密切相关的专项附加扣除，充分考虑了个体差异，展现了税制改革的普惠，有助于促进税制公平；最后，开始建立综合与分类相结合的个人所得税制，有利于衡量个体收入差距，更好地发挥个税调节收入的重要作用。自 10 月 1

日起，以 5 000 元为起征点，按照新的税率表计算纳税，新税法则从 2019 年 1 月 1 日开始正式实施。这次改革是一次综合性的、根本性的改革，在完善个税制度的同时，更好地照顾了社会公平，有助于发挥税制调节收入差距的重要作用。此外，新个税的规定表明未婚者比已婚者需缴纳更多的税，因此被网友调侃为“隐形单身税”。（安真真）

《我不是药神》引热议

电影《我不是药神》于 2018 年 7 月 5 日上映，是一部由文牧野执导，宁浩、徐峥共同监制的剧情片。电影以真实案例为原型，讲述了婚姻失败的药店老板程勇，由于生活的压力意外开始走私印度仿制的抗癌特效药，而后为了帮助白血病人这个群体，即使陷入牢狱也在所不惜的故事。《我不是药神》用诙谐幽默的表现手法将慢性白血病患者正经受的真实残酷生活呈现在社会大众面前，引发了全社会范围内的讨论。上映首周影片在微博上的周提及次数达 2 784 966 次，周提及人数高达 1 883 199 人，远超同期其他影片。影片中所涉及的抗癌药纳入医保问题、国外创新药引进问题，以及国内药品的创新窘境等都引发了强烈的社会舆论，该片成为现象级影片。随后，李克强总理就电影《我不是药神》引发舆论热议做出批示，要求有关部门加快落实抗癌药降价保供等相关措施。总理在批示中指出，“国务院常务会确定的相关措施要抓紧落实，能加快的要尽可能加快”。（杨乔乔）

P2P“爆雷”事件

2018 年 7 月 14 日，深圳市公安局南山分局通过微信发布公告称，对投之家平台涉嫌集资诈骗案立案侦查，业内哗然，这成为 P2P“爆雷”的标志性事件。P2P 原本是撮合个人对个人借贷的第三方平台，曾因高收益在短时间内吸引了数以万亿元计的资金，但自 2018 年 7 月起，超过 40 家 P2P 平台“爆雷”，P2P 网贷行业洗牌加剧。一方面，全国 P2P 平台“雷”声不断，网贷之家也卷入其中；另一方面，多家 P2P 平台宣布获得新一轮融资。在这场“爆雷”潮中，遭殃的绝大多数是以散户为主的普通工薪阶层。逾期、自融、假标、恶意逃废债等以往司空见惯的违法违规行为浮出水面，一条以自融方式收购网贷平台随后脱手的黑色产业链也显露出冰山一角。自 9 月 10 日起，公安机关开始对网贷平台涉嫌非法集资案件开展集中网上登记。国家也相继发布了一些政策，进行了相应调整，比如，不能刚性兑付，不

设立资金池，加大行业监管力度。（沈子璇）

长春长生疫苗事件

2018 年 7 月 15 日，国家药品监督管理局发布通告称，近日对长春长生生物科技有限责任公司开展飞行检查，发现其冻干人用狂犬病疫苗生产存在记录造假等严重违反《药品生产质量管理规范》行为。7 月 16 日，长春生物（长春长生母公司）发布公告称，已对有效期内所有批次的冻干人用狂犬病疫苗全部实施召回。7 月 19 日，长春生物发布公告，称收到吉林省食品药品监督管理局行政处罚决定书，该决定对 2017 年长春长生生产的百白破疫苗做劣药论处，并进行行政处罚。习近平总书记、李克强总理均就疫苗事件做出指示，要求成立专项调查组，尽快查明真相，依法从严处理。7 月 23 日，国务院调查组赶赴吉林，开展长春长生违法违规生产狂犬病疫苗案件调查工作。8 月 3 日，深圳证券交易所发布公告，对于长生生物董事高俊芳、张晶，长生生物高级管理人员蒋强华等给予公开谴责处分。8 月 7 日，为做好接种长春长生公司狂犬病疫苗接种者的续种补种工作，国家卫生健康委会同国家药监局制定了《接种长春长生公司狂犬病疫苗续种补种方案》。2018 年 10 月，国家药监局和吉林省食药监局分别对长春长生公司做出多项行政处罚。2019 年 2 月，吉林长春长生公司问题疫苗案件相关责任人被严肃处理。（周孟珂）

武鸣水滴筹事件

2018 年 7 月，广西南宁市武鸣区一对母女“有房有车还要网友募捐”事件引发网友热议。受助人邓女士的女儿小黄，于 7 月初突发病毒感染，病情危急，需要 30 万元的医药费。邓女士在水滴筹发起网络募捐，最终募捐 25 万元。有网友曝光邓女士家有房有车，与求助信息不符。此信息爆出后，一些匿名网友言辞激烈，谴责邓女士母女消费网友爱心，甚至进行谩骂。面对一些网友的谩骂指责，小黄用比较恶劣和不雅的言语进行对骂。这引起了热心网友和爱心人士的不满。随后，邓女士表示对女儿进行批评教育，对热心人士的爱心捐助表示感恩，并承诺在 72 小时内退还全部 25 万元募捐善款。小黄在自己的 QQ 空间发布道歉声明并撤销了不当言论。面对事件风波，水滴筹平台对网友爆料和相关情况进行核实，并督促邓女士母女兑现退款承诺。7 月 27 日，邓女士一次性将善款汇还到水滴筹平台，平台也将把善款原路退还给爱心人士，并将公布退款记录。水滴筹平台表示将进一步规范和完善求助信息登记流程，加强审核力度，最大限度杜绝违法违规、恶意透支社会爱心人士信任的行为，将瞒报、虚报求助信息的求助者列入失信黑名单，并追回全部的募集善款。（聂石重）

寿光水灾公益应援

2018年8月19日，台风“温比亚”过境，寿光市内出现强降雨。同时，受上游黑虎山、冶源、嵩山三大水库泄洪的影响，弥河水位持续暴涨，导致下游寿光河段发生多处决堤和洪水倒灌，沿线多个村庄进水受灾。8月23日至24日，潍坊市人民政府先后召开两次抗灾减灾新闻发布会，就相关情况做出回应。观察者网、搜狐新闻、凤凰网视频等网络媒体平台对发布会内容进行整理报道。但是由于潍坊市人民政府的回应内容受到质疑，大量网友针对寿光被淹原因和官方回应发表言论，＃寿光＃话题登上微博热搜榜首位。齐鲁网、潍坊传媒网等山东省本地媒体对寿光受灾情况和救灾现场进行报道；央视网、财经网等媒体在此基础上就水灾发生原因进行分析；凤凰网、新浪网、中国新闻网等媒体就实时救灾状况、蔬菜价格疯涨、灾后重建进展等进行多方位跟踪报道。同时，诸多网络大V、公益组织和明星公益站开始紧密关注寿光灾情。由于粉丝效应的影响，大量网友响应网络大V和明星的号召，通过网络平台为寿光捐款捐物。也有个别人利用网络发布个人求助链接或应援软文进行骗捐。为此，寿光团市委公开声明，在救灾工作中寿光团市委未向社会公开募集资金，也从未对任何组织和个人进行认证。（马颖）

德阳女医生自杀事件

2018年8月20日，四川省德阳市女医生安某在游泳过程中被两个13岁男孩“冒犯”，安医生夫妇与男孩发生冲突后报警，随后安医生夫妇当场向孩子道歉。8月21日，男孩家长来到安医生及其丈夫（公务员）的工作单位，要求单位领导开除两人的党籍与公职，并且将剪辑过的冲突视频传至网上。8月22日，微博多名大V转发视频，安医生及其丈夫遭到网友的侮辱与谩骂。8月25日，安医生终于不堪忍受网络暴力而自杀。随后，舆论迅速转向，网友将对安医生的同情转化为对男孩家属的愤怒甚至诅咒。在这一事件中，新闻客户端、微信公众号搭载热点，推动事件不断发酵与反转，微博大V以及部分媒体为了追逐热点，发布未经证实的内容，各种社会力量交织在一起共同导致了悲剧的发生。网民缺乏独立思考能力，看似在为“弱者”讨回公道，但在有心之人的引导下成为“刽子手”，是网络暴力的真正执行者。互联网的匿名性与隐蔽性成为“键盘手”的保护罩，为网络暴力的产生提供了机会。为了减少乃至避免类似事件的发生，必须从法律层面规范网络环境，专业媒体以及具有影响力的网络大 V 更应该增强社会责任感，引导网络舆论理性发展。（安真真）

高铁“霸座”事件

2018 年 8 月 21 日，有网友发帖反映，从济南站开往北京南站的 G334 次列车上，一男乘客孙某在女乘客上车前，先坐在了女乘客的靠窗座位上。女乘客上车后，孙某拒绝让出座位，并拒绝与乘务人员沟通，称自己“无法起身，不能归还座位”。最后，列车长和乘警劝说无果，被占座的女乘客被安排至商务车厢就座。该男子高铁“霸座”的视频迅速在网上流传，引发众多网友谴责。8 月 22 日，当事男子对此事进行回应，称自己当时态度不好，对“霸座”行为很是后悔，并向女乘客表示道歉。2018 年 8 月 24 日，中国铁路济南局集团公司表示，孙某被处治安罚款 200 元，并在一定期限内被限制购票乘坐火车。2018 年 9 月 3 日，国家公共信用信息中心公布《8 月份新增失信联合惩戒对象公示及公告情况说明》，新增因严重失信行为而限制乘坐火车严重失信人 247 人，高铁“霸座”男孙某名列其中。（周孟珂）

昆山宝马男砍人被“反杀”案

2018 年 8 月 27 日晚，一名开宝马轿车男子与一名骑电动车男子在路口发生争执，“宝马男”从车中拿出长刀砍向骑车男子，未想到长刀掉落被骑车男子捡起，骑车男子持刀还击将“宝马男”杀死。第二天，案件视频在网络上迅速传播开来，网友展开了关于骑车男行为是否属于正当防卫的热烈讨论，舆论不断推动着案件的发展。随着网友讨论的深入，越来越多的信息浮出水面。网友扒出，“宝马男”刘海龙曾多次因抢劫、盗窃、敲诈等罪获刑，2001—2014 年，刘海龙至少 5 次被捕，刑期累计达到 9 年半，许多网友质疑“宝马男”有黑社会背景。但刘海龙还曾举报贩毒线索，帮助警方抓获毒贩，获得了见义勇为表彰。而砍人者于海明曾为其罹患重病的 15 岁儿子众筹治疗费用，生活十分不易。仅过了 4 天，昆山警方以一份详细的警方通报回应了社会对于案件细节的诸多疑问：“宝马男”醉酒驾车，强闯非机动车道；“宝马男”的行为是行凶；“宝马男”虽砍刀脱手但仍在侵害于海明；于海明杀人是正当防卫；“宝马男”不是黑社会。最终，昆山市公安机关以于海明的行为属于正当防卫、不负刑事责任为由对该案做出撤销案件决定。网友对于案件的裁决纷纷表示，这一次“正义没有迟到!”（杨钰晨）

全国人大常委会表决通过电子商务法

2018年8月31日下午，十三届全国人大常委会第五次会议表决通过了《中华人民共和国电子商务法》。电商法立法从2013年底启动，历时近5年的立法过程受到了社会各界高度关注。从开门立法、回应社会关切，到立法者如何在规范中兼顾创新发展，电商法立法过程中有不少值得回味的内容。事实上，面对复杂艰巨的立法任务，充分发挥人大在立法中的主导作用，是电商法最终能够顺利出台的关键。2013年12月，根据十二届全国人大常委会立法规划，由全国人大财政经济委员会牵头，成立由国务院12个部门参加的电子商务法起草组，拉开了电子商务立法工作的序幕，此后相关条文广泛征求各方意见并反复修改。电子商务法一方面妥善处理平台责任、知识产权和市场秩序等问题，解决了制约电子商务持续健康发展的“痛点”；另一方面坚持包容审慎的原则，鼓励电子商务创新发展、绿色发展，促进农村电商、跨境电商发展。商务部电子商务和信息化司司长骞芳莉认为，电子商务法是我国电子商务发展史上的里程碑，为电子商务由高速度增长迈进高质量发展的新时代提供了有力的法律保障，也为全球电子商务和数字经济治理贡献了中国智慧。（盛强）

自如甲醛超标舆情事件

2018年8月31日，《阿里P7员工得白血病身故 生前租了自如甲醛房》一文在网上热传。2018年1月，该员工入职阿里巴巴时所做的全身体检显示各项指标正常。7月13日，该员工因急性髓系白血病病情恶化去世，其妻检测其所住房间发现甲醛超标。该事件引起网民对自如出租房甲醛超标问题的广泛关注。10月10日，26名北京租户在对自己出租房进行空气检测后发现甲醛超标问题，因此以租住刚刚装修完工的自如住房导致身体不适为由，集体起诉自如公司。10月11日，媒体再爆“自如出租房屋存在甲醛和总挥发性有机物超标”。12月6日，北京租客共同起诉自如公司案，在北京市东城区人民法院开庭审理。此时网民对该案件主要持负面态度，认为自如公司为了营利罔顾租客身体健康。当天，自如起诉租客未履约交完房租，并且提出签封口协议的解决办法。中国之声最先报道称租客因甲醛超标搬离自如出租房并发起解约函，在沟通过程中自如的推诿态度引起租客不满遂提起诉讼。但是自如以租房合同尚未到期、租客未按时缴纳房租为由提起反诉。经自如“甲醛门”事件，媒体和网民均呼吁长租公寓行业建立行业准则，给予租客健康的居住环境。（马颖）

“网红”Saya 宠物犬咬人风波

2019 年 9 月 9 日，微博名为@刺 Ytt 的杨女士发博称，自己怀孕 32 周，7 日晚在杭州君尚金座楼下大厅遛狗时遭到一只未拴绳的法国斗牛犬猛扑，丈夫用脚把狗踢开，反遭狗主人及其母亲的辱骂、殴打。她们不仅诅咒肚子里的孩子，还撕扯杨女士的头发，狠推其肚子。事后杨女士被紧急送医，其间院方警告有高风险流产征兆，并要求签下多张病危通知书。网友扒出狗主人正是在微博拥有 300 万粉丝的“网红”Saya。在网络上流传开的视频中，Saya 和其母亲在被公安机关强制传唤调查后仍然没有悔改之意，甚至当场争吵暴力抗法。还有网友爆料出其淘宝店铺存在欺骗消费者的行为。网友对于“网红”Saya 的种种“不端行为”进行了猛烈的口诛笔伐。王思聪发微博“怒斥”Saya，将事件推向高潮。新华社、《人民日报》等媒体也对其进行了批评。在网友漫天的批评声中，“网红”Saya 的家人也受到了牵连，Saya 而后发文称，自己的爷爷甚至因此病倒离世。Saya 也委托律师对抗网上关于自己的不实信息。之后，有关孕妇有意讹诈 Saya 的声音渐渐发出，网友对 Saya 一边倒的抨击态势开始有所转向，大家开始关注案件细节并反思饲养宠物犬的相关制度。这次宠物犬咬人风波引起了社会各界的重视，一些地方政府甚至出台了关于禁养部分烈性犬的规定，并加大文明养犬规定的实施力度，严格遛狗时间。（杨钰晨）

瑞典警察丢弃中国游客事件

2018 年 9 月 2 日凌晨，3 名中国游客在瑞典斯德哥尔摩市入住一旅店（Generator Stockholm）时因预订日期问题引发争执，后遭到瑞典警察粗暴对待，被强行拖离弃置林地坟场（Skogskyrkogarden）。其间，两名年迈游客疑遭殴打，其中一名因患有心脑血管疾病当场发病，意识模糊并抽搐，遭到瑞典警察无视。当日，三名当事人满怀恐惧离开瑞典，同时向中国驻瑞典大使馆通报此事，并向当地警方报案，要求瑞方解释并道歉赔偿。9月14日，中方发布安全公告，提醒在瑞中国公民提高安全意识、加强安全防范，同时敦促瑞方彻查此事，及时回应中方当事人合理诉求，并尽快向中方通报。9月15日，中方提出严正交涉，强调瑞典警察暴力行为严重侵犯中国公民的生命安全和基本人权。9月16日，桂从友大使接受瑞典《晚报》记者米奇奇专访。9月17日，外交部发言人耿爽主持例行记者会，敦促瑞方重视中方关切，并采取切实措施，保障中国游客的安全与合法权益。当日，瑞典首席检察官埃里克森（Mats Ericsson）回应并否认瑞典警方过错。9月21日晚，瑞典电视台《瑞典新闻》栏目调侃该游客事件并播出恶劣辱华节目。当晚，中方对此公开谴责，提出强烈抗议，但对方辩称系“娱乐节目”。随后，中瑞双方就此事件多次开展外交、传媒等方面交涉，但瑞方态度不诚。9月29日，中方表示坚决反对瑞典电视台辱华节目主持人“用心险恶的道歉”。10月4日，瑞典各大侨团代表共同签署联合声明，就瑞典电视台系列辱华行径表达强烈抗议。（肖尊军）

北大第一医院医生被打事件

2018年9月22日晚，北京大学第一医院妇产科赫英东等三位医生因患者家属不同意医师建议的分娩方式，遭到患者及其家人的殴打。这一过程被录下视频，在10月12日被上传到网上，并广泛传播。10月13日，警方介入，一名打人者被刑事拘留，另一名打人者是在校大学生，被取保候审。中国医师协会、公安机关、相关政府部门以及部分明星都在网上进行了公开转发与评论，强烈谴责暴力伤医行为，该事件得到迅速传播，再次将由来已久的医患纠纷推向了舆论高潮。这一事件受到广泛关注的重要原因是，赫医生在被打过程中有所还击，并且最终被判定为正当防卫，不予追究法律责任。这一判定对打击医闹、保护医护群体的合法权益具有一定的标杆作用。北大第一医院医生被打只是暴力伤医的一个缩影，全国类似事件屡次发生，尤其是2018年下半年明显增多，甚至没有医治过行凶者的医生也被无辜杀害。本次事件还反映了患者医疗自主权与医疗干涉权的冲突，前者指患者有权在接受医疗服务中自主决定，而后者则是医生的特殊职业权利，这两种权利在中国均缺乏明确的法律规定，这也加剧了医患矛盾。（安真真）

南京大学梁莹教授卷入抄袭风波

2018年10月24日，《中国青年报·冰点周刊》发表题为《青年长江学者与她的“404”的论文》的文章，指出南京大学梁莹教授长期撤稿自己的中文论著，涉嫌学术不端和敷衍怠慢教学工作等问题。梁莹教授著述颇丰，仅《中国青年报》记者所能查到的，其以第一或第二作者身份发表的中文文献超过 120 篇。但是，其中部分论文与其他学者的论文存在雷同现象，并且近年来陆续被从中国知网、万方、维普等主要学术期刊数据库中删除。梁莹教授的撤稿原因一是认为自己发表论文时研究水平低因此文章粗浅，二是当下自己只发表英文论文。在此之前，梁莹教授凭借上述科研成果成功申请学位、获得研究经费并入选各项人才计划。2011 年，梁莹教授入选教育部“新世纪优秀人才支持计划”；2015 年，入选“长江学者奖励计划”青年计划；2017 年，成为“万人计划”青年拔尖人才。正是由于梁莹教授诸多头衔所具备的影响力和南京大学在学界的声誉，梁莹教授的学术不端问题受到学界和社会的高度重视和广泛传播，为此，南京大学校方正式介入调查，责成有关部门依照程序和规定处理。梁莹教授的抄袭事件，进一步引发社会舆论对高校评价体系、学术规范、师德建设等议题的讨论，央视评论指出“查出梁莹的问题绝不姑息容易，难的是反思纵容她的制度环境”。（马颖）

重庆公交车坠江事件

2018 年 10 月 28 日上午，重庆万州一辆公交车坠江，原因是女乘客与驾驶员发生争执甚至互殴，导致车辆失控。事件的详细经过是：10 月 28 日 9：35，刘某在万州龙都广场四季花城站上了 22 路环湖公交，想去位于壹号家居馆站的窗帘店。由于道路维修改道，22 路公交车不再经过她的店面门口。她错过公交驾驶员的提醒——在目的地的前一站下车，那里距她的店铺不足 1 公里。刘某发现自己离目的地越来越远时，要求驾驶员在路边停车。对公交驾驶员而言，不到站台停车是违反规定的，驾驶员没有理会她的要求。于是刘某从座位起身走到驾驶座右后方，靠在扶手立柱上指责驾驶员，42 岁的驾驶员多次转头与刘某理论，并升级为争吵。当公交车行驶至万州长江二桥距南桥头 348 米处时，争吵升级为肢体攻击，刘某举起握着手机的右手击打公交驾驶员的头部，驾驶员还手了，两秒不到，这辆时速 51 公里搭载了 15 条生命的公交车往左侧急打方向，撞断了护栏。最终，这场车祸造成 13 人遇难，还有 2 人失联。事件随着在网络上的传播而迅速发酵，有人谴责刘某的自私行径：要求驾驶员为其停车，遭拒绝还不依不饶，从语言攻击上升为肢体攻击。也有人谴责驾驶员面临威胁时未及时采取有效措施确保行车安全。这一事件不管是谁的错，都给我们上了一堂具有深刻教育意义的课，我们在善待自己的同

时，也要关爱他人。（张帅）

武侠小说泰斗金庸去世

2018 年 10 月 30 日，一代武侠小说泰斗查良镛（笔名金庸）病逝，终年 94 岁。从 20 世纪 50 年代末开始，包括《射雕英雄传》《笑傲江湖》《天龙八部》等金庸先生创作的武侠小说共有 15 部，“飞雪连天射白鹿，笑书神侠倚碧鸳”这一流传甚广的对联便是其中 14 部作品名称的首字相连，外加一部《越女剑》。其中，很多小说曾被多次改编为电影、电视剧等，这些也成为经典的影视作品。金庸先生为无数读者开启了武侠世界的大门，英雄侠客、江湖恩怨等也成为几代人的青春记忆。金庸去世的消息一经发布就引发了巨大的网络关注，新华社微信公众号推送文章《别了，金庸》发布 1 分钟后阅读量超过 10 万，“金庸去世”的微博话题总阅读量超过 20 亿，讨论量超过 100 万。各行各业的人们都通过网络社交平台诉说着金庸先生的武侠小说对自己的影响，表达着对金庸先生的悼念，同时也表达着对自己青春的怀念。（林傲耸）

IG 夺冠

2018 年 11 月 3 日，韩国仁川 2018 英雄联盟全球总决赛，IG 战队斩获冠军，这意味着中国战队拿下了历史上第一个全球总决赛冠军。消息一经传出，国内舆论沸腾，微博热搜、朋友圈刷屏。作为 IG 的组建者，王思聪为了庆祝 IG 夺冠在微博上发出了一百多万元的现金，电竞选手和电竞行业也从不被待见一跃成为时代宠儿。IG 夺冠意义重大，对于喜爱电竞的年轻人来说，它意味着边缘的“网瘾少年”走到了舞台中央，这个曾不被理解和拥有遗憾的青春的群体最终得到了认可。而对于中国二十年的电竞事业来说，曾经一直在曲折中发展被认为是年轻人不务正业的消遣、坑害年轻人的新式毒品的电竞，如今已然成为时代宠儿，年轻人喜欢看，企业家愿意投资，媒体乐于报道。随着移动端的普及和利好政策的颁布，电竞行业也迎来了它的黄金时代。（沈子璇）

“五星酒店毛巾门”

2018 年 11 月 14 日，微博网友“花总丢了金箍棒”发布了一段名为《杯子的秘密》的视频，曝光了多家顶级高端酒店的卫生乱象。在长达近 12 分钟的视频中，“花总”曝光了位于北京、上海、福州、贵阳、南昌的共计 14 家顶级高端酒店都存在用同一块脏抹布、顾客用过的脏浴巾等擦拭杯子、坐便器、洗手台、镜面等卫生乱象。事后，被曝光的几家酒店先后做出回应，向公众道歉并承诺整改。11 月 15 日，文化和旅游部回应表示高度重视，对涉事酒店进行了排查，已责成五省市调查处理。之后，“花总”爆料自己的护照信息被某酒店工作人员曝光，自己遭到酒店人肉搜索并受到来自工作人员的威胁。经过调查协调，酒店为相关人员曝光“花总”信息、威胁“花总”向其道歉。“五星酒店毛巾门”引起了相关政府机构的高度重视，11 月 21 日，中消协谴责星级酒店卫生乱象，建议摘星降级。12 月 3 日的报道称，文化和旅游部对媒体曝光存在卫生问题的部分高档旅游饭店进行督导检查。截至 12 月 3 日，部分省市卫生监督检查部门已对被曝光旅游饭店进行了处罚，被曝光旅游饭店也陆续向当地文化和旅游部门提交了整改材料，并表示正在整改中。“五星酒店毛巾门”带来了一次全行业的大震荡，网络曝光与舆论再一次展现了其揭露、改造社会不良行为的力量。（杨钰晨）

俞敏洪道歉事件

2018 年 11 月 18 日晚，新东方创始人俞敏洪就此前在学习力大会上发表的“女性堕落”言论进行道歉。11 月 18 日下午，俞敏洪在公开演讲中称，“实际上一个国家到底好不好，我们常常说在女性，就是这个原因，现在中国是因为女性的堕落导致整个国家的堕落”。此番言论引发网友热议，知名女星和一些网络大 V 纷纷表达不满。对此，俞敏洪在微博上表示自己在阐释“衡量评价的方向决定了教育的方向”这一论点时，举例不当，没有表达好，引起了广大网友的误解，对此深表歉意。并指出“我想表达的真正意思是：一个国家的女性的水平，就代表了国家的水平。女性素质高，母亲素质高，就能够教育出高素质的孩子。男性也被女性的价值观所引导，女性如果追求知性生活，男性一定会变得更智慧；女性如果眼里只有钱，男性就会拼命去挣钱，忽视了精神的修炼。女性强则男人强，则国家强”。针对俞敏洪的不当言论，全国妇联、北京市妇联等发声予以批驳。11 月 20 日，俞敏洪专程来到全国妇联机关，向广大女同胞诚恳道歉，并表示汲取教训，加强对两性平等思想的学习，为中国男女平等事业，为实现中华民族伟大复兴的中国梦贡献自己的一份力量。（聂石重）

杜嘉班纳（Dolce & Gabbana）广告辱华事件

2018 年 11 月 21 日，意大利奢侈品牌杜嘉班纳在上海举办品牌大秀，多名明星发声抵制，中国模特拒绝参加杜嘉班纳大秀，原因是其设计师在社交网站上发布涉嫌辱华的言论，引发网友热议。事件的具体情况是，2018 年 11 月 17—18 日杜嘉班纳在社交媒体上发布几条广告，这些将中国传统文化与意大利经典饮食相结合的广告宣传片，标题为“起筷吃饭”。其中的模特展示了如何使用筷子吃比萨、意大利式甜卷等食物。但在广告中筷子被称为“小棍子形状的餐具”。同时，片中旁白所用的“中式发音”、傲慢的语气以及模特用筷子的奇怪姿势，均被质疑歧视中国传统文化。杜嘉班纳并未对此事做出回应，只是删除了官方微博上的相关视频，这引发了中国网友的不满。随后有网友在社交媒体上说起这件事，引起杜嘉班纳创始人之一、设计师斯蒂芬诺·嘉班纳（Stefano Gabbana）与网友争辩。这位设计师在和网友争辩过程中恼羞成怒、破口大骂，还公然辱华，并称不怕被曝光。2018 年 11 月 21 日，共青团中央官方账号发微博对此事件表态：“我们欢迎外国企业来华投资兴业，同时在华经营的外国企业也应当尊重中国，尊重中国人民。这也是任何企业到其他国家投资兴业、开展合作最起码的遵循。”2018 年 11 月 22 日，中国外交部发言人耿爽在回应记者有关杜嘉班纳风波一事的问询时表示，中方不希望此事上升为外交问题，但外界应了解中国民众如何看待这一问题。由此看来，该事件已不仅仅是娱乐性事件，已经上升为事关国家和民族利益的事件。从“起筷吃饭”短视频的夸张表演，到面对网友质疑时的破口大骂，再到毫无诚意的“甩锅”行为，该品牌的所作所为，折射出一种傲慢心态。中国开放的大门对所有人敞开，但只有相互尊重、相互包容，合作之手才能紧紧握在一起。消费者看一个品牌，既看产品质量，又看文化涵养。收起偏见，真诚以待，尊重文化差异，才是品牌应有的价值观念。（张帅）

“基因编辑婴儿事件”

2018 年 11 月 26 日，来自南方科技大学的副教授贺建奎宣布，一对基因编辑双胞胎于 11 月在中国健康诞生，由于其中一个基因经过了修改，她们出生后即能天然抵抗艾滋病。这是世界首例免疫艾滋病的基因编辑婴儿。消息一经发布，就在网络中迅速传播，引起了众多的关注和争议，震动了中国和世界。开始媒体将此项研究作为重大研究突破进行报道，但随后网络舆论开始对这一实验的研究伦理、合法性、真实性等方面进行质疑，舆论风向开始反转。中国和世界多个国家的科学家联合发声，谴责基因编辑婴儿实验，认为其不符合生物医学伦理要求。随后，贺建奎这一实验登记的伦理审查医院深圳和美妇儿科医院和贺建奎的工作单位南方科技大学均表示对此实验不知情。中国科协生命科学学会联合体发表声明，坚决反对有违科学精神和伦理道德的所谓科学研究与生物技术应用。国家卫生健康委和科技部也发布了相关回应，表示已开始对这一实验进行调查，对违法违规行为坚决予以查处。11月28日，贺建奎在香港举办的第二届人类基因组编辑国际峰会上公布了相关的实验数据，并为自己的研究向公众致歉。2019年1月21日，广东省"基因编辑婴儿事件"调查组公布初步调查结果，该事件系贺建奎为追逐个人名利，自筹资金，蓄意逃避监管，私自组织有关人员，实施国家明令禁止的以生殖为目的的人类胚胎基因编辑活动。广东省对贺建奎及涉事人员和机构将依法依规严肃处理，同时对已出生婴儿和参与实验的怀孕志愿者将做好医学观察和随访等工作。(林傲耸)

万豪酒店5亿条信息泄露

2018年11月30日，万豪国际集团（MAR.O）对外发布公告称，旗下喜达屋酒店（Starwood）预订系统自2014年起遭第三方非法入侵，可能导致2018年9月10日前在该酒店预订的5亿名客人的信息被泄露。泄露的信息中，约有3.27亿人的信息包括姓名、邮寄地址、电话号码、电子邮件地址、护照号码、SPG俱乐部账户信息、出生日期、性别、到达与离开信息、预订日期和通信偏好。万豪集团称，此次用户数据泄露事件仅与喜达屋旗下的喜来登、威斯汀、瑞吉、W等酒店品牌有关，而其他不使用同一系统的酒店未受影响。此事件发生后，引发社会广泛关注，公众纷纷表示对自己的隐私安全担忧，甚至有网友感觉"自己的信息在'裸奔'"。此外，有报道称已有美国客户对万豪集团提出集体诉讼，索赔125亿美元。除了万豪酒店，希尔顿、洲际、凯悦、文华东方等酒店集团均遭遇过用户数据泄露事件。例如：2014和2015年，希尔顿酒店集团泄露超过36万条支付卡数据；2017年4月，洲际酒店集团泄露超过1 000家酒店数据；2017年10月，凯悦酒店集团泄露涉及全球41家凯悦酒店数据。(肖尊军)

孟晚舟事件

2018年12月1日，华为创始人任正非之女、华为CFO孟晚舟在加拿大温哥华遭逮捕。该事件引发舆论高度关注，受到中方严正交涉、强烈抗议。华为官方回应，并不知晓孟晚舟有任何不当行为，相信加拿大和美国法律体系会给出公正结论，同时也表示华为公司遵守业务所在国的所有适用法律法规。中国驻加拿大使馆发言人回应，加拿大警方应美国要求逮捕一个没有违反任何美、加法律的中国公民，对这一严重侵犯人权的行为，中方表示坚决反对并强烈抗议。中方已向两国进行了严正交涉，要求它们立即纠正错误，恢复孟晚舟的人身自由。2018 年 12 月 11 日，加拿大法院做出裁决，批准孟晚舟的保释申请。2019 年 1 月 29 日，美国正式向加拿大提出引渡孟晚舟的请求。中方敦促美方立即撤销对孟晚舟女士的逮捕令及正式引渡要求。2019 年 3 月 1 日，加拿大司法部部长决定就孟晚舟案签发授权进行令。对此，华为 2 日发布律师声明称，美国的指控是出于政治动机，在这种情况下，加拿大司法部部长仍然决定签发授权推进令，华为对此感到失望。3 月 6 日，孟晚舟在温哥华再次出庭，引渡听证会延期至 5 月 8 日。2019 年 9 月 23 日，孟晚舟案在不列颠哥伦比亚省再次开庭审理。2020 年 1 月 23 日，不列颠哥伦比亚省高等法院对孟晚舟案的第一阶段引渡听证会结束，法官宣布保留裁决权。(沈子璇)

工信部发放 5G 系统试验频率使用许可

工信部于 2018 年 12 月 10 日正式公布，已向中国电信、中国移动、中国联通发放了 5G 系统中低频段试验频率使用许可。5G 系统试验频率使用许可的发放，将有力保障各基础电信运营企业开展 5G 系统试验所必须使用的频率资源，并向产业界发出明确信号，将进一步推动我国 5G 产业链的成熟与发展。近年来，5G 已经进入国际标准研制的关键阶段。在 2018 年 4 月开幕的首届数字中国建设峰会上，工信部信息通信发展司司长闻库发布了我国 5G 发展的“时间表”。其预计，具备示范应用能力的 5G 终端最早将在 2019 年下半年推出。2018 年 11 月底召开的全国信息通信监管工作座谈会则指出，我国 5G 研发和产业化进程逐渐加快。我国企业全面参与 5G 国际标准制定，多项技术方案被国际标准组织采纳；研发试验系统推进，重点领域实现突破；融合应用积极探索，孵化一批 5G 特色应用，为推进我国 5G 规模商用奠定了坚实基础。5G 时代的来临将进一步牵引互联网的普及、推动大众生活的网络化。(盛强)

权健“传销门”事件

2018 年 12 月 25 日，由“丁香医生”发表的《百亿保健帝国权健，和它阴影下的中国家庭》一文在网络热传，文章直指天津权健自然医学科技发展有限公司涉嫌虚假宣传、销售模式涉嫌传销等问题。文章提到，3年前，内蒙古患癌女童周洋的父亲周二力受到权健公司人员劝说，从而让女儿放弃医院治疗，服用权健公司的“抗癌产品”，最终导致周洋病情恶化身亡。文章发表不久，即达到10万+的阅读量。权健公司始创于2004年，凭借天价保健鞋垫和负离子卫生巾起家，已经建立了7 000多家加盟火疗店，在中国构建起一个年销售额接近200亿元的保健帝国，涉足医疗、中草药、保健品、金融、体育等诸多领域。12月26日凌晨，权健回应该文章，称“丁香医生”诽谤中伤，要求撤稿并道歉，但遭到“丁香医生”拒绝。2018年12月27日，天津市相关部门成立联合调查组，展开调查核实。京东、天猫已下架权健相关店铺商品。2019年1月1日，天津市公安机关对权健公司涉嫌组织、领导传销活动罪和虚假广告罪立案侦查。1月13日，束昱辉等16人被正式批捕。此案发生后，国家市场监管总局等13个部门召开电视电话会议，宣布在全国开展为期100天的保健市场乱象联合整治专项行动。权健事件成为我国整治保健市场乱象的标志性事件。（杨乔乔）

后　记

随着互联网信息技术的迅速发展，我国网络社会的兴起已经引发了广泛的国际关注和影响。网络社会的发展已经远远超出了一般的技术层面，涉及国家发展战略、产业政策调整、技术更新换代、家庭收支结构变化以及个体私人生活变革等方方面面。这些变化和趋势，无疑为社会学以及社会科学提供了广阔的研究空间。正是基于这样的考虑，《中国网络社会研究报告》对中国网络社会的发展进行了持续关注和思考。

本年度（2019 年）的《中国网络社会研究报告》，与上一年度报告的结构编排方式一样，设置了“年度主题报告”和“年度专题报告”。“年度主题报告”围绕“互联网金融风险及其社会影响”进行讨论，“年度专题报告”则关注 2017—2018 年度比较重要的网络事件或网络议题，如网络社会的时空扩展、电商平台的多元化和消费分层、网络事件的舆论反转、网络空间中的群体极化和舆论分化、网络粉丝的文化再生产等。

本报告坚持一贯的写作风格，即从社会学视野出发，通过叙议结合的方式，为读者呈现一幅丰富多彩的网络社会画面，以期对人们更深入、全面地理解网络社会及其影响有所助益。本报告兼顾学术性、趣味性与可读性，既可以作为网络社会研究的参考文献，也可以作为广大网民了解网络社会、参与网络活动、思考网络问题的阅读资料。

本报告的编写分工如下：

第一章　程士强（中央财经大学）

第二章　刘少杰（中国人民大学）

第三章　张荣（济南大学）

第四章　王建民、来晗（中央财经大学）

第五章　宋辰婷、宋扬（北京工业大学）

第六章　王艺璇（清华大学）

第七章　陈氚（中共中央党校）

附　录　安真真、付堉琪、林傲耸、马颖、聂石重、沈子璇、盛强、田志达、肖尊军、杨乔乔、杨钰晨、张帅、周孟珂（中国人民大学）

图书在版编目（CIP）数据

中国网络社会研究报告．2019/刘少杰主编．—北京：中国人民大学出版社，2020.5
（中国人民大学研究报告系列）
ISBN 978-7-300-27945-9

Ⅰ.①中… Ⅱ.①刘… Ⅲ.①计算机网络-社会问题-研究报告-中国-2019 Ⅳ.①D669.4

中国版本图书馆 CIP 数据核字（2020）第 030018 号

中国人民大学研究报告系列
中国网络社会研究报告 2019
主　编　刘少杰
副主编　王建民
Zhongguo Wangluo Shehui Yanjiu Baogao 2019

出版发行	中国人民大学出版社		
社　　址	北京中关村大街 31 号	**邮政编码**	100080
电　　话	010－62511242（总编室）		010－62511770（质管部）
	010－82501766（邮购部）		010－62514148（门市部）
	010－62515195（发行公司）		010－62515275（盗版举报）
网　　址	http://www.crup.com.cn		
经　　销	新华书店		
印　　刷	北京玺诚印务有限公司		
规　　格	185 mm×260 mm　16 开本	**版　　次**	2020 年 5 月第 1 版
印　　张	11.5 插页 1	**印　　次**	2020 年 5 月第 1 次印刷
字　　数	203 000	**定　　价**	38.00 元